文化决策参考

（2013）

The Reference of
Cultural Development`s Decision
Making (2013)

首都师范大学文化研究院 编

社会科学文献出版社
SOCIAL SCIENCES ACADEMIC PRESS (CHINA)

前　言

首都师范大学文化研究院于2012年2月建院，其自我定位是兼具学术型思想库与研究型智库双重身份的高端科研机构；其办院宗旨是"学术本位，公共关怀，首都意识，全球视野"。文化研究院的内部刊物《文化决策参考》作为研究院的主要机关刊物，其编辑方针充分反映了文化研究院的这一自我定位和办院宗旨。刊物从文化研究院建院伊始即开始编辑出版，到现在已经出版21期。该刊以专题研究论文或调研报告的形式，从顶层设计的高度研究国家和北京文化发展面临的重大理论与实践议题，为市委、市政府的文化决策提供学术支持。刊物直接上报市委、市政府和其他管理部门，有效实现了学术成果向政策建言的转化。

2013年度的《文化决策参考》秉持文化研究院的一贯宗旨，其选题与研究方法力求前沿性、实证性和前瞻性，并通过对第一手资料的征引和对个案的扎实分析，积极回应国家与北京文化发展的最新动态，密切关注高新技术条件下与转型社会语境中出现的最新文学艺术形态，与国际人文社会科学发展的最新趋势保持一致。文章的具体内容涉及当下文化建设的各个重要方面，比如，社会主义先进文化价值观建构、文化产业发展、文化体制改革、公共文化服务等。

为了让《文化决策参考》上发表的文章能被更多的读者看到，更好地发挥其社会影响，我们按照惯例以图书形式编辑出版《文化决策参考（2013）》，期待得到同行和社会各界的积极回应和批评。同时，我们也诚挚地希望大家继续关心《文化决策参考》今后的编辑出版，踊跃投稿，为繁荣首都文化事业共同努力。

首都师范大学文化研究院
2014 年 5 月 14 日

目 录

忠于职守：亟待建构的行政文化 …………………………… 刘新成 / 1
发展文化需要正确认识政府作用 …………………………… 陶东风 / 6
大都市轴心化：生态之厄 …………………………………… 高小康 / 14
城市的政治化与城市体制改革 ……………………………… 郑永年 / 25
要素与指标：世界上建设国际化中心城市的新趋势 ……… 金元浦 / 38
"微生活"新论 ……………………………………………… 张颐武 / 46
"微文化"：基于互联网革命的新文化 …………………… 李极冰 / 50
微信之争的三重效应 ………………………………………… 孙佳山 / 62
我国文化体制改革十年回顾与攻坚策论 …………………… 孔建华 / 71
北京市文化创意产业政策实施情况评估报告 ……………… 孙　博 / 82
借力整体性文化创新　建立文化管理新机制 ……………… 高宏存 / 94
文艺演出院线：以市场的力量深化文化体制改革
　　——加快推进我国文艺演出院线建设的若干思考 …… 孙凤毅 / 101
大力发挥出版业在国家文化中心建设中的战略引擎作用
　　……………………………………………………… 何　奎 / 110
北京文化走出去亟须确立"全球细分战略" ……………… 盖　琪 / 117
"转到幕后看问题"
　　——冯小宁导演专访 ………………………………… 盖　琪 / 127

找准文化政策定位，构建特色城市文化
　　——公共文化服务的香港经验 …………………… 蒋　璐 / 138
文化产业：新型城镇化的动力源 …………………… 范　周 / 147
2013中国文化产业发展指数报告 …… 胡惠林　王　婧　付　缦 / 156
文化创意产业"北京模式"与"昆士兰模式"比较研究
　　………………………………… 李庆本　王　曦　陈小龙 / 165
中国艺术市场诚信估价体系的建立
　　——我们需要AAC吗？ …………………………… 宁　强 / 176
二十年来中国拍卖市场的症结与突破 ……………… 刘金库 / 183
全球艺术品市场与金融："中国机会"在哪里？ …… 宁　强 / 190
中国艺术品投资基金的SWOT分析及对策研究 …… 张　萍 / 200
当代中国内地艺术市场从业人员构成状况分析
　　——以京沪两地艺术品经营机构创办人、高层管理
　　人员为中心 ………………………… 吴明娣　卢　展 / 213
北京高校文化创意产业人才培养的问题与思考 …… 臧晓雯 / 222
关于北京市建设中国文化体验馆的建议与构想
　　——以纸文化馆为具体案例 ……………………… 高秀芹 / 234
对北京地铁文化建设的几点思考 …………… 安小兰　包晓光 / 243
对北京胡同文化资源开发状况的调研及对策思考
　　………………… 李　艳　马晓雪　李嗣茉　刘佳颖 / 252
传承人开办家庭博物馆对于非物质文化遗产保护的价值
　　及其设计策略 ……………………………………… 李　艳 / 263
文化自觉与正当性确认：当代中国"非遗"保护的权益公正
　　问题 ………………………………………………… 耿　波 / 270
重视有线广播在谣言应对及危机管理中的作用 …… 郭小安 / 284
践行社会主义核心价值观的原则、载体与路径研究 …… 范玉刚 / 291

忠于职守：亟待建构的行政文化

刘新成[*]

中共中央日前发布《关于在全党深入开展党的群众路线教育活动的意见》，指出活动"重点是针对作风方面存在的问题，提出解决对策"。关于解决对策，现在大家议论较多的是建章立制。制度建设固然不可或缺，但在制度建设之外是否还应考虑行政文化建设？德国学者马克斯·韦伯的《新教伦理与资本主义精神》一书出版一个世纪以来，一直保持着巨大的影响力，原因就在于作者指出，西方资本主义企业的有序运行，依靠的不是章程，而是文化。文化建设之重要，由此可知。

韦伯所说的文化系指行业文化，即该行业从业人员的潜在共识以及建立在该共识基础之上的行为方式。行业文化作为一种作风导向，对从业人员构成了既有别于制度他律，又不同于道德自律的特殊约束力。如果将领导干部视为一个特殊的行业群体，那么这个行业的文化就是行政文化。行政文化内容丰富，本文着眼点是其中最重要的一项，即忠于职守。

忠于职守包括两个要义，其一是把该做的事情做到位，其二是不该做的事情坚决不做。说起来简单，要求也并不高，但真正做到并不容易，特别是在今天，很有大力提倡的必要。

把该做的事情做到位，首先需要思想认识到位，明确何为"职

---

[*] 刘新成，民进中央副主席，首都师范大学文化研究院院长。

守"，为何"忠于"。所谓"职守"，乃是"职位""职务""职权""职责"四者合一，也即不仅是一个工作岗位，还有在这个岗位上应当完成的工作任务和被赋予的权力以及应当承担的相关责任。现在一些干部热衷于当官，其实热衷的只是那个"职位"，只是职位带来的权力、荣耀和利益，而忽略了在这个职位上应当完成的工作任务和应当承当的责任。热衷前两者而忽略后两者，这是他们不能做到"忠于职守"的根本原因。

明确了"何为职守"，还要明确为何"忠于"。是谁设立了这些领导岗位，让干部们能够享受工作岗位带来的功名利禄？是谁赋予领导干部权力，让他们能够令行禁止、言出法随？不言而喻，都是人民。封建时代常常出现的"父母官"一词其实是过时、错位的概念，不是当官者"为民父母"，而是人民才是各级领导干部的"衣食父母"，是人民用辛勤劳动供养干部，是人民赋予干部们领导权力。所以各级领导干部要用出色的工作，用为人民排忧解难、谋取福利来报答人民，必须尽职尽责地把工作做好、做到位，让人民满意。这样才能对得起人民对领导干部的厚待和信任，这也就是"忠于"的原因。

领导职位越高，工作任务越繁重，手中权力越大，承担的责任也就越重大。一个决策、一项措施甚至一句话，就可能决定对某个人的生杀予夺，也可能决定某城市的"拆迁改造"和庄稼的收成；可能影响社会的兴衰治乱，也可能影响历史的进步或倒退。认识到工作的艰巨和责任的重大，对每个领导干部来说，怎能不夙兴夜寐、孜孜矻矻地对待各项工作，怎能不小心谨慎、严肃惕厉地使用手中的权力？人非圣贤，不可能完全不犯错误，但是我们应该要求自己尽量不犯错误、少犯错误，因为每个错误都会给国家、给人民造成损失和伤害，都会给民族的复兴、社会的发展、历史的进步造成无可挽回的影响。所以每个领导干部都要时刻绷紧神经，告诫自己不能玩忽职守，否则就会对国家、对人民、对历史犯罪。

思想认识到位之后，"把该做的事情做好做到位"自然就成为"忠于职守"的应有之义。然而在现实中，"做好做到位"何其难也！当年林语堂和鲁迅都曾指出，"差不多"主义乃是中国人最大的陋习之一，这种陋习至今仍存。这次运动重点整治的官僚主义、形式主义作风，其突出表现就包括凡事不认真，不求甚解，不以为意，对工作推诿扯皮，敷衍塞责，得过且过。如果说，在农业社会或粗放式工业化时代这种作风的危害还不十分明显的话，那么在生产与管理均已智能化、信息化和高速化的今天则会造成极大恶果。做事不到位、"只求做不求好"与玩忽职守没有区别。细查各种事故频发的原因，因工作不认真、不到位造成的恐非少数。对于"差不多"主义的危害性有个算式：设一项工作含五个前后相接的环节，若每个环节都做到90%，表面看完成得"差不多"，甚至感觉成绩不错，但其实五个环节的工作效果就是0.9的5次方，等于0.59049，实际成绩是不及格。真正忠于职守，就要每个环节都认认真真做到位，争取做到100%，争取做到尽善尽美，而且在各环节交接时严格把关，如发现不到位决不放过。如能做到这样，我们的管理水平就会大大提高，各种事故就会大大减少。

不该做的事情坚决不做，其难度绝不亚于把该做的事情做好做到位，但这同样是"忠于职守"的应有之义，而且在今天具有遏制腐败、抑制不正之风的特殊意义。

不该做的事情坚决不做，首先要反对官场盛行的"唯上"之风。治理腐败和渎职行为，严惩固然必要，但更重要的是阻断；严惩施行于恶果产生之后，阻断则可避免其产生；两相比较，显然阻断才更符合"把权力关进笼子"的真谛。"阻断"应设置于权力运行过程当中。如果把权力运行系统之外的干预称为横向阻断，把权力运行系统内部的干预称为纵向阻断，那么从我国现状来看，横向阻断的设置一时难以完备，纵向阻断则尚可期待。所谓纵向阻断，其实就是在上下级之间有所制约。造成恶劣影响的腐败和渎职行为通常发生在各级领导干部身上，而他们这些行为，不可能完全"保密"或"隐蔽"到权力链条中各个环节都无法察觉的程度，任何一级干部渎职逾权甚至违法乱纪，只要与之有工作关系的上下级干部不是"视而不见""得过且过"，这些行为就能够被阻止。

问题在于，上下级常常是"视而不见"的。其原因就在于"唯上之风"，这是实现纵向阻断的最大障碍。所以要建构优良的行政文化，反对"唯上"必须先行。首先是要改变干部选拔机制不健全、不民主的现状，不能由上级领导的个人好恶决定干部的任免升降，否则，如何讨上级领导欢心就会成为下级的首要考虑，就会上级交办的事情无论对错好坏一律办，而上级也会把"听话""能办事"甚至专门擅长办上级想办而不便办、不敢办的私事当成选用干部的标准。克服"唯上"之风，就是要提倡忠于职守而不是忠于上级，做好本职工作而不是仅仅做好上级交办的事情，让老百姓满意而不是仅仅让上级满意。作为上级，不能把"听话""好使"能办事作为选用干部的标准，要广泛听取群众意见，考察干部工作成果要有历史的眼光和宽阔的气量，有时敢于向上级说"不"的干部可能恰恰是好干部。

不该做的事情坚决不做，还要反对"人情文化"和"乡愿"陋俗。很多干部工作努力认真，自身清正廉洁，却也犯了渎职、违纪的错误，究其原因，就是克服不了"人情文化"和"乡愿"陋俗。这些干部不是没有是非之心，也不是没有发现问题，甚至不是不想抵制，只是得不到心理的支撑和舆论的支持，担心这样做只会落得于事无补、于己有害的下场，于是睁一眼闭一眼，甚至顺水推舟，助纣为虐。"请托"作为国情的一部分，古已有之，于今为烈，无处不在。对于社会上的"请托"之风，短时间内恐难存杜绝之想；但是领导干部之间的请托、干部亲属的请托，即使不涉及腐败，也是以权谋私，制造和扩大社会的不公平和权力的不正义，影响极为不好，因此必须杜绝。在现实生活中，如果仅凭干部的个人操守来拒绝请托，难免招致"不近人情""六亲不认""不明事理"的骂名，使干部们陷于两难困境，稍不坚定便成为随波逐流的"乡愿"。然而如果让"忠于职守"成为为官的最高准则，不忠于职守便会令干部身败名裂，这样请托者自然会三思而行甚至望而却步，即使请托者仍不识相，被请托者也可以"理直气壮"地加以拒绝。如此一来，吃喝送礼等不正之风都可大为减少，有利于遏制腐败，杜绝徇私舞弊的职务犯罪。

中国特色社会主义核心价值体系已经包含忠于职守的内容，但当下官场普遍存在的玩忽职守、亵渎职守的现象说明，"忠于职守"的意识并未真正树立起来。本文提出构建"忠于职守"的行政文化，就是建议把"忠于职守"四个字鲜明地标举出来，作为解决干部作风问题的重要对策之一，列入国家公务员和各级干部的考核标准，要求干部把忠于祖国、忠于党、忠于人民的口号落实到忠于职守当中，通过不断宣传教育和树立典型，使"忠于职守"的理念深入人心，成为所有干部的行为准则，同时成为整个社会的共识和风气。粗率敷衍、渎职腐败等行为仅仅发生在个别干部身上，败坏的却是整个国家的形象，腐蚀的是国家权力。顾炎武说"士大夫之无耻，是为国耻"，说的就是官员无行会使公民失去对国家的信任。国家与所有社群共同体一样，都是"信任的制度化客体"，公民不信任国家，就会把信任转向家庭、朋友或利益小集团。古罗马史学家塔西陀说过："权力得不到正确行使，久而久之，就会失去人们的信任，后来即使正确行使，也不被人们相信。"这种危险被称为"塔西陀陷阱"，值得我们的为政者警惕。国家失去公信力，是极为有害和可怕的。

发展文化需要正确认识政府作用

陶东风*

胡锦涛同志在党的十八大报告中指出:"建设社会主义文化强国,关键是增强全民族文化创造活力。要深化文化体制改革,解放和发展文化生产力,发扬学术民主、艺术民主,为人民提供广阔文化舞台,让一切文化创造源泉充分涌流,开创全民族文化创造活力持续迸发、社会文化生活更加丰富多彩、人民基本文化权益得到更好保障、人民思想道德素质和科学文化素质全面提高、中华文化国际影响力不断增强的新局面。"

这段话把增强全民族文化创造力视作建设文化强国的关键,可谓抓住了文化发展的根本,同时还把增强文化创造力和深化文化体制改革、解放和发展文化生产力、发扬学术民主艺术民主联系起来,提供了增强文化创造力的具体途径。要深刻理解胡锦涛同志这段话的精神,我以为关键是要正确认识政府的角色和作用,调整国家与社会、社会与个人、政府与市场的关系。

一 文化的活力在社会,社会的活力在个体

著名马克思主义文化理论家葛兰西把"上层建筑"分为两个领域:

---

* 陶东风,首都师范大学文化研究院常务副院长、首席专家。

一个是被称为"市民社会"（又称"私人领域"）的整个有机组织（学校、媒体、民间社团等），另一个则是"政治社会"或"国家"（军队、警察等国家机器）。葛兰西指出，文化属于市民社会领域，文化领导权是在市民社会领域形成和运作的。哈佛大学肯尼迪政府学院教授、著名的"软实力"概念的提出者约瑟夫·奈也认为，美国文化软实力的优势得益于其强大的非政府组织和公民社会，并直言："与美国相比，中国依旧缺乏帮助创造国家'软实力'的非政府机构。"①

这些理论卓见启示我们，文化属于与国家政府相对的公民社会领域，相应的，文化的创造力必然也来自社会。要想激发全民族的文化创造力，关键是激发民间社会的文化创造力，增强社会自身的活力，要激活社会而不是管死社会，管死了社会也就管死了文化。

复旦大学林尚立教授指出："中国提出社会建设，是中国现代化发展的必然要求，其使命是使个人获得生存的保障与发展的可能，使社会获得自我协调、自我管理与自我发展的能力。"他认为，"如果说之前30年的改革使中国走向市场经济、初步建立社会主义市场经济体系，是通过激发社会个体的活力得以实现的话，那么中国未来30年发展所要完成的社会建设，则必须通过激发社会组织的活力与能量来实现"。②对此笔者深表赞同。对社会组织管理的制度化和规范化，不是为了"管住"它，而是为了充分发挥它在社会建设中不可替代的功能与作用。从国家（政府）和社会的关系理解，应该把社会当成建设的对象而不是管理的对象，而建设的手段则是让社会获得自主性，建设的目的是使社会获得创造力。

毋庸讳言，我们所习惯的"管理"思维在很大程度上对社会充满了不信任甚至恐惧，好像社会是一个需要加以严密监控的对象，是不和谐与混乱的根源；似乎社会稳定、社会和谐需要通过严密监管才能获得。其实，社会的真正稳定最终需要的是社会成员对于公共事务的积极参与，而参与的前提则是创造条件使社会成员有更多的机会、更强的能

---

① 〔美〕约瑟夫·奈：《从"软实力"到"巧实力"》，《南风窗》2009 年第 13 期。
② 林尚立：《社会建设如何突破当前瓶颈》，《文汇报》2009 年 9 月 18 日。

力来实现这种参与。而且这种参与是多方面的，只是让公民积极参加各种植树活动、爱国卫生运动是不够的，还要让他们名副其实地行使自己的公民权利。

由于历史的原因，特别是由于计划体制的遗留，中国社会领域的独立性较低，自组织能力较差。这在很大程度上抑制了社会的创新能力。同时，在社会转型期，由于社会的复杂性程度大大提高，国家权力已经不可能再像以前那样全面控制社会，客观上不可能不出现大量国家权力不及的"灰色"地带。结果，在社会创造力大大降低的同时，大量黑社会现象也随之出现，社会秩序大不如前。因此，在目前情况下，需要在政府引导下进行社会改革，但这个改革的最终目的是增强社会的自主性和创造性，同时通过强化社会的自主管理能力来优化社会秩序。

有人可能会说，如果政府不把社会管起来，社会不就乱了吗？特别是在中国，社会的自组织能力差，政府不管怎么行？我们应该辩证地看待这个问题。如上所述，社会的自组织能力或自我管理能力是与社会的自治程度、自主程度紧密相关的。没有自主性的社会不可能有自组织能力和自治能力，没有自治能力的社会当然不能自我管理。这就是中国目前的情况：一放（政府退出社会）就乱，一管（政府过多介入社会）就死。乱和死是同一个原因造成的，是一个硬币的两面。打个比方，如果一个母亲总是把孩子抱在怀里不让他自己走路，他就永远也不会走路，因为他没有走路的机会。这个时候如果母亲一下子把他放在地上不管，他当然会跌倒。但须知孩子（社会）站不住（无法自我管理）的根本原因不是他天生没有走路能力（自治能力），而是母亲没有给他走路（自治）的机会。所以，在目前情况下，一方面政府不能一下子撒手不管，另一方面更不应该继续抱着他不放（实际上也抱不住），而是扶他走一段路，最后让孩子自己走路。

如果说从国家和社会的关系理解，不能简单地把社会当作管理对象，那么，从人和社会的关系来理解，则每个个体都是社会文化创造力的来源，要把每个人的自由发展作为社会建设的目的。虽然人的发展离不开社会条件，包括社会的稳定与和谐；但绝对不能把社会的和谐和稳定与社会活力，也就是每个人的创造力对立起来。

社会活力来自何处？当然是来自每个社会成员的活力，马克思曾经把个人的自由全面发展当作未来社会，亦即共产主义社会的根本特征，个人的全面发展是社会发展的根本目标和归宿。社会主义事业的目的之一，就是为自由个体创造力的发挥创造条件。如果把维护社会稳定与发展个人自由对立起来，认为社会稳定必须建立在扼杀个人自由和个体创造力的基础上，那就违背了社会稳定的根本宗旨。这样的社会稳定不是真正的稳定，而是死水一潭的极权状态，是剥夺了个人自由后的监狱式"稳定"。真正的社会稳定必须创造条件使每个社会成员有更多的机会、更强的能力发展自己的个性和创造力，来实现社会参与。

二 警惕文化发展中的政府迷思

这就要求我们深入反思计划体制的弊端，重新思考国家和社会的关系。笔者认为计划体制的最大弊端之一就是扼杀了社会自身的创造活力，文化领域也是如此。"文革"时期的文化活动高度计划化，甚至由某些当权者一手包揽，结果整个民族丧失了文化创造力，全民看八个"样板戏"。新时期改革开放的重要举措，就是国家权力逐步、有序地退出社会和文化领域，结果社会的文化创造力得以大大提升。社会的文化活力提高了，文化活动多样了，国家的文化也就繁荣了。社会在文化发展中的巨大作用是政府无法替代的。但最近几年似乎又出现了文化领域重新计划化的苗头。大量政府主导的文化资产的整合和文化央企的出现，未必都是好事。如果这些文化巨无霸不是通过市场方式自然产生，而是按照计划体制方式人为撮合，如果它的强大所依靠的不是自己的文化创造力和市场竞争力，而是对资源和市场的垄断，那么，就可能出现文化领域国富民穷、国进民退的现象，导致央企和民企的两败俱伤。特别是很多地方政府直接主导、介入的大规划大项目，打着"文化发展""文化强国"的旗号，拿纳税人的钱换来一大堆文化垃圾，倒尽了人们的胃口并滋生了大量腐败现象。

比如，近年来地方政府主导下的拆旧仿古现象席卷全国，在真正的古城古建被无情拆毁的同时，一批新建的"古城"已经或即将涌现出来。"拆旧"和"仿古"两部大戏同时上演。北大教授吴必虎的统计称,目前全国有不少于30个城市欲斥巨资复建古城,动辄数百亿上千亿的投入往往需要当地百姓世代还债。最新的案例是昆明市晋宁县。2012年10月26日,总投资220亿元的"七彩云南古滇王国文化旅游名城"破土动工,昆明市宣称要用3年时间"再造一个古滇国"。浏览媒体报道,可知类似的"穿越"剧并不少见。山西大同已启动"回到明朝"古城修复工程,河南开封拟斥资千亿重造"汴京盛景"。这些古城、古街的重建多为耗资惊人、占地巨大的政府行为,它们"将一片片历史街区夷为平地,一座座传统民居无情摧毁,然后仿建出一条条复古商业街,不但会造成城市文化空间的破坏、历史文脉的割裂,而且导致城市记忆消失,最终形成千城一面的平庸景致,令人扼腕","一些重建项目只是打着与文化相关的旗号,背后是经济利益和政绩工程的驱动,缺乏文化之魂,片面地用浮华形式、简单符号来进行文化建设,最后当然是南辕北辙,拆了真古董造了假古董,沦为笑柄不说,更成为一种政绩泡沫,造成'政府立项,百姓埋单'的严重后果"。①

这些文化工程的弊端多多自不待言,但是其中最关键的一点就是政府权力过大,决策过程简单,往往没有充分征求专家和大众意见,领导一拍脑袋即刻上马。我们有些官员有这样的认识误区:政府只要拿出钱来就可以打造文化航母,就可以增强文化软实力、成为文化强国。事实证明这种做法即使主观愿望是好的,结果常常也是事与愿违。

因此,中国目前文化软实力不强、文化创造力不足的现象,不能简单地认为是由于政府对文化管得太少。真正阻碍文化发展的或许正是这种以为政府可以无所不能的迷思。当然,这不是说政府应该什么也不管。关键是管什么和怎么管。在某种意义上说,目前文化创造力不足的原因,不是政府管得太少而是管得太多,不是管得太松而是管得太死,是该管的没有管或管得不好,不该管的又管得太多太死。

这就涉及文化体制改革的问题。举要言之,政府应该提供公共文化

---

① 参见闻白《文化建设需要防止盲目跟风,"古城热"切莫丢了文化魂》,《人民日报》2012年11月19日。

服务设施，而不是管死公共文化的具体内容；政府应该营造文化人和艺术家自由公平竞争的环境，而不是自己加入"竞争"行列；政府应该通过文化立法来管理文化、保障公民的文化权利，而不是通过临时出台、经常变化的政策法规管理文化，更不该直接经营文化活动，由服务主体变成经营主体，由裁判员变成球员。还要纠正一个观点，即认为是政府在投资为老百姓提供公共文化服务。政府是不会赚钱的，政府本身没有钱，它投的其实是纳税人的钱。因此，政府提供优良的公共文化服务是它的职责，而不是它的恩赐；如果政府没有提供好公共文化服务，如果政府用纳税人的钱打造了一堆文化垃圾，那就是政府的失职。

三　告别文化建设中的计划思维

政府把社会和文化管得太死的例子比比皆是。比如近年来各级政府的文化部门喜欢搞各种"工程""规划"。这些形形色色的"工程""规划"，常常把文化活动的方方面面规划得"无微不至"、面面俱到，甚至文学艺术和科学研究的生产，也要落实到具体僵化的数字（比如每年要打造多少部"哲学社会科学精品"、多少部"电影或电视剧精品"，通过行政命令而不是市场的方式打造"文化航母"，等等）。这种打造文化强国的做法无疑是缘木求鱼。

不知道这些规划中的具体数字有多少科学依据，是经过什么样的"科学方法"计算出来的。依据笔者的个人经验同时证诸以往的历史教训，深感这种数字化的"科学"管理方式并不适合于文化，甚至也不很适合整个社会的发展规律。首先，笔者的第一个疑问是：为什么恰好是 100 部或 400 部？99 部、101 部、399 部、401 部就不可以或不可能吗？有必要、有可能做到这样准确吗？怎么做到这样准确？常识告诉我们，文化建设（包括艺术创作和学术研究）在很大程度是一个长期积累、水到渠成的过程，国家可以对文化的建设和发展进行一定程度的引导和调节，但是通过政府直接介入并调节到这么准确无误的程度，其动机、效果和目标是非常令人怀疑的。我们很难想象某一个特定时期（比如"十一五"或"十二五"期间）中国学者恰好能够提供 400 部

"原创性的优秀学术著作",中国作家恰好能够创作出100部"优秀的、反映中国革命和现代化建设事业以及当代现实生活的优秀长篇小说、报告文学、长诗"。这与一个人的研究或创作其实有相似的地方。就以笔者为例,上一个五年笔者出版了三部学术著作,这个五年笔者估计只能出版一部,而下一个五年能够出版几部笔者根本无法规划。笔者只能依据自己的精力、时间和工作、生活状况等对笔者今后的研究进行大致计划,即使是这样的"大致计划"也是充满不确定性的。由于种种不可预知的个人和社会因素,笔者不但不可能准确计划我出版著作和发表论文的准确数量,而且连它的基本走向、是否会发生较大变化乃至根本变化,也难以准确预测。如果非要做出这样的规划并强制实施,其结果无非是:或者这样的计划因为情势变化无法执行而流于一纸空文,浪费了大量人力财力,或者为了让千变万化的现实就范于原先的计划而人为地控制文化和知识的生产,为了能够"圆满完成计划"而自欺欺人地造数字(比如今年的计划是100部,那么,即使真正优秀的作品只有90部或80部甚至70部,也要矮子里面拔高个儿凑成100部)。说实在的,这样准确的数字化管理和数字化目标常常使我产生不愉快的联想,比如"大跃进"时期的亩产多少多少斤(而且据说也是"科学论证"的)之类的。

  这种文化发展的规划常常充满了"社会园艺"思维——政府官员就是那个拿着剪刀到处修剪的"园艺师",根本不让文化的花园获得自发生长的土壤和可能性。所有这些都体现出操纵和控制文化活动的强大权力欲,而不是从尊重文化活动的自身特征和规律出发的。它也是对市场机制的人为扭曲和破坏。人们说市场是调节资源分配和商品生产的"看不见的手",但是如果这只手被巨大的绳索紧紧捆住,那么它的调节功能就会受损乃至彻底丧失。比如当国家通过行政力量对某些文化单位或文化活动投入巨额资金而对其他的文化单位和文化活动漠然视之或人为压制时,无论是受到特殊宠爱者,还是受到漠然视之或人为打压者,都将丧失基于真正的市场竞争的生存发展能力。

  其实我们的数字化思维在很大程度上是计划体制时代的思维模式的遗留,其背后的支撑理念是把文化、学术、经济乃至整个国家和人类社会都看作可以精准计划和严密控制的对象，把文化和社会的管理看作"社会园艺"或"社会工程"（现在的各式政府文化规划中"规划""工程""打造"等词的出现频率高得惊人，就是其计划思维的体现）：最高计划者像一个总设计师那样设计出社会和文化的"蓝图"，然后让各级官员和知识分子、教师等充当具体实施这个蓝图的"园丁"，按照"蓝图""计划"选定应该重点培植的"鲜花"和必须彻底清除的"毒草"，然后把"鲜花"圈护起来加以培植，把"毒草"坚决无情地铲除。事实证明，这样的严密计划不利于社会文化生态的平衡，不利于百花齐放和百家争鸣，最严重的时候会导致百花凋敝或一花独放的局面。原因很简单，多样化和差异性是人类社会的本质特征，也是文化学术的本质特征，而各种各样数字化的蓝图和规划恰恰建立在对于这种多样化和差异性的压制和歼灭上。

让我们学会尊重社会建设的自身规律，尊重文化发展的自身规律，不要认为政府力量是万能的，不要认为文化的大发展、大繁荣是政府拿钱就可以打造出来的。政府的职责只是为社会和文化创造力的自由发挥创造条件而已。

我国正处于文化改革发展的关键时期。在文化体制深刻变革、文化价值观深刻变化、文化权利格局深刻调整的时期，必须深刻转变文化建设的理念、方式、手段，创新文化管理体制，整合和调动文化资源，最终激发社会、民间和个体的文化创造力。

大都市轴心化：生态之厄

高小康[*]

一

中国最近30多年来的发展速度之快、效果之显著是世人有目共睹的，而这种发展的最突出表现就是大都市的发展。中国当代的城市化进程始于20世纪80年代，到90年代就演变成了"国际化大都市"热。此后，世界各大都市圈的发展引起国内关注，中国都市发展又从大都市热进一步升级为"大都市圈"热，几个大城市群争相建设与世界五大都市圈相媲美的第六大都市圈。英国《卫报》2010年刊载的联合国人居署（UNHABITAT）的一篇报告称，中国的穗深港城市群正在整合成世界上最大的"巨城区域"（mega-regions），从而变成一座"无限之城"（endless city）。按照这个报告的说法，中国大都市的发展程度已经达到了世界的顶端。如果我们的中国梦只是一个强国梦，那么从都市发展的角度看，是不是这个梦已经实现了呢？

近年来，中国学者在谈到城市化发展时，基本上都同意这样一个观点：城市化水平是社会发展水平的重要指标。所谓城市化水平是指一个国家城市人口占总人口的比重，据统计，2010年中国城市化水平是47%。对中国来说，这个比重意味着这些年城市化水平增长幅度非常之

---

[*] 高小康，南京大学文学院教授。

大。如果记得20世纪60年代关于中国城市化水平的说法是7亿人口6亿农民的话,那么我们就可以想象得出这个增幅有多么惊人了。但是,这个比重在国际上处于什么水平呢?按照UNHABITAT的统计,2010年有149个国家和地区超过了这个比重,也就是说,中国处在倒数第若干名的位置上。如果说人口少、面积小的发展中国家城市化水平超过中国还在情理之中,那么,像南非、尼日利亚、阿根廷、巴西、秘鲁这类幅员广大、人口众多的发展中国家也远远超过了中国,就似乎有点不可思议了。倘若把世界上最大的都市群和世界上最低的城市化水平放在一起进行比较的话,那种强烈的反差就更加不可思议了。这能够代表中国社会发展的水平吗?这种极端矛盾的现象是否意味着中国的城市化在什么地方出了问题?

二

城市化水平也许只是一个比较社会发展趋势的相对指标,真正重要的问题不在于是否达到了更高的城市化水平,而在于中国城市化的这种两极发展意味着什么。有学者在一个研讨会上指出,发达国家的城市是平面发展的,而中国城市则是立体发展的。他的意思是说,外国的城市无论大小,从行政管理的角度而言都处在同一个层次,各个城市之间的地位是平等的;而中国的城市是分成许多等级层次的:首都、直辖市、省会、副省级、地级、县级、乡镇级……行政管理的层次造成了不同城市处在不同的权力等级上,而不同的权力等级又带来了不同的利益,结果就导致不同城市市民所享有的权利、资源乃至身份都形成了不同层次的等级差异。近年来,以北京为代表的中国大都市普遍面临因为身份差异而造成的各种矛盾和冲突:在上学、高考、买房、买车等许多方面都制定了一些针对不同身份的差异性政策,引起了社会的强烈不满。从历史的角度看,与连进京火车票都不能随便购买的时代相比,北京这样的大都市对外地人的态度、给外地人提供的待遇已经有了不小的进步,虽然户籍制度还没有废除,但进入大都市生活的行政管理门槛已经低了很多。对于"北漂"来说,取得城市户籍仍然很困难,买房更困难，但至少可以以"暂住"的形式居住，并且可以寻找适合自己的工作，这与以前相比已经有了很大的进步。尽管如此，人们的不满却与日俱增，这是什么原因呢？

问题不在于大都市的进入门槛，而在于中国近年来的发展在大都市和中小城市之间造成的日益扩大的等级差异。随着城市发展，这种差异不是在消弭，而是在扩大。媒体在批评异地高考限制、外地人购房买车限制乃至城管对小贩的驱赶等不公平现象时，看起来暴露的是政府行政行为的正当性问题，其实背后是面对由大量外地人拥入而造成的困扰，本地居民给政府施加的压力。大都市的人口过载几乎是所有发展中国家的通病，问题似乎出在人口的无序流动上：自从有了现代大都市，就有无数"嘉莉妹妹"揣着梦想从小地方进入大都市，其中大多数人的最终结局是失落，然后是下一拨人从头再来……如果能够控制住这种盲目向大都市流动的趋势，很多大都市问题就会缓解或解决。因此，当"北上广"人满为患时，就有人出来建议大家回到家乡去，不要到大都市凑热闹了。但不让这些怀揣梦想的人进入大都市，而让他们回到中小城市的后果是什么呢？不同等级的城市在社会福利、教育机会和发展空间等方面的差距，使得中小城市越来越失去吸引力；城市的吸引力与城市规模日益形成正比甚至平方正比的关系，以前的城乡剪刀差如今日益恶化为城市等级剪刀差。在人们盲目流入大都市的背后，是大都市凭借自身的优势在无限制地抽吸外围资源包括人力资源。每个被城管驱赶的小贩和蜷缩在群租屋里的蜗居族表面上看起来是城市所不需要的累赘，其实都是大都市盲目抽吸进来的规模资源。

几十年来，越来越多的农民离开乡土进入城市打工，已成为城市中规模越来越大却处于不尴不尬位置的特殊人群，从"农民工""外来务工人员"到"新移民"，命名虽然听上去越来越亲和了，但公平问题并没有真正解决。因为社会公平不是一个既成的问题，而是在不断生长发展着的问题。在20世纪80年代城镇化开始时，农民离开乡土进入城镇工作，应当说是在缩小城乡社会之间因剪刀差而造成的不公平。但随着大都市轴心化趋势的发展，不同城市之间的等级差距拉大，使得宏观层面上的不公平反而加剧了。在近年来发生的形形色色的公共安全事件和社会矛盾的背后，都若隐若现地存在因社会等级板结和差异扩大而形成的不同身份人群之间的摩擦和敌意。这些社会矛盾的根源可能是多方面的——政治改革的滞后、官员贪腐和政府公信力下降、法制问题、公民教育问题等，但当它们显现为社会空间关系时，城市等级化和大都市轴心化便成为突出的聚焦点。

1980年代改革开放初期，费孝通提出的城市发展目标是城镇化，即缩小乡村与城市社会的差距，促进中国在城乡同步或协调基础上的城市化发展。而到了1990年代，城镇化变成了都市化，大大小小的城市都在向"国际化大都市"目标努力。这场都市化竞赛的结果当然不可能是把大小城镇都建成大都市，而是使大部分中小城市变成了大都市的附庸或因孤立而败落；大都市则成为资源高度集聚、经济文化高度发展的轴心。这就是城市的立体化结构造成的中国城市发展的大都市轴心化趋势，也是社会文化生态恶化的重要表征。面对上述这些困境，我们不得不怀疑现在的大都市发展模式是否有问题。

三

大都市轴心化并非中国特有的城市发展现象。西方自工业革命以来的近代都市发展中也曾经形成了资源和影响力高度集中的都市轴心。可以说，工业文明的特点之一就是大都市作为文明轴心的存在和发展。许多从事当代都市发展研究的学者相信大都市的轴心化是一种合理而高效率的结构形态。的确，人才、资金、产业和物流的高度集聚对于经济发展是非常有利的条件。自19世纪以来，西方大都市的繁荣与工业文明的高速发展之间的关系自不待言，中国自1990年代以来经济的腾飞和大都市的同步繁荣可以成为一个更新的、更有力的例证。过去的几十年间我们一直相信"发展是硬道理"，而且这里所说的"发展"都是被理解为经济增长。按照这个思路，能够最有效地促进经济增长的城市建设方式当然就是最好的方式。既然轴心化的大都市和都市群建设对于经济增长最有利，那么还有什么理由怀疑这种城市发展模式？

但是问题在于，当代城市发展的目标和理想形态究竟是什么？自从

20世纪70年代罗马俱乐部发表了《增长的极限》后,把经济增长作为社会发展中心目标的观念开始受到挑战。中国在特殊时期、特殊背景下开始的改革开放以经济建设为中心是完全必要和合理的,但在经过了几十年的高速发展后,积累的问题也越来越多。高层已经认识到,现在中国的发展需要转到生态文明建设的方向上来。那么,这种转向对于城市发展意味着什么呢?大都市轴心化的发展模式符合生态文明建设的目标吗?

联合国人居署自2004年开始发布世界城市双年报告以来,在谈论当代城市发展目标时反复提出两个基本要求,即公平和可持续发展。公平是对城市社会人文内涵的要求,是文化生态建设方面的内容;而可持续发展则包括了环境、能源、经济增长模式等多方面内容,核心是自然生态环境的保护。人文和自然这两个方面的要求整合起来,才能构成真正意义上的生态文明建设。大都市轴心化发展的趋势实际上背离了这两个目标,而且渐行渐远。

城市学家芒福德曾经把过度集聚和膨胀起来的轴心化大都市形容为患了"特大城市象皮病",意为因集中而过度肥大的城市规模造成了"象皮病"一样的末端微循环坏死。事实上中国近年来以首都北京为典型,几乎所有大城市都在不同程度上患了这种病:拥堵、雾霾、房价、就业、卫生、安全等问题越来越多、愈演愈烈。为了对付城市化进程中出现的这些问题,在近年来的城市建设中,生态文明的观念渐受重视。大都市原有的高污染、高耗能企业被搬迁出去,在城市中开辟出大片绿地,挖掘出池塘,修建起绿道。钢筋混凝土森林逐渐披上了绿色。但这种绿色究竟是生态文明建设的成果呢,还是仅仅为城市的表面刷上了一层绿色?

在城市里人工建造出越来越多的池塘湖泊,看起来的确很美,很适合人居;但生态后果往往是使许多地区的水体结构遭到破坏,大环境的水资源变得更加匮乏。近年来发展起来的都市绿道也是城市生态建设的内容之一,这种为行人和自行车专门设置的城市道路似乎吻合了"生态城市"理想模式,但实际的建设状况往往并不那么"生态":有些城市像建设生态保护区那样用防腐木铺设长达数公里甚至十几公里的豪华绿道，大规模的资源消耗成为粉刷"绿色"的代价；有些绿道为了美观把附近原来的植被铲除；有的绿道与汽车道路并行，行人和自行车所受的尾气之害一点也不比普通道路少……此外还有大面积铺草皮造成的环境破坏、移植老树造成的森林生态破坏，等等。这些建设的共同特点是：直观地看都像是在改善环境和生态状况，而实际上却在更大范围内破坏了生态。更重要的是，尽管大都市看上去越来越漂亮了，但那些"象皮病"痼疾其实一点也没有减少，甚至没有减缓恶化的迹象。只要大都市轴心化过程没有结束，资源、人口和消耗的集聚仍在继续，这种所谓的生态建设就只不过是掩盖大都市困境的美丽幻觉。

对于北京来说，环境问题虽然早已积重难返，但在近年来更突出、更直接地影响公众生活的一个现象就是由雾霾所表征的空气质量的持续性恶化。每一次雾霾来临的时候，人们从政府和专家那里听到的解释都是关于气象形势的描述，对付的办法就是戴上口罩或干脆不要出门。雾霾被视为台风或沙尘暴之类的自然灾害，政府和民众所能够做的就是预报、防护和减灾。但问题的症结在于：北京近年来日趋严重的雾霾本质上不是自然气象灾害，而是人的活动造成的生态灾难。雾霾对人体健康的危害主要来自空气中的灰霾，灰霾的物理成分灰尘，尤其是危害更大的超细微粒粉尘即近来成为公众知识的所谓PM2.5，主要来自人类活动。据北京市环保局环保监测中心专家的看法，造成北京地区近来空气严重污染的主要原因是燃煤、机动车、工业、扬尘等污染物排放量的增加。这种污染排放水平可以说是北京这样的特大型都市无法避免的，如果注意到这一区域严重雾霾状况的分布范围远大于北京地区，就可以知道这个特大型都市对环境的影响明显超出了都市自身的范围。都市在抽吸外围资源的同时还在侵蚀整个环境，这使得都市轴心化的生态后果变得更加严重。

这是自工业革命以来发展起来的工业化大都市（即所谓"福特式城市"）的老问题——伦敦、曼彻斯特、芝加哥等19世纪的大都市都遇到过类似的问题。但对于中国来说，问题的严重性更在于因对策一再失当而发生的灾害免疫效应。在20世纪50年代的工业化建设中，大批重工企业集中在首都，后来为了减少污染而把重污染企业迁到周边区域。但随后的城市发展迅速超出了当时进行环境应对时的都市环境概念，结果使得重污染企业的迁出变成了污染源的扩散。重工业迁出后，随后转型发展起来的第三产业看起来是"清洁"的，但带来了更大规模的资源集中，也随之产生了几何级数增长的资源消耗和环境破坏：日益趋向极度轴心化的首都具有全世界大都市都无可比拟的资源吸附力，全球的跨国公司、全国的各级政府、最高等级的文化事业、最大规模的公众盛会通过一层层的相关服务链一直延伸到最底层的需求、产业和就业者，随之产生无限制膨胀的人口和都市空间，带来交通、居住、卫生、教育等各种需求的无限制推升……雾霾不过是都市加速度扩张的一个标志性现象。

对于这些年来愈演愈烈积重难返的环境问题和社会问题人们并非一无所知。但问题在于，许多学者和政府官员采取一种就事论事的态度，宁可相信所有的问题都是可以在具体的因果联系中找到原因和解决的，而不肯考虑一种根本方向上的问题：是不是这些年发展的方向出了问题？是不是以大都市轴心化为特征的城市化建设本身应当重新检讨？当人们提出"城市让生活更美好"口号的时候，有人也曾怀疑这个口号能否实现，城市是否真的会让生活更美好，却似乎没有考虑过这样一种更深层的可能：即使大都市真的变得更美好了，会不会意味着整个世界却因此而变得更糟糕了？

四

一个世纪以前，德国学者斯宾格勒曾忧郁地预言"西方的没落"——这就是他那本传世著作惊世骇俗的标题。他预言西方没落的逻辑是把大都市的兴起比喻为文明的冬季，认为过度繁荣膨胀的大都市发展会导致自然和社会秩序的崩溃。他在文化生态学兴起之前就注意到了文化生态是文明发展的基础条件。当然，此后一个世纪的发展似乎没有使他的预言应验，但这并不意味着他预言错了。事实上自他的预言之后，西方社会的发展开始出现了历史性的转向：两次世界大战彻底改变了人们对工业文明的乐观期待，后工业时代的来临同时也是"后大都市"（Post metropolis）时代的开始。到1970年代罗马俱乐部报告发表之时，西方工业文明时代开始的大都市轴心化时代已经宣告走到了末路。可以说，斯宾格勒的预言其实是实现了，不过"西方的没落"是以福特式都市的衰落和后大都市转向的方式实现的一次光荣革命式的没落。

还记得在改革开放初期人们初次出国到了西方特别是美国后感到的震惊，那时中国大陆人看到西方尤其是西方大都会繁荣发达的现代化面貌惊羡不已，所谓"美国的月亮也比中国的圆"就是那种心理的写照。20年后，初次到欧洲和美国去的中国人又一次感到了震惊，这次震惊的是"哇哦！西方怎么这么落后啊"——高楼大厦和霓虹灯远远比不上中国"北上广"多，偌大的西方资本主义心脏纽约居然到处都还在用窗式空调，至于巴黎干脆连空调都见不到。多次出国的人会觉得这几十年西方的都市非但没有发展，反而好像还在倒退……事实的确如此：在中国的大都市蓬蓬勃勃发展的同时，西方福特式大都市的繁荣的确已成为历史，而如今在走向没落。斯宾格勒的预言应验了，不过不是像罗马的崩溃那么富于戏剧性和悲剧性。这是工业文明的软着陆，大都市的没落实际上避免了更大的生态崩溃。

西方大都市的没落和中国大都市的繁荣扩张形成了鲜明的对比，这种对比的意义却可能是复杂的：从表面上看是中国式、后发式发展优势的体现，而从深层解读则可能意味着，中国的大都市发展同样需要向"后大都市"转型——从繁荣转向寂寞。

自1960年代以来，美国的城市发展开始出现转型：发展的重心从人口密集的大都市转向郊区、卫星镇和中小城市。从整个世界的城市发展来看，一个比较普遍的趋势是发达国家的大都市发展速度和规模低于新兴的发展中国家。几十年过去了，城市发展究竟是高密度人口的大都市好还是低密度的中小城市更合理，一直存在争议。直到前两年，奥巴马的住房部长还和"新地理学"代表人物科特金在福布斯网上隔空争论美国人是否在倒流回大都市。就在大都市走向郊区化、分散化的同时，关于高密度大都市更经济、更生态的观点也时有出现。这种争论表明，当代大都市发展的前景如何仍然有各种不同的看法。但对于中国而言,大都市的发展前景问题已经因为日益突出和激化的种种矛盾而变得格外重要。可以说,这已经不是一个停留在研讨阶段的问题,而是需要在综合研究各国发展经验教训的基础上重新评价和决策的问题。

中国从1990年代开始进入了以建设"国际化大都市"为目标的大都市发展高潮。在这个发展过程中,既有福特式"现代化"城市建设观念的强大作用,同时也在一定程度上接受了20世纪五六十年代美国城市郊区化和卫星镇建设的影响。这在北京、上海这样的特大都市建设中的表现就是,在建设密集的摩天大楼群的同时,也在向郊区乃至远郊和邻省开拓空间,形成了类似美国卫星镇式的新城区。这种拓展的效果是,在都市扩张的过程中,虽然城市面积和人口总量不断攀升,但相对密度增长有限,似乎实现了一种比较合理的都市扩张规划。然而,经过近20年的扩张发展回过头来看,这种卫星镇式的新城区建设带来的后果却并非如想象的那样合理。

美国城市学家、《生态城市》的作者瑞吉斯特曾经批评大都市以卫星镇的方式向郊区和乡村扩张的做法,认为那是通过与都市联系的高速交通把都市的污染带进了乡村。关于美国都市郊区化造成的问题有多大,我们在这里暂且不论,中国的问题是,大都市的新城区建设并没有实现都市的郊区化,而是更大规模的都市化。美国的卫星镇可以说具有一点"卫星"的特征:在围绕大都市公转的同时有自己相对独立的运转轨道。在《绝望的主妇》这类描绘卫星镇生活的家庭剧中可以看到,都市远郊的生活具有自己的独立性特征。但中国的卫星镇并非如此。从北京的版图扩张形态来看,从二环开始的"摊大饼"式发展是这个都市地理空间扩张的典型特征。沿着如涟漪般一圈圈辐射开来的环形快速交通线,蔓延生长出大大小小的新城区、卫星镇。但这些新城区与其说是中心城区的卫星,不如说是一个个溜溜球——它们和中心城区之间不是公转加自转的和谐运动,而是高频率弹射式往返的关系,尤其是上下班时间的潮汐效应,成为近年来北京和其他一些特大都市交通拥堵、尾气污染激增的重要因素。用瑞吉斯特的眼光来看,这种新城区建设不是摊薄了都市的密度问题,而是把"特大城市象皮病"的微循环坏死病症和都市型污染扩散到了更大的区域。

造成这种状况的原因就在于都市的轴心化效应。1990年代以来中国经济的高速增长和两次抗金融危机的经验,使我们形成了一种对于"中国式发展"的自豪和自信,相信因为行政权力的集中和干预而产生的"集中力量办大事"是中国社会发展的秘诀。这种自信带来的副作用就是行政权力的无限制扩张——从社会管理到经济决策和金融管理,再到文化事业、教育事业等各个方面的全面行政化管控。这种行政权力扩张使得中心城市尤其是北京这样的处于最高行政等级的都市拥有了不断增长的控制力和吸引力。在这种行政文化背景下的城市扩张,不可能实现真正的卫星化分散。所有新旧城区生活的内在动力都为行政管控下的文化、金融、商务和消费的中心所吸引和驱动,使得都市在向远郊扩展的过程中,远郊却反过来朝着中心进行逆向会聚运动。

大都市"摊大饼"式的辐射扩容看起来会使人口相对密度有所下降或至少减缓了增长,但这种逆向会聚作用使得人口总量以加速度激增,使得城市空间中交通工具的动态容量以几乎是平方正比递增的速率上升。正是这种因城市扩张而产生的逆向会聚成为大都市交通拥堵、空气污染、公共安全问题暴增的最大推手,使得都市原有的生态灾难通过扩张而扩散演变成更大范围的生态威胁。在这个大的生态问题背景下,以就事论事的方式解决大都市问题不仅可能是缺乏疗效的"头痛医头,脚痛医脚"的权宜之计,更可能因为作用方向背反而给未来的发展留下更大隐患。

2008年奥运会在北京举办,北京市民感受到了久违的持续的晴朗天气。这是否证明政府有了治理污染的办法?恰恰相反。因为靠极度严格的机动车限行和停产止排放的方式改善空气质量,显然与都市的正常生活相悖,因此只能是权宜之计。只有当都市的整体发展脱离了高度集中、高速增长的诱惑,当中国的大中小城市都有了发展的空间,北京的每个城区都有了不需要向中心会聚的独立生活空间,才有可能真正进入解决生态危机的实质性阶段,才有可能谈论中国未来的生态文明建设。

中国迟到的发展导致转向时机的迟到。这个时间差使我们有机会品尝一次超越西方繁荣的胜利佳酿。但品尝后的微醺甚或酩酊可能带来幻觉，使我们的城市发展失去转向生态文明建设的重要时机。大都市轴心化带来的兴奋甚至狂喜该结束了。芒福德在《城市发展史》中提到，罗马大都会文明制造的幻觉刺激着人们像瘾君子一样坚持"演出必须继续进行"，而清醒的人们则应当知道，演出该结束的时候就得结束。必须避免大都市轴心化的发展最终成为生态之厄。

城市的政治化与城市体制改革

郑永年[*]

城市化面临的挑战

近年来，城市化已经成为中国政府的重要议事日程之一。无论是通过建设消费主导的经济转型而实现可持续的经济发展，还是通过解决城乡二元结构而达到社会的稳定，都离不开城市化。不过，从目前的讨论看，大多聚焦于城市化对 GDP 增长的贡献，而少谈城市体制改革问题。城市化对经济增长的贡献当然不容怀疑，但如果仅仅强调城市化，而不谈城市体制改革问题，城市化就会带来无穷的问题。

1980 年代，随着改革开放政策的实施，城市化开始，但问题并不突出。提倡"小城镇"建设比较适合当时的环境，尤其是为了适应乡镇企业发展的需要。直到邓小平 1992 年南方谈话之后，高速的经济发展尤其是加工业的发展吸收了大量的农村劳动力，中国的城市化有了快速的发展。最近十多年来，城市化一直处于提速状态。从前，我们抱怨中国城市化过慢，现在则相反。很多人开始抱怨城市太大，城市生活太紧张。可以相信，在今后相当长的一段历史时间内，随着城市化成为中国经济增长的一个重要资源，随着城乡统筹等新政策的实施，城市化的速度只会加快，而不会放慢。

---

[*] 郑永年，新加坡国立大学教授、东亚研究所所长。本文原刊于《文化纵横》2013 年第 4 期。

城市化不可避免，但城市化的模式非常重要。从世界历史看，在很多国家，城市化不仅促进了社会经济的发展，大大提升了城市生活的品质，增加了幸福指数，而且也有效提升了一个国家的文明程度。但也有很多国家，尤其是发展中社会，高速的城市化不仅不能提升城市文明的品质，反而导致越来越多的问题。今天，很多地方都在通过以行政手段消灭农村的办法来加快城市化，这已经导致城市的农村化和与之相关的一系列的社会问题。单纯追求城市化和单纯追求农村建设，都会适得其反。

的确，中国城市化在高速进行，但是很多官员和学者对城市化的概念并不清楚，对"城乡统筹"的概念也不清楚。什么叫城市化呢？到现在为止，大概把城市"做大"是很多人的共识。除此之外，还有什么呢？而在"城乡统筹"方面，问题更多。在一些地方，对地方官员来说，城市化仅仅意味着土地的城市化，而不是人的城市化。地方官员所关心的只是通过各种途径把农村的土地转变成为城市用地，而对如何把农村人口有效整合进城市并不感兴趣。

从理论上说，城市应当让生活更美好，更方便。但现实并非这样。高楼大厦有了，立体桥梁有了，在西方大城市所能见到的东西，我们都有了。但是，方方面面硬件的发展并没有带来软件方面的进步。高速城市化所带来的建设成就在很多方面只是表面上的光彩。因为没有城市化的明确目标和意识，硬件方面的建设往往是误入歧途。例如，到处盖房，但忘记了水的"权利"。大雨一来，水就没有地方去了，又如，为了经济指标就大力发展私人交通工具，但供汽车使用的公路不见增长，使得城市犹如一个个大停车场。城市空间越来越难以消化私人交通工具所排放出来的废气，造成大面积的雾霾污染。所有这些都和我们日常的生活息息相关，造就了我们的不幸福，甚至对城市生活的怨恨。

城市化的目标是什么？仅仅是城乡整合？仅仅是 GDP 和其他经济目标，还是城市人的生活？如何在城市化过程中将实现经济增长和提高生活质量统一起来？如何在这一过程中为社会管理打下一个坚实的制度基础？如何在提高城市物质生活水平的同时也改善城市的文化？简言之，如何在推进城市化的过程中，通过城市体制改革来达到我们所设定的目标？

一 以人为本与全球化

从历史经验和城市化现实来看，我们必须至少考量两个相关的因素，即以人为本和全球化。

从国际经验来看，凡是城市化的目标都是以人为本。在中国传统的概念中，城市实际上是军事要地，核心是国防，是政治，而不是人。中国的城市的关键词是"城"，城市也被称为"城池"。近现代大多西方城市起源于商贸要地，关键词是"市"，主要是为了解决人的居住问题。18世纪的工业化带来了城市化，也带来了城乡整合的问题。这并不是说，西方的城市化就没有问题，但城市化以人为本这一目标是明确的。西方很多城市的基础设施使用了数百年都没有问题，主要是在设计时考量到了人的需要问题。城市建筑是为了人的需要而建筑，而不是为了建筑本身。在中国，这一点到现在为止，并不明确。尽管从政策口号上，我们的目标已经是"以人为本"，但实际层面可能不是，还是瞄准GDP等经济数据。

新型城市化至少可以在两个方面加以讨论：一是城市的升级，二是探索新型城市化。对城市化已经到达一定程度的城市来说，城市化的目标是城市如何升级的问题，就是如何在现有的基础上再发展的问题。而对正在进行城市化或者刚刚开始城市化的地方来说，就是如何避免早先城市化所产生的弊端，探索另一种城市化道路的问题。尽管中国的新型城市还会不断出现，但对今天的大多数城市来说，城市升级的任务显得尤其重要和迫切。

我们这里把讨论重点放在通过城市体制改革来推进城市升级的问题，主要是要突出城市化和城市升级过程中的软件问题，包括城市规划、设计和管理等方面。但是，不强调硬件建设并不等于这方面没有问题。有人说，在硬件方面，中国城市建设已经超过了其他国家，甚至是西方国家。官员们到欧洲考察就觉得欧洲的城市建设已经落后了。但这并不符合事实。为什么欧洲那么多城市没有经常发生水害？欧洲城市的地下设施已经用了上百年，甚至几个世纪了，都还好好的。我们的地下通道、地面道路、地上桥梁为什么没有几年就出大问题？

现存城市管理体制侧重于"上级管理下级"，就是"上级官员管理下级官员"，而不强调如何管理城市人。管理官员的官员太多，而管理城市人的官员太少。前者造成官僚体制内部的巨大摩擦，后者造成官僚体制和城市居民的对立。

第二个要考量的因素是全球化。在世界范围内，全球化从来就是城市化的一个主要动力来源。在西方，城市往往产生在一个地区间或者不同国家间、文明间的商贸要地。今天，城市化和城市升级更是离不开全球化这个大背景。在全球化时代，国家之间的竞争越来越激烈。我们现在所面临的这一波全球化始于1980年代。全球化表明包括人、财、物在内的各种生产要素在全球范围内的流动。各国都在加紧竞争最优的人、财、物，提升国家的发展水平。今天，如果我们把城市体制改革置于全球化的背景下，更应当领会到城市体制改革的意义和动力。

在很大程度上，国家间的竞争就是城市之间的竞争。首先，没有一个国家不想拥有具有强大国际竞争力的城市。提升城市的国际竞争力几乎是所有国家的国际竞争战略。其次，在城市层面，城市当局也有巨大的动力来提升自己的城市。现在的城市居民对城市具有高度的认同，对外在的发展极为敏感，对城市的发展具有超前的视角。这些都必然转化成为他们对城市当局的压力。在亚洲，从香港地区和新加坡城市当局所面临的压力，我们就可观察到。第三，较之主权国家，城市本身具有很大的优势来进行自我改革。一般而言，城市都具有一定的自治程度。即使在中国这样的单一制国家，很多城市例如地区级以上的政府就拥有立法权。立法权对改革很重要，这是制度优势。没有立法权，城市体制改革会变得非常困难。此外，城市体制的改革还有其文化优势，表现在城市居民的城市认同和城市文化认同。较之整体主权国家，城市更有条件来创造一种结合地方认同和国际认同的城市文化，从而成为城市国际竞争力的软力量。

二 以人为本、全球化和城市认同问题

城市认同是城市最重要的软力量。城市化成功不成功，主要看居民对这一城市的认同。在今天的全球化时代，城市认同又有了新的维度，那就是外来人口或者移民尤其是国际移民的城市认同度。一个城市的人才素质决定了这个城市其他所有的方面。如何吸引和留住人才？在很多发展中国家，不但吸收不到外来的人才，而且连自己的人才都往外跑。中国的很多城市现在面临的就是这种情况。各个人之间、各社会群体之间都在城市内部竞争，竞争包括职位在内的各种资源。竞争很激烈，但一方面因为没有明文规定的竞争机制，另一方面因为过分的地方化，竞争不仅产生不了人才，反而扼杀人才，淘汰精英。

在吸引人才方面，城市的认同非常重要。全球化不仅没有减低国家认同，反而在增加和强化国家认同。尽管在主权国家时代，政治人物避免不了强调民族主义，但对城市当局来说，更应当强调城市认同。实际上，因为城市认同往往强调的是文化、宜居等方面，城市认同的强化也有利于国家认同的增强，并且这种认同往往比民族主义式的政治认同更具有生命力。

如果说国家认同的强化不可避免，那么在吸引国际人才方面，城市认同就变得非常重要。对国际人才来说，发展出一种强烈的城市认同比国家认同来得容易，因为国家认同强调的往往是政治性和意识形态性，而城市认同强调的是文化传统和现代性。所以，一个人可以不喜欢法国，但可以非常喜欢巴黎；可以不喜欢美国，但可以非常喜欢纽约和洛杉矶；可以不喜欢日本，但可以非常喜欢东京和京都，等等。这就是城市认同。城市可以代表一个国家的文化和传统，但城市较少政治性，更能适合人的需要。任何国家，如果没有几个非常包容开放的城市，就吸引不了国际人才。在世界历史上，没有一个城市可以完全通过政治方法而生存和发展。

城市在一个国家的国际化过程中扮演最为重要的作用。很多学者的研究发现，国家间的经济、金融、知识、社会等关系都是通过城市来

维系的，例如脱离了纽约、东京和伦敦三大城市之间的关系，就很难理解美国、日本和英国的经济和金融关系。如果一个城市不能造就具有全球化性质的认同，就很难具有竞争力。但应当强调的是，城市的全球化性质并不是说城市文化的全球同质性。恰恰相反，如果一个城市失去了与其他城市不同的地方，这个城市也就失去了生命力。

三 城市的附加值问题

城市升级的核心问题是增加城市附加值。中国在讲产业升级问题，但城市升级问题也同样重要。这两个方面的升级并不矛盾，而是相辅相成的。亚洲很多城市现在都在这样做，通过产业升级促成城市升级，通过城市升级来吸引更高的产业。在这方面，新加坡做得尤为显著，成就也巨大。以往，新加坡总是强调产业升级，但现在则强调城市的整体升级。把新加坡作为一个品牌来打造是新加坡的核心发展战略。韩国的城市升级，近年基本上也在朝这个方面发展。

如果在欧洲生活和旅游，人们就不难发现欧洲城市的附加值远比中国城市高。欧洲一些很不起眼的城市，城市规模和人口规模都很小，但附加值很高。城市居民每人每年所产生或者所拥有的价值远较中国城市多。一个城市的附加值来自何处？我们这里要强调的是城市的传统性和现代性、地方性和国际性、秩序和无序等应当如何统一起来。

在产业领域，升级有两种方式。一种是同一产品的升值，今天生产鞋帽，明天还是继续生产鞋帽，只不过是鞋帽的附加值在增加。另一种是不同产品的升值，今天生产鞋帽，明天转而生产电子产品，从而提高附加值。但很显然，城市的升级必须是前一种，即"同一产品的升值"。我们不能拆掉一个旧城市来重建一个全新的城市。城市的一砖一瓦都承载着一代又一代人的记忆。城市文明不仅是物理意义上的城市建筑物，而且是文化意义上的城市建筑物。在欧洲，城市建筑越古老，其价值就越高，越是受到保护。很难想象一个没有古老建筑的欧洲城市。欧洲很多城市创意十足，培养了一代又一代的哲学家、人文学者和科学家等顶尖人才，但这并不妨碍它们对传统的钟爱和保护。所有欧洲的巨人都是站在它们传统文化上的巨人。

相比之下，政府官僚主导下的中国城市化经常出现两个大问题。第一，很多官员把城市化或者城市升级理解成为现代化。他们往往对城市进行"破旧立新"式的改造和重建。很多城市，尽管古老，但已经看不到城市的年龄；尽管很现代，甚至是后现代，但完全看不到中国的特色。从上到下，官员们往往以现代化为荣。现代化导致中国城市的趋同化。中国是一个具有数千年历史的文明古国，但作为文明主要载体的城市已经看不到文明的特征了。第二，有很多官员把城市化或者城市升级理解成为西方化。因此，在中国传统消失的同时，西方特色则越来越明显了。实际上，中国的很多城市现在已经成为西方各种后现代主义文化的实验场所。各种后现代主义的新型建筑物不是不可以建立，但没有和中国的传统融合和统一起来。

在发达国家，城市的产生往往是自下而上，具有高度的自治性。但在中国，传统上，城市往往是政治和军事重心。1949年之后，城市往往是自上而下建设而成，城市秩序也是自上而下所施加，造成"有城无市"的局面。中国城市的许多制度例如"城管"和"协警"都是城市官僚化的象征。为了所谓的"市容"，把小商小贩驱逐出城市。如果看看世界上所有的大城市，如果没有小商小贩，就很难理解这些大城市是如何运作的了。小商小贩在一定程度上会破坏城市当局所认知的秩序，但其本身的"无序"本来就是城市秩序的一部分，是"市"的主体。

品牌A比品牌B更值钱，不仅是因为A的质量高于B，而且是因为在人们的主观思想中对A的认同度要比B高。一些官员自以为造出了一个很现代化的城市，但问题很显然，如果人们对城市没有认同感，那就是没有附加值。如果一味追求城市的简单扩大，城市发展不仅很难持续下去，到了一个阶段，就会走向衰落。

四 全球化过程中的城市链条问题

一个城市如果不能进入全球化链条，就很难得到发展。中国改革开放后,强调最多的是城市的发展,而非可持续发展。后发展也有其优势,因为可以从先发展者那里学到很多经验教训。

很多官员对产业升级有不科学的看法。他们往往把产业升级解读成为"今天生产服装,明天生产电器"。对他们来说,关闭服装工厂,将其转型成为电器工厂,就是产业升级了。这只对了一半;或者说,这只是产业升级的其中一种。产业升级也可以是同一产业链条上的升级,就是同一产业链条中往高端爬。这就是产品的附加值问题。像中国这样的大陆性经济体,不可以轻言放弃任何产业。我们在欧洲可以观察到,很多城市因为产业的升级,很多产业已经转移出去。一些城市甚至已经没有了制造业。因为有福利制度,那里的人民仍然有体面的生活。但是,因为没有了工作,民风变坏。文明的进步和工业化与城市化紧密相关,没有了工业化,文明的进步就会成为问题。反之,那些善于往产业链高端爬的城市,在实现产业的升级的同时也实现了城市升级。欧洲不仅自己是消费社会,而且全世界都消费欧洲的品牌。很显然,欧洲的品牌例如鞋帽服装都是同一产业链上升级的结果。

很长时间以来,中国城市的经济发展主要依靠的是简单的产业扩张。但这条路现在已经走到了顶点。从国际经验来看,产业从劳动密集型到资本密集型到知识密集型再到服务密集型是产业转型和升级的必由之路。到现在为止,发达城市的经济和产业升级已经走过了这些阶段。中国的城市不能简单重复这个路径,但这个过程的确为我们提供了一个方向。需要再次强调的是,这个路径可以发生在任何一个产业领域。

进一步说,城市可以制定一套系统的产业政策,来发展和城市经济社会条件相得益彰的产业。有的城市生活质量高,可以吸引艺术家,就可以发展文化创意产业;有的城市大学多,传统工业基础好,可以考虑发展绿色节能产业。具体政策可以包括减税、奖励、发展相关设施等。这些产业政策还可以和人才政策相结合。

五 城市体制改革

改革开放以来，在很多地方，以钱为本和以官僚为本成了中国城市化过程的主导原则，导致城市化过程中的权钱一体化。权钱一体化的确造成巨大的动力，快速有效地推进了中国的城市化。但是，这种一体化也导致各种严重的问题。

首先是城乡统筹问题。1949年以来，中国在处理城市和乡村的关系方面走过了几个主要的阶段。

第一个阶段是改革开放前的30年。主要的特征是城乡隔离的二元政策。总体上，是牺牲乡村来促进工业化。国家主导的工业化一方面促进了城市的发展，但城乡分割的二元制度同时也有效阻碍了城市化。国家通过高强度剥削农民，完成了第一波由国家主导的工业化和城市化。在农村，当然也没有能够建立有效的乡村治理制度。

第二个阶段发生在改革开放开始之后到21世纪初。我们可以把它称之为自下而上的城市化。改革开放之后，工作重点转移到以市场经济为导向的经济发展。经济发展要求劳动力要素的自由流动，主要体现为农民进城成为农民工。1980年代初，国家提倡小城镇建设，主要是为了适应当时乡镇企业发展的需要。当时开始了城市化，但规模不大。1992年初，邓小平"南方讲话"和党的十四大之后出现了大规模的城市化。1990年代中期以"抓大放小"的国有企业体制改革促使乡镇企业破产和转型的同时，推进了中小型国有企业的民营化。同时，外资也大量拥入中国。这有效地推动了农民进城打工，成为农民工。中国社会因此从原先的城乡二元社会演变成为三元社会，农民工成为社会的第三元。

第三阶段就是现在正进行的在城乡统筹原则主导下的城市化。这里有几个前提。首先是三元社会的高度不稳定性。三元社会已经出现了非常多的问题，尤其在东南沿海。例如，广东每年要吸收2000万~3000万的农民工。这第三元是最不稳定的因素。在这样的情况下，如果不能有效地把这第三元转型成为城市居民，社会的稳定必然会出现大问题。如何转型？城乡统筹成为关键。

其次是农村的衰败或者被衰败。农村的衰败，在一定的意义上不可避免。市场经济规律决定了农村人口的外流。在世界范围内，工业化和城市化必然导致农村人口的外流。而中国人多地少的特点更是加快了这个进程。但也有很多村庄是"被"衰败的，这主要是由城市化对农村的土地需求所引起的。很多村庄，尤其是城市附近的村庄，往往以各种形式主动地或者被动地出卖土地。这些村庄原先并非城市的一部分，但现在越来越像城市，它们中的很多已经演变成"城中村"。而大量的资本也流入农村，以各种形式收购农民土地，从事各种开发项目。

在过去的 30 多年间，中国取得了高速的经济增长。高速经济增长主要有两个来源，即内部的体制改革和外部的与国际经济的整合。但从近年来的情况看，这两方面的动力都在消退。中国很难再继续依靠国有企业来取得可持续的经济增长。要继续依靠出口来维持经济增长也已经不可能。在这样的情况下，我们必须思考中国经济发展的新动力来自何处的问题。近年来，城乡整合被很多部门视为下一步经济增长的主要动力源。历史上看，在很多国家，城市化的确在很长时间里提供了强劲的经济增长动力。工业化、城市化、中产阶级、消费社会这些都是经济发展过程中的要素。在过去的三十多年里，中国的工业化史无前例，但城市化则因为很多制度因素（例如户口制度）远远落后于工业化的水平。强调城乡统筹，就是要在推进城市化的同时寻求经济增长的新动力。

1980 年代之后，城乡差异有所缩小，但自从 1990 年代初以来，城乡两极分化变得越来越严重。我们绝不能简单地把城乡统筹和城乡整合理解成为消灭农村。城市化要有节制，过快的城市化会导致城市的农村化。城市的精致化要比简单的城市扩张更重要。

国际经验表明，城市化到了一定阶段，就会出现城市居民向往乡下生活的现象。在欧美国家，高水平的城市化并没有破坏农村的生活方式。很多城市居民所渴望的是乡下的生活。这种现象在中国迟早会出现。中国现在的情况是，城市居民想住在城中心，农民也想住进城市。但过不了多少年，很多人就会怀念起农村生活。到 2011 年底，城市人口已经超过总人口的一半（51.3%）。如果城市人口达到总人口的四分之三，农村的价值就会遽然增加。

如果说城乡统筹要保护农村，问题的核心就在于农村的公共服务供给。这方面，需要政策实践的创新。沿海省份的一些地方已经有很多好的经验。例如，广东有些地方做得相当有效，包括惠州的乡村教育和医疗制度。在这些地区，城市化在发展，但农村也在改善，城市化和保护农村平衡发展。从长远来看，这种方式要优越于单纯的城市化，或者单纯的农村建设。

"谁来做？"这个问题往往被忽视。政府是发展的主体，这是1949年之后长期形成的思想意识。不过，这个观念必须得到改变。比如说，城市规划是政府的事情，但规划之后的执行主体可以是企业。也有人会认为，在中国的现有体制下，让政府来做可能效率更高。这并没有错，因为政府具有很强的动员能力，不过问题在于政府主导的发展往往缺少可持续性。

最后是促成城市从等级制度向扁平化的转型。中国的城市有县级市、地级市、副省级市、省级市、直辖市等级别。改革开放以来，行政体制改革方面出现过几个考量不周的决策。最大的不周就是把原先的"行署"，也就是省政府的派出机构，转型成为独立的一级政府，即地级市。第二个不周就是设立了过多的计划单列市，也就是副省级的市。第三个不周就是实行"市管县"制度，把县级市纳入地级市的管辖之下。中国传统几千年，在大多数时间里，只有三级政府，即中央、省和县。就市来说，只有两级，即省城和县城。但现在光是市就有五个级别。无论从自己的传统还是国际经验来说，实在没有必要区分得那么细，这种等级体系大大损害了行政效率，带来了无穷高的行政成本。城市体制要改革，就必须考虑如何通过改革城市行政级别制度来缩短城市间的行政距离。

有几个方案可供选择。第一，把计划单列市和一些重要的地级市转型成为直辖市。中国这么大一个国家，省级单位过少。历史地看，省级单位过大，在中央权力衰微的时候，往往出现强大的地方主义，甚至趋向独立。因此，自民国开始，人们一直在设想省级体制的改革，主要是增加省级单位。但从可操作性来说,要把一个省分成两个省非常困难,因为省不仅是一个地理区域单元,而且是一个历史文化单元。在这样的情况下,可以设置更多的直辖市来增加省级单位。这不仅容易操作,也符合我们上面所说的工业化和城市化的大趋势。重庆设置直辖市的成功实践也说明了这一点。

第二,把地级市重新改回改革开放前的组织属性,即"行署",也就是省政府的派出机构的地位。在这种情况下,地级市只是省即行政当局的派出机构,就不需要设置那么多的机构,也就是说,精简机构真正成为可能。

第三,取消县级市和地级市之间的从属关系,这两级扁平化,属于同一行政级别。这方面的改革已经走出了第一步,即"省管县"制度。但"省管县"制度主要在于经济资源分配方面,不涉及行政和人事。实际上,可以在这一改革的基础上,实行省政府对县政府的全面管理,这样就可以把县级市从地级市那里"解放"出来。无论是现在的地级市还是县级市,都直属省政府管理。

城市内部的行政体制改革也需要进行扁平化改革。现在的情况是,城市内部也有太多的行政级别,表现在两个方面:一是等级的行政体制,例如区和街道;二是各类非行政组织的行政级别,例如医院、学校、研究所和各种事业单位等。

城市内部的行政等级要缩短。传统上,县是基层政府。也就是说,县级市以下就没有必要设立政府了。浙江、广东等省的改革表明,改革开放之前设计的乡镇政府可以改革,要不完全取消,要不就转型成为县级政府的派出机构。同样,城市内部也没有必要再设立三级政府。新加坡和香港地区这等大城市只有一级政府。西方城市也都只有一级政府。我们为什么要设计那么多级别的政府?和县政改革那样,市政府之下没有必要设置额外的政府,至多设置一级派出机构就足够了。

更为重要的是,需要取消城市内部的各类非行政组织的行政级别。一个城市的官僚化程度过高,就会阻碍各种生产要素的自由流通,尤其是人才方面。尽管中国政府不断推出各种不同的吸引人才的计划,但从总体上来看,高端人才仍然在外流。同时,因为行政级别,已经被吸收回来的人才也难以发挥作用，而是很快地被官僚阶层所吸纳，成为官僚体制的一部分。要不就处于边缘地带，同样发挥不了作用。

　　城市是中国整体政治制度的一部分，城市很难完全独立于整体政治体制而运作。此外，城市本身也必然要有政治的一面。有人的地方，就会有政治。就是说，城市的政治化不可避免。

要素与指标：世界上建设国际化中心城市的新趋势

金元浦[*]

一 世界上建设国际化城市的新趋势

在最新的世界城市–国际化城市的要素中，信息化的智慧城市、思想城市成为世界城市的"神经中枢"。世界城市是全球信息网络的中心，信息技术带动和加速了物资流、人才流、信息流、资本流和技术流的集聚和扩散，其强度和速度超过以往任何时候，城市的综合功能进一步加强，形成产业分工跨越国界和产业体系区位分离的结构。信息化促使产业形态发生变化；信息化促使创新模式发生转变；信息化促使社会生活模式发展转变；信息化促使社会和城市管理模式发生转变；信息化促使城市的概念发生转变；信息化促成了传统社会向信息社会的转型。随着信息技术的深入发展和信息社会的加速到来，信息化将会无所不在，与经济、社会、文化各方面深度地融合，成为引领变革的主动力量。因此，在新的世界城市发展中，各国更看重高科技创新，特别是数字信息产业的发展，将之作为具有基础支撑作用的城市核心产业之一来发展。如纽约建设数字纽约、硅港，英国建设数字伦敦，香港建设香

---

[*] 金元浦，中国人民大学文化产业研究院教授。本文为首都师范大学文化研究院2012年度重大招标项目"国家文化中心城市要素研究"的阶段性成果。

港数码港，北京建设信息北京、智慧北京，上海建设智慧城市等。

英国拉夫堡大学"全球化和世界城市"研究小组（GaWC）是全球权威的世界城市研究中心，他们创造了一种通过研究信息交流的数量来研究"全球化城市网络"的方法。其大多数研究是关于城市内部结构和城市间相同性的比较分析。这个研究小组的负责人拉夫堡大学经济学教授彼得·泰勒（Taylor）认为，世界城市网络是在高级生产性服务业的全球化进程中，国际城市之间形成的关系。世界城市网络的形成被模型化为全球服务性企业通过日常业务"连锁"城市，而形成的一种连锁性网络，跨国公司是此连锁过程的代理人。一个城市融入世界城市网络的程度往往说明这座城市的国际化程度，与城市未来发展前景相关。根据彼得·泰勒的观点，过去几年间，以北京和上海为代表的中国大陆城市进一步融入世界城市网络，在"世界城市"中的地位有了明显的提高。而彼弗斯道克（Beaverstoek）和泰勒等共同发表的《世界城市名录》一文，则提出了用现代服务业中的财务、广告、金融和法律四大产业来区分城市的地位和作用，划分全球城市，他们列出四大产业中全球排名前几十位的跨国企业，考察它们的子公司和分公司在世界城市的分布情况，根据公司个数的多少将世界城市划分为三个层次：10 个 Alpha 级城市，10 个 Beta 级城市，35 个 Gamma 级城市。[①]

当今主要的世界性大都市都将信息化作为提升城市形态的基础性战略措施。纽约提出了"互联城市"（connected city）计划；伦敦在远期城市规划中提出了发展"互联经济"（connected economy）的目标；东京利用全国乃至世界信息中心的优势地位，成为战后新兴世界城市；新加坡提出"智慧国 2015"（iN2015）计划，通过发展信息产业实现向世界城市——智慧城市迈进。可以说，信息化、数字化、网络化成为世界城市经济社会的基本运行方式，成为世界城市软实力的重要组成部分。

生态平衡、环境宜居、资源节约、低碳目标是国际化城市高度关注的新指标。在传统的现代化城市发展的模式中，城市的资源极大浪费，

---

① Beaverstock J. V., Smith R. G., and Taylor P. J., "A Roster of World Cities," *Cities: The International Journal of Urban Policy and Planning*, 1999 (16): 445–458.

生态环境往往遭到不同程度的破坏。在新的世界城市的发展中，各国高度重视节约资源，保护生态，关爱环境。生态平衡的宜居环境在城市发展中日益具有重要地位。追求低碳目标、循环经济与可持续发展成为建设世界城市的新的重要目标。

20世纪末以来，随着文化产业、创意经济的兴起，文化日益成为城市经济的支柱产业，成为城市发展的驱动力。而独特的富于魅力的文化品格、城市形象和市民人文素质，成为全球关注的中心，因而也成为世界城市获得最佳品牌效应的重要途径；文化多样性和宽容和谐的城市氛围，使得像巴黎这样的世界城市得到了更多的青睐。而优异的创业环境，高阶舒适的生活，文明的城市环境，也使新加坡、悉尼、香港等国际城市，成为吸引外来人才和国际人口的重要目的地。

城市功能由经济主导型或经济唯一型向综合平衡的更加社会化的功能转变。传统的现代性理念和国际城市发展中，经济发展占有绝对主导的地位，城市代表着财富的集聚、富人的天堂，代表着企业的驻地、商贸的中心。城市的经济发展，如何在全球竞争中以自身主导的产业赢取成功，是城市发展的主要目标。所以，城市管理者们更关注CBD、产业集聚区、机场、高新技术园区的发展。但未来的变化趋势是，城市功能走向更加全面、协调，由经济主导型或经济唯一型向综合平衡的更加社会化的功能转变；全球城市的发展更注重城市社会功能的开发，更注意解决城市的公共服务问题，防止社会分化，促进经济和社会的协调。

特大型城市的分散化是治疗"城市病"的重要途径。世界城市化的发展经历了"集聚—高度集聚—困境—分散"的发展过程。城市化初期，大量的人口向城市特别是中心城市聚集，当聚集达到饱和的时候，曾出现一系列的重症"城市病"，如交通拥堵、空气污染、生活成本日益提高、城市功能高度集中、地价飞升等。这使得城市居民的生活质量日益下降，导致城市的空间结构由高度集中逐步走向分散化。从世界城市化的发展历程来看，"集聚—高度集聚—困境—分散"也许是一个不容选择的发展过程。城市化初期，总是高度集聚，而高度集聚的困境，使人们痛定思痛，希望城市的未来不要如此拥挤；城市的空间结构由高度集中逐步走向分散化。如欧洲城市，已经停止了扩张。这种城市发展的新趋势也许将改变未来世界城市的发展趋势。但不幸的是，也有数据显示，世界超大型的城市似乎仍然在不断加速扩张。

世界城市发展的另一个趋势是都市圈的发展，特别是新兴国家的都市圈的迅速崛起，显现了都市圈发展的新的方向和特点。新兴国家都市圈在全球城市网络战略中的地位大幅提升，它对于所在国家的整体发展战略也具有重要影响。墨西哥城、里约热内卢、圣保罗等都迅速发展，呈现了新兴都市圈的发展潜力正在不断释放。我国除了长三角、珠三角和京津冀-环渤海城市群外，中部和西部地区也正在崛起数个高速发展的城市群。这一趋势必将影响中国城市化的发展和中国城市经济的再平衡，也对京津冀城市圈的发展提出了挑战。

二 国际城市评测机构要素测度参数的变化

2008年10月，美国《外交政策》杂志载A. T. Keamey咨询公司和芝加哥全球事务理事会联合发布的全球城市排名，并征询了萨斯基亚·沙森和维托尔德·雷布津斯基等学者的意见。《外交政策》杂志指出，这个排名基于对24个度量方法的评估，分为5个领域，包括商业活动、人力资本、信息交换、文化体验及政治参与。值得注意的是，这里特别提到了信息交换在信息社会中的重要意义，文化体验也再次得到了强调，并重新提出了政治参与问题。从总排名来看，纽约、伦敦、巴黎、东京居于前列。从分项排名来看，巴黎在信息交换方面是世界第1，伦敦在文化体验上是第1，纽约在人力资本、商业活动及整体领域都是第1。香港在人力资本和商业活动上居世界第5位，在整体上也居世界第5位。北京的总排名是第12位，在政治参与方面的排名是第7位，这是比较靠前的。上海的总排名是第20位，商业活动排名第8位（见下表）。

2010年8月15日，全球管理咨询公司科尔尼公司、芝加哥全球事务委员会以及《外交政策》杂志再次联合推出了新的全球城市指数，对全世界65个大城市进行了排名。这是他们第二次推出这一榜单。

2008年全世界30个大城市排名表

总名次	城 市	最佳类别（在该类别的排名）
1	纽 约	商业活动、人力资本（1）
2	伦 敦	文化体验（1）
3	巴 黎	信息交换（1）
4	东 京	商业活动（2）
5	香 港	商业活动、人力资本（5）
6	洛杉矶	人力资本（4）
7	新加坡	商业活动（6）
8	芝加哥	人力资本（3）
9	首 尔	信息交换（5）
10	多伦多	文化体验（4）
11	华盛顿	政治参与（1）
12	北 京	政治参与（7）
13	布鲁塞尔	信息交换（2）
14	马德里	信息交换（9）
15	旧金山	人力资本（12）
16	悉 尼	人力资本（8）
17	柏 林	文化体验（8）
18	维也纳	政治参与（9）
19	莫斯科	文化体验（6）
20	上 海	商业活动（8）
21	法兰克福	商业活动（8）
22	曼 谷	政治参与（13）
23	阿姆斯特丹	商业活动（10）
24	斯德哥尔摩	信息交换（13）
25	墨西哥城	文化体验（9）
26	苏黎世	信息交换（8）
27	迪 拜	信息交换（8）
28	伊斯坦布尔	政治参与（8）
29	波士顿	人力资本（9）
30	罗 马	文化体验（15）

在 2010 全球城市排名中，美国纽约位列第 1；伦敦位列第 2；东京位列第 3；巴黎位列第 4；香港居第 5；芝加哥位列第 6；洛杉矶位列第 7；新加坡位列第 8；悉尼位列第 9；首尔居第 10。入选的中国城市及排名是：香港位列第 5，是排名最靠前的中国城市；北京排名第 15；上海排名不变，仍然是第 20 位；台北位列第 39；广州排名第 57；深圳排名第 62；重庆位列第 65。有意思的是，虽然重庆在 65 座城市中居于末位，但美国《外交政策》杂志以图片故事的形式对这座城市进行了重点推介，突出了这座城市的制造业，称这座城市是"扬子江上的芝加哥"。

2009 年 10 月，东京莫里会的城市战略研究所发布了对全球城市的一次全面研究结果。全球影响力城市指数排名依据分为六大类，69 个个体指标。这六大类是：经济、研究与发展、文化活动、宜居度、生态和自然环境、容易接近的程度。在这里，世界城市的标砖设定又比过去的研究前进了一步，强调了"研究与发展"和"文化活动"的重要性。特别是以下几个方面，是以前的世界城市评价中很少考虑到的：如宜居度，即住得好不好；生态和自然环境，即人们是不是活得舒适惬意；容易接近的程度，即是容易接近的还是高压的城市。根据这样的指标，纽约依然是第 1，伦敦是第 2，巴黎是第 3，东京是第 4，新加坡是第 5，香港则排名第 10。

欧洲对世界城市或国际城市也有自己的评判。2010 年，总部在伦敦的世界城市咨询公司 Knight FrankLLP 和花旗银行也联合发布了对 40 个预选世界城市的调查结果。判断和评价有四个参数，即经济活动、政治权利、知识和影响、生活质量，排名依然是纽约第 1、伦敦第 2、巴黎第 3、东京第 4，北京政治权利居第 9，香港进入第 14，上海经济活动优势进入第 19。

这些国际上的相关理论讨论与实践运作都将为我国建设世界性城市提供可资借鉴的经验，推动我们按照我国发展的现实去探索具有中国特色的国际化城市之路。

三 国际化城市的最新发展：新兴国家崛起

未来世界城市、国际化都市或世界中心城市的发展趋势是什么呢？东方城市逐渐兴起，新兴国家城市增长潜力巨大，而西方城市总体相对式微，但纽约、伦敦、巴黎、东京等老牌世界城市的地位仍然难以撼动。毫无疑问，中国城市将对世界城市格局转移产生重大影响。而中国各个城市将不得不面临新型城市化的再思考：标准、要素、评判指标的重新调整和设立。

2012年8月20日，最新出版的美国《外交政策》杂志第8、9期合刊封面文章以"未来城市"为题，发布了《2025年全球最具活力城市排行榜》，对未来15年世界城市的发展趋势做出了预测。这个榜单由美国麦肯锡咨询公司推出，作者认为，在历史的任何时候，城市从没如此重要过。如今，全世界600个城市正在创造全球约60%的GDP。到2025年，这种情况依然不会有太大的变化，只是构成这600个城市的精英成员会有很大的变化。在接下来的15年里，世界的重心城市将从欧美向南转移，而在其中起着更具决定性作用的，将会是东方。文章说："这就是我们制作出这张如此特殊的榜单，为2025年选出最具活力城市的原因。"

文章认为，目前世界上排名前600位的城市对全球GDP总值的贡献度已达到60%以上，到2025年，这一比例将继续保持下去，但600强城市的名单会发生很大变化。2010年，全球GDP的一半出自发达国家的362个城市。预测认为，到2025年，除了纽约、东京、伦敦、芝加哥等超级大都市，1/4的发达国家城市将跌出全球600强城市榜单，被96个新兴城市取代，其中72个来自中国。在全球75座活力城市名单中，中国有29个城市入选，约占四成。上海摘得该榜单桂冠，京津紧随其后，广州名列第五。文章认为，中国的城市化正以前所未有的步伐推进，其规模是世界首批城市化国家英国的100倍，速度则是其10倍。仅在过去的10年，中国居住在城市的人口就从36%增加到近50%。2010年中国的大都市地区制造了中国GDP的78%。如果保持这种趋势的话，中国的城市人口将从 2005 年的近 5.7 亿增长到 2025 年的 9.25 亿——这个增长数量比美国全部人口都要多。和中国城市竞相崭露头角不同，只有 13 个美国城市和 3 个欧洲城市入榜。分析称，由于欧美增长乏力，世界经济平衡将以前所未有的速度和规模通过城市化的进程由西方向东方倾斜。

文章也指出，城市的进化充满各种变数，进化的成功取决于领导人的英明决策、当地的经济形势、当地商人的努力以及运气。文章称，中国的房地产泡沫可能会破灭，中国的经济增长率会趋于平缓。不过，通过观测宏观经济局势，不论经济增长率是变缓还是加快，除非发生难以预料的灾难，未来的全球化大都市将大部分来自中国。

平静地审视《外交杂志》的文章与排名，我们清醒地看到我国城市发展中的一系列重大问题与困境：大量的人口向城市特别是中心城市聚集，人口饱和，环境承载力危机，已经出现一系列的重症"城市病"，如交通拥堵、生活成本日益提升、城市功能高度集中、地价飞升、环境恶化、文化消弭、公民社会权益弱化等。这使得城市居民的生活质量日益下降，宜居度下降，幸福感缺失。

如何突破这些困境，建立新的标准，探索建设国际化城市的新路径，是摆在我们面前的重大议题。

建设世界城市、国际化中心城市和文化中心城市，是一个关乎国家和地区发展的复杂而长期的过程，需要从高层次上进行制度创新，形成日益完善的城市管理制度、经济制度、法律制度、社会保障制度，来为世界城市的建设保驾护航。因此，建设世界城市，必须首先关注国家总体发展战略和区域发展大局，以此为指导，确定城市发展方向。而我们所要建设的世界城市应该是政治民主，制度合理，经济发达，基础设施完善，科学技术水平先进，信息网络通畅，高新技术人才聚集，生态环境良好，对世界政治、经济、文化都具有强大影响力的可持续发展的国际化大都市。

"微生活"新论

张颐武[*]

今天中国的日常生活正在发生着重大的改变,这改变正是以"两微"的存在为标志的。所谓"两微",就是指微博和微信。在中国,微博的发展是以新浪微博在 2009 年 8 月试运行上线为标志的。虽然在这之前已经有了一些尝试,但都不具有新浪微博的影响力。此后,中国各大门户网站都推出了自己的微博,其中最有影响力的是新浪和腾讯的微博。微博是通过对 twitter 的借鉴出现的,但中文的 140 个字的容量远比西文的 140 个字符为多,虽然短小,但仍然能够传达相当丰富的信息,具有相当强的表现力。微信从 2011 年上线以来,以无比迅捷的速度蔓延,成为我们生活中不可缺少的交流方式。现在,我们的生活和工作网络往往是依赖微信建构的。它们构成了我们"微生活"的底色。可以说,"小时代,微生活"似乎是我们的某种标记。

微博和微信最近成为人们公共生活与私人交流中不可或缺的平台。这个以个人为单位的自媒体正在中国社会中发挥出越来越大的影响力和冲击力。它不仅在很多方面对于传统的纸质或电子媒体构成了冲击,也对新媒体的其他形态形成了冲击,它的功用正在前所未有地凸显出来。一方面,作为个人的信息平台,微博已经成为人们接收信息的主渠道。尤其是 80 后、90 后的年轻人,已经开始越过传统媒体或新媒体的

---

[*] 张颐武,北京大学中文系教授。

其他方式，依赖微博来接收信息，因此，他们也深受微博中的报道和观点的影响。另一方面，微博也是每个人直击信息、进行报道和参与社会生活的主要渠道。它在具有媒体功能的同时，还兼有社交网络的功能，它所具有的弥漫式的传播能力和短小精悍的特点都让人着迷。而微信的力量在于人际关系的紧密性比微博更强，因此往往在类似短信的相互交流的功能之外，还有类似微博的传播信息平台的意义，如"朋友圈"的传播，往往被人们视为比微博更加有效和有力的方式。因为微博里不管怎样，大家都是弱联系，大V和普通人之间还若即若离；但微信里都是可靠的熟人的交流，热烈讨论的微信群与当年的QQ群极为相似，当年QQ群里年轻人多，现在的微信群却是各种人的聚合。我们都会在各种不同的微信群中乐此不疲地发布信息，引起讨论，而微信的公共账号，更加定点化地将意见传播给你。可以说，微博是社交化的媒体，而微信是媒体化的社交。前者是向互联网上的公众发言，后者在短信式的交流之外，也利用朋友圈或微信群向自己的熟人发言。也就是说，微博是基于社交的媒体，而微信则是基于某种媒体功能的社交。两者都是媒体和社交的混合，但侧重点有所不同——微博是基于弱联系的社会的媒体，微信是基于强联系的有媒体功能的社交。

对于年轻人来说，微博和微信已经像手机号码或电邮地址一样成为生活的一部分。它既是虚拟的，也是现实的；既是虚拟世界的新宠，又对现实世界发挥着多方面的影响。它带来了新的分享的可能，也带来了具有想象力的公共空间。微博的积极意义在于它显然扩展了中国舆论的空间。人们关注的许多事件都通过微博得到了传播，让公众更加充分地了解诸多事实。而微信则将微空间具体化，成为个人生活和工作网络的具体的联系方式，同时也承载着微博的信息发布功能。

微博和微信也是双面刃。微博上每个人都是发布者，没有了传统媒体的"守门人"，而且微博的门槛很低，只需要140个字就可以了。同时，微博里有大量匿名人群，他们发布的信息往往和他们的身份一样无法证实。于是从一开始，微博里的虚假信息就是其被人诟病的一个方面。有些时候，一些人为了博取粉丝，或为了商业目的，或为了一些难以为外人明了的目标而制造虚假信息。这里有许多不同的情况。有些时候，由于许多人都有先入为主的观念，因此，对一些适合他们趣味或想法的虚假信息缺少辨别能力，也会出现辟谣往往不如谣言走得远的现实情况。与此同时，微博由于其短小精悍，往往强化论点而缺少论证，往往是依靠情绪化的语言打动人，而不需要理性的讨论，这就造成微博里骂声一片，客观理性的意见往往受到忽视或蔑视。这就使得整个虚拟社会中的言论趋于不同的极端，而复杂的观点难以展开。于是扣帽子多于作讨论，骂人多于说问题的现象有蔓延的趋势。微信则起了在熟人之间传播以增加可信度的功能。微博将我们接收信息的平台"微化"的同时，"微信"将我们的人际关系也"微化"了。

这些都是"微生活"。"微生活"一是改变了我们交流的方式和接收信息的方式，改变了我们的生活习性，使我们更加依赖互联网和移动互联网。二是通过"大数据"为未来的社会发展提供了关键的踪迹。这里留下的人们的兴趣、关切和习性，都会成为社会生活最为关键的信息资源。

微生活时代在改变社会的同时，也深刻地改变了文化和生活方式。"微"在五个方面有巨大的影响：一是社会扁平化。原来自上而下的纵向的结构越来越被横向的联系取代。二是虚拟现实化。虚拟社会在现实中的影响和作用越来越大，人们对于虚拟世界的依赖越来越深。三是事件偶发化。许多事件越来越具有某种偶发的特点，一旦在微博、微信中得到了关注，就会一下子凸显为社会的焦点。四是情绪焦虑化。社会情绪由于这些基于社交的微传播而得到放大。五是生活精致化。微传播对于生活方式的精致化有相当的反映，通过社交传播不少生活信息。

应对这些新的变化需要"四跨"。

一是"跨平台"。微传播和微生活引发了传播方式以及原有议题和议程设置方式的深刻改变，原来以传统媒体为中心的自上而下的传播已经转变为多中心的、发散式的传播形态，原来往往由纸媒或电子媒体引发议题并引导议程的状况迅速改变，常常出现微博引发一个议题，之后纸媒和电子媒体跟进的现象。而微博、微信等也越来越成为传统媒体人的工作平台。同时，人们的文化生活和娱乐生活也发生着深刻的转变,无论是网络小说,还是网络视频带来的电视剧、电影的观看平台的转移,以及最近流行的"微电影"等,都对人们的日常生活产生了重大的影响。在新媒体时代,我们必须让传播更加适应新媒体的发展,更加适应新媒体时代的社会变化。

二是"跨群体"。现在,中国社会内部面临快速发展带来的利益多样化和各种群体的分化问题,如在网络文化中出现的"草根"和"精英"、在现实社会中出现的贫富分化等,这些不同的利益主体在网络中交汇浮现,形成了纷繁复杂的舆论场。如何让这些群体和谐共处,寻求网络文化中的跨群体的沟通、理解和融合是一个重要的课题。如何提升公众的幸福感,在共同奋斗的同时也共同分享,也是当下传播的重要目标。

三是"跨代际"。"80后""90后"的年轻一代已经崭露头角,他们对于社会和文化的影响越来越大,"80后"已经进入成家立业的30岁左右的年龄,而今年是"90后"的第一代大学毕业生走向社会的一年。他们是独生子女,生长在中国历史上最富裕的时代,其性格和文化要求都和前几代人有所不同。他们也在这些年形成了自己的文化形态,如何通过各种媒体让代际的紧张得以化解,让青年面临的困扰和压力得到新的升华,微文化在其间可以发挥重要的作用。

四是"跨文化"。今天中国经济和社会的发展让全球瞩目,中国在全球化时代发挥着重要的、关键性的影响。我们都已经认识到我们的"软实力"和"硬实力"还不相称的问题。如何让新媒体在"跨文化"传播中发挥作用,使中国更为世界所理解,是我们面对的新的重大课题。这要求我们在坚定捍卫自身核心价值的同时,以更加灵活和生动的方式让世界理解中国。

而要达到"四跨",就需要有"三改":一是改语码,即用新媒体使用的语言方式来和受众交流,避免陈旧的语言表达方式,但同时也要注意避免取悦网友的庸俗低级。二是改观念,改变传统媒体为大的观念,更为灵活地面对新的媒体格局和生活形态。三是改结构,改变对于传统媒体的过度倚重,平衡传统媒体和新媒体之间的关系。

"微文化"：基于互联网革命的新文化

李极冰*

自古以来，技术对文化的影响从未中断过，今天，它正在对文化的形态和传播方式产生越来越重要的影响，并通过新的文化形态，影响着人的认知方式、生活方式、经济交易方式和社会组织方式。在移动互联网的影响下，人类正在从前互联网时代加速进入"微文化"时代。

"微文化"是基于互联网革命，特别是移动互联网革命形成的一种新型文化。相对于传统文化的权威性、系统性，"微文化"从形式到内容，从传播到消费，都有着自身鲜明的特色。从微博的出现，到"微电影""微摄影""微公益""微信"的兴起，"微文化"的内涵不断扩张，并在快速普及应用中形成了自己的文化特质。它的出现与发展，是移动互联网技术的发展、移动智能终端的普及、移动客户端软件程序的功能研发共同作用的结果。

一 "微文化"的特征

1. "微文化"：形式特征

当前，"微文化"的具体形式包括"微博""微信""微表情""微电影""微摄影""微视频""微游戏""微广告"等。"微文化"的内

---

* 李极冰，北京天智通达信息技术有限公司董事长。

容形式完全不同于前互联网时代的传统文化。传统文化,特别是以印刷媒介为载体的文化,通常是以文字或图像的简单组合呈现的。而"微文化"则是文字、图像、视频、图表、音乐、图片、动画、游戏、互动游戏、社区论坛、即时评论等形式的随机结合。在这种随机组合、无界交换中,它跨越了媒体形式的阻碍,以多媒体的方式表达人的感情需求(见图1)。

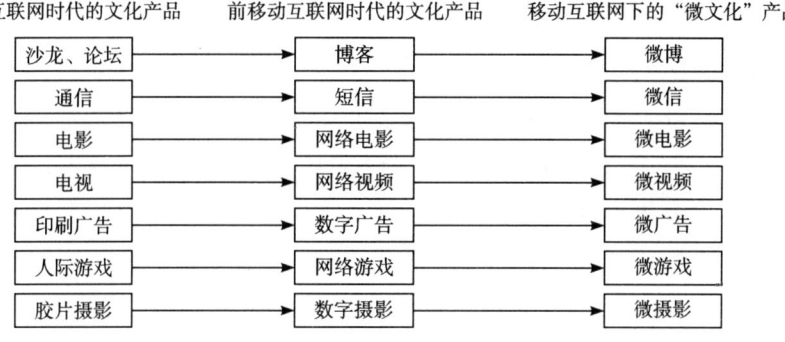

图1　移动互联网时代"微"产品的兴起

"微文化"在形式结构上也不同于传统的电视、电影和文学巨著,具有微小、通俗、易传播、易接受的特点。以微博为例,它最基本的内涵就是发布140个字符以内的文字,同时可附加作者自主添加的话题、图片、视频和音乐,以表达自己的看法和观点。"微文化"的这种多媒体特征和微短化特征,使它的传播极为迅捷。成千上万的人可以迅速在互联网上形成各种意见,甚至可以形成一个影响政府决策的舆论场。"微文化"之所以具有如此强大的影响力,就在于其形式的多媒体化和微短化特征。

2. "微文化":内容特征

在传统文化环境中,被最大范围传播和接收的信息,基本上都来自大型媒体机构,也基本上都是符合"上层社会"要求的信息。相对于这种大叙事、大传播,"微文化"是一种个人参与式的、微叙事的文化形态。在互联网时代,每一个普通人都可以成为"微文化"的生产者和传播者。参与者的每一句话、每一个思想、每一种观点,都能通过移动互联网得到即时表达,并与无数人进行即时的分享互动。这种个人化的信息采集与传播方式,满足了个体对自我认同的需要,使每一个人都有参与"微文化"的强大动力。个体的参与促进了"微文化"的繁荣,创造出不同于以往社会只有一种或几种声音的传播格局。举例来说,公民记者与自媒体在"微文化"环境下的崛起,对传统的新闻媒体机构产生了巨大冲击。就内容方面而言,他们提供了更为丰富、更为多元的新闻来源和解读视角。这一方面引起社会对个人的关注,另一方面也增加了社会文化的多样性。

从社会学的角度看,"微文化"的个人信息还具有自采集意义和自述意义。这既为个人带来了自我表达的途径,也有助于新的社会文化圈层的形成。由于个人的独特性在"微文化"环境中得到放大,互联网的文化生态变得更加多元、更富个性。共同爱好者能够在互联网环境中找到彼此,形成群体,而群体的影响力又反过来扩大了个人的传播力量。移动互联网技术环境与"微文化"的生态环境交叉渗透,相互借力,使得"个人—群体"成为一个新的互动整体。"微文化"之所以具有这么大的影响力,其另一优势就在于,它的内容信息的个人采集与个体叙事特征。

3. "微文化":传播特征

"微文化"是一种通过移动互联网进行传播的文化。它的传播同样基于智能手机、平板电脑等移动终端。在移动互联网浪潮下,移动终端的市场占有率飞速上升,人们对移动终端的使用,使"微文化"呈现出与以往完全不同的传播特征。

首先,移动终端是一种个人数字多媒体终端。它以个人为传播中心,成为人的生命的一个外化的延续。著名的媒介技术论学者保罗·莱文森曾多次提到"媒介演进的人性化趋势",其含义为:人类技术发展的历史说明,技术的发展趋势是越来越像人,越来越有利于人,甚至开始模仿人体的感知和认知功能。当今的移动终端的硬件与软件进化,都是朝着这样的方向前进的。从"触屏"的体验功能,到多媒体的内容呈现方式,都关注到了人的感官体验,即如何利用技术为使用者带来更为丰富的直接感知和生活体验。不可忽视的是,技术的这种普及应用,对人类社会与人类文化产生直接的影响。在技术革新的背后，有着更深刻的社会学意义，即怎样提升每一个人的自主传播权。

其次，移动终端的使用，加速形成了文化的多样化传播。对于个人而言，每一个人既可以实现点对点的、精准的、针对个人环境与传播对象的内容传播与互动；也可以通过对大众的宣传性喊话，实现大范围的社会化传播与互动；更重要的是，移动互联网技术带来的网络化信息互动能力，使一个人可以同时成为文化的传播者与接收者，这是人类历史上前所未有的，也是人类传播史上革命性的改变。在过去，文化信息的传播方式往往具有单向的、从上而下的结构性特征。在这种情况下，个人往往只能是单纯的信息接收者。个人一方面很难发出自己的声音，另一方面也无法对社会事件产生影响。"微文化"的传播则不同，传播者和受众的界限被彻底打破，"全民皆媒体"，人们可以通过微博、微信等向大众发出自己的声音，并能得到对方的及时反馈。作为普通人的每一个人在传–受地位方面也发生了根本性的变化：每一个人都可以在网络中，在"微文化"的传播中找到自己新的主体地位。更重要的是，传播不再局限于从前一对一、面对面的单向方式，而是形成一种网状格局。在这个传播网络中，你连接我，我连接他，当信息开始传播后，整个社会网络就开始实现一种此起彼伏的自激反馈和连续振动。"微文化"的这种自激反馈振荡，使得信息能够在更短的时间里以更有效的渗透能力、更广阔的覆盖能力传递出去。

由此可见，"微文化"的传播，是大众传播与人际传播的结合，它将个人与社会在文化的意义上紧密地联系在一起。

4. "微文化"：技术特征

"微文化"是技术革命的新产物，它只能在互联网时代与移动互联网时代产生。从1844年电报发明开始，世界通信产业已经走过了160年的历程。20世纪80年代，人们开始在全球IT技术的风起云涌下生活，与此同时，信息产业也沿着四个方向向前奔流：一是以计算机为代表的新计算技术，它带动了ISDN、XDSL技术的开发和应用，在数据交换的需求和网络计算技术的推动下，互联网应运而生；二是以电话为应用代表的通信技术的发展演进，从最初的电话技术、传真技术到数字电话交换机、软交换,形成了成熟的固定通信网络;三是以广播为代表的广电技术,广播电视逐渐成为近代交换传播的主流形式,形成了广电网络;四是以移动电话(手机)为代表的移动通信技术,它诞生于20世纪70年代,经历了2G、GSM、3G(WCDMA、CDMA2000、TD-SCPMA)的革新演进,在今天走向TDD-LTE、FDD-LTE和TD-LTE的4G移动通信时代。以上描述的四个支流(见图2),在今天开始走向融合。

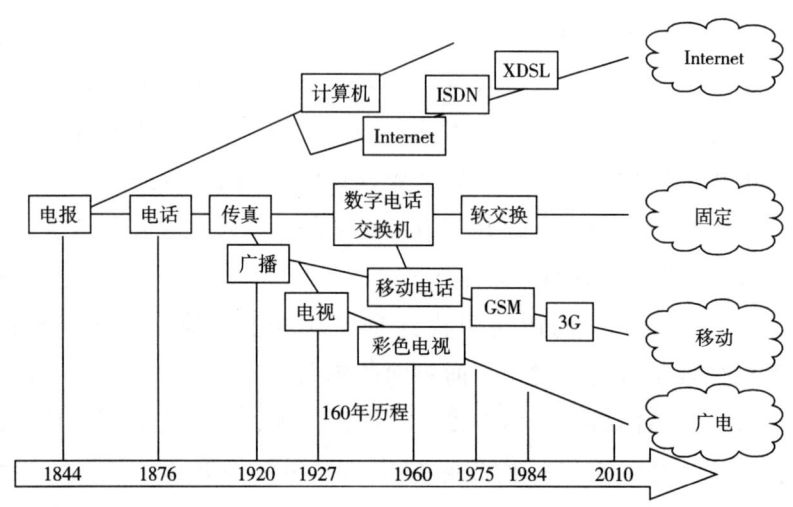

图2 通信技术历史演进图

"微文化"的诞生,正是得益于这样的时代背景。移动通信技术与固定互联网技术的结合,使人类进入一个新的技术时代,即移动互联网时代。特别值得一提的是,无论是从其技术体系结构来看,还是从产品应用环境来看,或者是从人类社会演进的"源动力"来看,这个时代都完全不同于传统互联网时代。在移动互联网时代,基于芯片计算能力提升而形成的硬件(终端)革命,与基于算法计算能力提升而形成的软件(应用程序,即客户端)革命,又发生了二次融合。这些伟大的融合(不是结合),产生了系统论中的涌现现象(immergence),使移动互联网成为滋养"微文化"的肥沃土壤。

5. "微文化"：消费特征

在互联网环境下，消费开始从大众市场转为分众市场。移动互联网使得产品（包括信息文化产品）越来越多样化。21世纪，中国消费群体在不同的社会文化环境中长大，而新消费群体的兴起则是最近10年的事情。新消费群体具有四个特征：（1）消费心理：感性消费趋势上升；（2）消费心态：重视和突出个性化；（3）消费过程：对价值的关注超过对价格的关心；（4）消费决定：受品牌的影响越来越显著。消费者的分众化，是现代传媒去"中心化"在消费领域中的重要体现。在这种消费趋势下，大众媒体地位衰落，小众媒体和个性化媒体地位提升。"微文化"产品的特点是强调个性、灵活多变，并能提供"去中心化"的内容下载，而这正适合当今消费群体的分众特点。

"微文化"的消费特征还体现在消费对象的抽象化。在真实的市场中，人们交易的对象是实实在在的、可触摸、可感知的商品；而在"微文化"中，人们更多的是在消费抽象化的事物，如意义和情感。人们花费时间和金钱消费"微文化"产品（如微博、微电影、微游戏等），并不在于对某件事物的购买和占有，而在于获取一种意义。这种意义可能是社交性的，比如扩大人脉；也可能是娱乐性的，比如使心情愉快；还有可能是知识性的，比如获得新的学识。而情感消费则来源于人们对情感宣泄与分享的诉求，人们可以在"微文化"语境下表达情感，也可以倾听他人的情感，一方面消费自己的情感，另一方面也在消费他人的情感。

6. "微文化"：社会特征

"微文化"对社会的影响是多方面的，从个人生活到社区建构、社会经济，我们都能看到"微文化"的影响。

就个人日常生活而言，"微文化"的影响首先在于对接收信息习惯的改变。"微文化"的微小化与碎片化，一方面适宜于分众化的市场转变，另一方面也有不可忽视的快餐化、速食性特征。当今互联网社会中，信息不断膨胀，各种"微信息"的创造与发布更提升了信息爆炸的程度。在这种背景下，微小的新闻和信息更容易被看到、被消化。阅读者的阅读习惯，也开始从长篇大论的文章转向移动客户端上的微小信息板块。

从社会群体结构的角度讲，分众化消费促成了新的社会组织形态。在时间碎片化的背景下，消费者开始重新聚合，拥有相似生活形态的消费者重新聚集，形成分众群体。这种分众群体，在移动互联网时代被称为社交网民。

从社区建构的角度讲，"微文化"形成一种线上与线下交互作用的互动社区。在互联网环境下，人们参与的社区包括现实社区与虚拟社区。现实社区基于人们的固定居所，并以此辐射到周围的邻居、街道、城市乃至省市，人们的交往范围受个人学习、工作、生活的地区、接触范围和人脉广度的限制。对比之下，"微文化"提供了虚拟公共社区。在微博、微信、微视频等"微文化"平台上，人们聚合形成新的社交空间，构建出超越日常生活限制的话题，将眼界、观点、思想延伸到社会的各个领域。新的社交空间的产生，是"微文化"的重要社会特征。

从产业经济的角度讲，"微文化"还带来了一种新的商业模式："微支付"，即将购买的商品单位微小化。举例而言，读者在阅读移动客户端时，可以实现单篇文章乃至单章节购买。这一方面是对创作者版权的保护，另一方面也是用户消费"微文化"产品时的"微支付"模式。"微支付"的诞生和推广，最初集中在移动阅读领域，以后还将进一步延伸至音乐产业、游戏产业、广告产业等方面。

7. "微文化"：交互特征

"微文化"的另一大特征是信息与人的无缝连接。有了移动互联网，人们可以在任何时间、任何地点获取信息，与其他人进行交流。"微文化"的这种互动特征，具体体现在与信息互动、与人互动两个方面。

在获取信息方面，移动互联网可以帮助媒体实现纸媒原本无法提供的全媒体服务，即在传输信息的同时带来内容互动，为用户提供直觉化、个性化、互动化的阅读体验；在与人沟通方面，人与人的互动更为灵活。以微博为例，首先，关注与被关注的功能就为信息交流双方提供了新的交往方式。关注者可以不征求被关注者的同意就获得对方信息，从而可以实时评论并转发，这种方式为微博上的个体提供了从"点"到"面"、从"面"再到"网"的网络化机会，从而形成一对多、多对一、多对多的灵活交流。

在信息互动、人际互动中，还有一种新型的传播方式值得关注：自媒体传播。在移动互联网环境下，自媒体发展如火如荼的一个例子是微信平台。除了传统媒体的官方公共账号外，媒体人可以在微信平台上开设自己的自媒体平台。在自媒体平台上，关注该平台的微信用户能够在第一时间得到主办方的信息推送。这一方面可以实现信息接收者对个性化信息的定制要求，另一方面又可以通过朋友圈的转发，实现与自己圈内人的信息互动。主办方也可以通过后台控制的方式与微信订阅方实现互动。如果说微博带来了人与人之间互动沟通的变化，那么微信自媒体则带来了媒体信息与受众沟通的变化。人与人、信息与信息、人与信息的三重交互关系，在"微文化"环境下催生了许多更具基本意义的问题：人的存在、人的多重存在、人的价值存在、社会形态的虚拟存在等。

哈佛大学神经系统科学家戴安娜·塔米尔的最新研究成果表明，人际交流是人作为高级生命的基本需求，为了实现这种交流和自我表达，人们愿意放弃金钱并投入时间。由此可见，"微文化"的交互性特征，有助于实现人类对于自身基本价值的追求。

8. "微文化"：数据特征

互联网的迅速普及，形成了大量基于网络行为的数据，这些数据将为人与社会的发展带来极大的改变。人们在"微文化"环境里的每一个细微的行为，包括社交行为、消费行为、广告浏览行为、阅读行为等，都能产生用户数据，这些数据又进而被应用于媒介、搜索、电子商务、政府政务等多个平台。数据的广泛采集与应用，还渗透更广泛的社会领域，发挥着信息交流之外的另一种作用。

"微文化"的数据，可以给社会发展带来极大的改变，"微广告"的应用就是一个典型的例子。在传统广告中，广告一经设计完成便有了固定的播放内容，它的内容和形式基本上不会发生变化。也就是说，在一个播放周期内，用户的意志不会对广告的内容产生任何影响。广告主如果想更换广告信息，也只能等到下一期。在移动互联网中，"微广告"作为一种新型互动式广告，给用户提供了数据反馈能力，使广告后台系统可以根据用户的反馈数据即时调整广告内容。这种由用户反馈数据来主导播放内容的特性，可以称之为"自迭代特性"或者"自适应特性"。在"微广告"这种新型交互式广告中，用户可以按照自己的喜好去主动影响广告的主体信息，广告平台也可以根据用户反馈的数据调整广告的内容，从而随时、自动化地对广告进行强化，达到双向信息交流的效果。

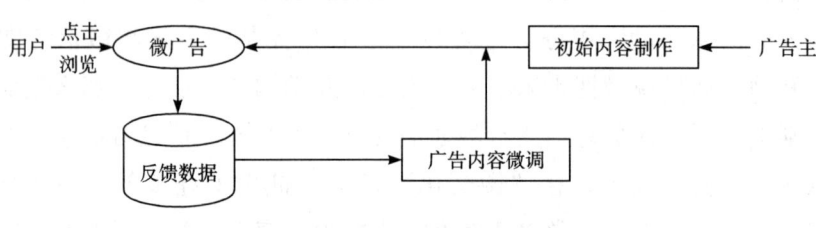

图3 "微广告"的自迭代特性

如图3所示，在广告主制作了初始广告内容并投放以后，"微广告"便进入了一个由用户点击浏览、反馈数据回送、广告内容智能调整三部分组成的自迭代过程。首先，"微广告"在投放到终端之后，用户会通过点击和浏览产生可计量的反馈数据（比如，在某一个视频页面的停留时长、超链接的点击次数、互动节点的活跃度等）。这些数据反映了用户的偏好和兴趣。之后，当反馈数据积累到一定程度，触发了广告后台的智能控制程序后，就可以基于新的数据实现广告内容的即时调整（比如，如果用户喜欢点击明星的蓝色唇彩，而原广告页面默认投放的是红色唇彩，当点击达到一定数量，超过事先设定的阈值时，广告程序便可以自动将默认图片切换至蓝色唇彩，使广告更能吸引眼球）。实现"微广告"的这种自迭代特性的关键，在于设置一个可以实时采集数据的后台程序，同时基于这个实时数据对广告内容进行程序控制（参见图4）。

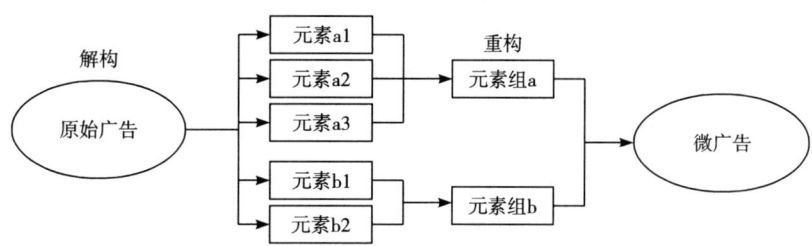

图 4 "微广告"基于元素和元素组的解构与重构

二 "微文化"的社会影响

1. "微文化"对新闻生产模式的影响

"微文化"的兴盛,对传统新闻媒体而言既是一个机遇,也是一个挑战。一方面,在"微文化"信息的膨胀下,读者对新闻的整体需求大量增加,信息的重要程度与日俱增;另一方面,传统新闻媒体,包括报纸、杂志、广播、电视和新闻网站等,都在从物理媒介转向数字媒介,从固定端口转向移动终端。"微文化"下新媒体群体的兴起,无疑对传统新闻媒体提出了挑战。

"微文化"对新闻业的影响主要体现在新闻的生产模式上。过去,新闻是通过传统新闻媒体内部的一条流水线生产的,经过选题、采访、编辑、校对到最后的付梓,可以说,专业化使新闻生产呈现一种封闭状态。"微文化"的诞生则带来了更加开放与共享的新闻生态。站在新闻生产者的角度看,新闻来源变得更加广泛了。在微博上,许多第一手信息并不是出自专业媒体,而是出自普通公民。传统新闻媒体开始在"微文化"语境下寻找自身新的定位。在当今环境下,争发第一手新闻变成一种无力的抗争,传统新闻媒体因为有着自身专业化的采编队伍和媒体人,开始转向一种深度与广度并存的内容生产方式。也就是说,传统媒体可以从事件、背景、追踪、分析、预测等多个维度报道新闻事件,并收集"微文化"环境中读者与网友的反应、观点等,与之进行互动,使新闻内容从原本的静态模式转为动态模式。由此可见,在

"微文化"条件下的新闻传播中,传受双方的职能和地位发生了转变,不再是单一的你说我听,而是相互作用和依靠。

2. "微文化"对社会行动模式的影响

"微文化"建构并强化个体与集体关系的能力,是传统媒体所不具备的。在传统的信息传播中,传统媒体发布信息,受众只能接收,无法彼此连接,更无法参与信息所指向的事件本身。调查表明,即便是在像"厦门PX"这样的危及城市环境与居民健康的事件中,向报纸、电视等传统媒体反映的读者也仅有1.4%,而通过网络、短信、私下交谈等"非主流"渠道的意见表达,竟高达70%左右。

"微文化"弥补了大众媒介的不足。"微文化"的一大特点就是彼此连接与分享,既可强化原有的社交强关系,也可延伸拓展弱关系。在基于社交关系的扩大与巩固中,人们的信息参与能力也得到增强。以"微博"为例,此前如火如荼的"随手拍拯救乞讨儿童""免费午餐""大爱清尘"等公益活动都是通过"微文化"平台进行的,其传递出的理念在人群中得到迅速扩展,进而转化为积极主动而富有成效的线下活动,使得虚拟空间的影响力扩散至现实社会。"微文化"对于微小力量的会聚,成为社会行动力的推动器。

3. "微文化"对语言认知模式的影响

"微文化"营造了一个与以往书面语、短信语不同的交流氛围。其中包括:(1)语言符号的扩展。文字、语音、视频都能成为交流的符号,并且可以在不同平台、不同社交圈之间传输。(2)语言交流的非线性。传统的书面阅读与人际交流,通常需要以线性的逻辑来进行;而"微文化"的语言传播则更偏重于多样化,不同信息以相互交替的方式呈现,使人们的信息处理获得即时、即地、多条支线的特点。

在"微文化"平台的交流过程中,人们使用的不再是传统书籍里那些规范统一的文字,而是从单向、非动态的符号系统转化为多向、非静态的超文本方式。在"微文化"社交环境下,人们的语言使用更趋于口语以及心理语言,因此,分散式的构成、成分的省略、思维的跳跃、语言的变异等,都成为"微文化"下的语言符号特征。

康奈尔大学心理学家亚当·安德森近日发表最新研究成果:在人

体中有一种特别的基因,在情感记忆中起着重要作用,同时还影响人们对事物的关注。人类的基因同周围的文化、环境、个人经验产生深度联系,进而对大脑产生影响,并改变人们的认知、影响人类的行为。根据安德森教授的研究,我们可以预测"微文化"与语言、记忆、基因之间的互动进化——"微文化"的产品设计产生符号含义与情感含义,进而影响人类记忆。这种基于文化符号情感的记忆又进一步促使人体中 ADRA2B 基因分泌甲肾上腺素,使人体的基因发生变化。

在"微文化"语境下,最为盛行的产品是移动客户端应用。有学者提出,当下时代不应该被称为一个信息化时代,而应该被称为一个应用程序时代,即 APP Economy,这个时代赋予每一个人在移动状态下的新功能、新能力。毫无疑问,"微文化"的语言环境和文化意义正在加速影响人类对世界的认知。

三 结论

文化是社会文明的基石。文化的本质是"人化",即人的进化,如果文化不进步,那么人的进化就会滞后,"微文化"正是文化进步的一个表现。"微文化"是一种形态微短、传播迅速、接受广泛的文化,与传统的文化形态相比,具有与众不同的形式特征、内容特征、传播特征、技术特征、消费特征、社会特征、互动特征和数据特征,是一种新型的文化形态。"微文化"正在日渐渗透人们的生活,并对社会的新闻生产模式、社会行动模式、语言认知模式产生重大影响,研究"微文化"将有助于我们对文化意义和人类进化进行更深层次的思考。

微信之争的三重效应

孙佳山[*]

2013年以来,"微信"成为整个互联网行业,甚至是中国社会的一个重要关键词。围绕微信所引发的各种争议,在全社会各阶层都产生了广泛的辐射和影响。如何解读关于微信的种种争论,其重要性已经远远超出一个普通软件自身的范畴,这对于理解和把握我们当前所处的时代及其远景,都有着十分重要的现实意义。以微信之争为历史标的,甚至将有助于我们展望和描摹下一个历史时期的时代经纬。

21世纪以来,互联网行业的爆炸式发展,已经是不争的事实,它所带来的种种改变,早已深入我们日常生活的方方面面。然而,远远超过我们普通人想象力和感知力的是,原本已经是大踏步向前的时代步伐,却又爆发到一个不可思议的迅疾节奏。自2010年以来,托生于传统互联网的移动互联网行业,正以人类历史上前所未有的发展速度迅速膨胀。当下时髦的"大数据"概念就是最好的例证:目前互联网数据每年都至少增长50%,每两年就翻一番,当今世界90%以上的数据都是最近几年才产生的——而且这远不是结果,这一趋势还在以翻江倒海的态势高速增长。从传统互联网到移动互联网,互联网行业对于人类历史进程的影响可能将会比肩工业革命。因此,处于这样的大时代背景下的微信之争,其所凸显的根本问题,还远远未被充分触及。本文仅

---

[*] 孙佳山,中国艺术研究院当代文艺批评中心助理研究员。

从微信之争对互联网时代的国有、民营企业关系所产生的"鲶鱼效应"、腾讯这种互联网时代的新型垄断企业所带来的"马太效应",以及移动互联网行业对北京智慧城市建设所产生的"蝴蝶效应"等角度入手,力图打开微信之争所折射出的时代纵深,为北京在21世纪建设面向未来的智慧城市、文化创新城市,提供切实可行的现实依据和历史参照。

一 微信之争的"鲶鱼效应"

2011年1月21日,腾讯微信发布了针对iPhone用户的1.0测试版,最初仅有即时通信、分享照片和更换头像等简单功能。相信包括微信研发团队在内,谁都不曾料想,这款看似平淡无奇的OTT软件,日后会掀起如此巨大而持久的波澜。

众所周知,微信在当时被定义为一款OTT软件。OTT是"Over The Top"的缩写,是指第三方通过互联网向用户提供的各种应用服务。这种应用软件服务和目前的移动通信运营商所提供的通信业务很不相同,它仅仅是利用了移动通信运营商所提供的网络服务功能,而相关应用服务则由移动通信运营商之外的第三方提供。在这类软件中,除了我国的微信之外,目前世界范围内发展最快的还有美国的Whatsapp、韩国的KakaoTalk、日本的Line等,其他较为知名的产品还包括Kik、Tango、FB Messenger、中国移动的飞信、中国联通的沃信,以及中国电信的翼聊等。这类方兴未艾的OTT软件的共同特点,就是依赖"心跳"信号,保持一直在线的服务状态,而这种"心跳"信号也是它们的立身之本,因此,这就对移动通信运营商提供的移动数据网络的信令处理能力提出了更高的要求。

以2007年苹果发布iPhone为标志,智能手机开始普遍地要求保持"在线"状态,全球各国的移动通信运营商也逐步升级为3G网络,大幅提升对信令的技术支持。从本质上讲,信令问题是上一代的2G网络不能支持、兼容智能手机的App长期联网的特性,所产生的时代矛盾。

具体到我国,在三大通信运营商中,特别是中国移动,从2.5G迁移到 TD-3G 的用户比例还比较低，而 2.5G 网络对信令的处理能力还比较弱，在高信令负载时的效率会大打折扣。微信等 OTT 软件因为凭借使用移动通信运营商提供的数据服务，对移动通信运营商自身的短信、彩信、语音业务形成了巨大的冲击，而在数据业务方面为移动通信运营商增加的成本又远高于为其带来的实际收入，这些因素构成了三大移动通信运营商对微信极为不满的利益根源。

当然，这一情况也并不是我国所独有，因为移动互联网在全球其他国家、地区也还是新生事物。

2013 年 2 月，谷歌公司与法国电信达成协议，将补偿法国电信的网络建设费用。2013 年韩国通信委员会批准了韩国移动运营商们的相关请求，韩国的移动通信运营商可以向 OTT 语音服务提供商收取费用，甚至可以"掐断" OTT 语音流，不向 OTT 语音服务提供商开放网络。在德国，WhatsApp、Skype 等 OTT 软件，在软件下载和发送文字、图片或声音消息方面都是免费的，但是部分运营商对于该类软件中的即时通话功能，则采取了不同的收费套餐。2013 年初，香港最大的 Wifi 服务提供商 PCCWmobile 则和腾讯微信达成合作，推出了微信畅聊套餐，每月 8 港元，使用微信不限流量。

在 2013 年上半年，微信之争中一度甚嚣尘上的应该对微信收费的各类言论，它们所参照的正是这些相关处理办法。但是这种言论的无效性和荒唐之处在于，在实行社会主义市场经济体制的我国，和欧洲以及我国近邻的资本主义市场经济模式完全不同，中国移动、中国联通、中国电信作为国有垄断移动通信运营商，在移动通信运营服务领域并没有欧洲和我国近邻所需要面对的过度激烈的市场竞争，具有其他国家和地区不可比拟的超高利润率，因此它们也理所应当地扛起更多的社会责任。在智能手机、平板电脑日益普及的移动互联网时代，OTT 软件深入人心所造成的传统 2G 移动网络跟不上时代步伐的信令问题，是全世界都在面对的时代症结。微信既不是第一个也不是最后一个旧时代的"掘墓人"，问题的焦点根本就不在收费与否的层面，微信之争中的是否该收费问题，深刻地折射出了当前社会主义市场经济大环境下的顶层设计问题及其所连带的种种观念问题。

正如前文所述，国内三大运营商也都有自己的 OTT 软件，它们和微信一样，都是这个时代浪潮下的产物，那么即便对微信收费，也理应由工信部、发改委、文化部等多部委联合，面向全社会征集、讨论、制定、调整面对移动互联网浪潮冲击的，适应新世纪、新形势的社会主义市场经济的相关规则。在不断深化社会主义市场经济改革的时代语境下，明确国有企业、民营企业在移动互联网时代的社会主义市场经济中的角色和作用，对于完善社会主义市场经济的顶层设计，具有特别重要的、承前启后的开创性意义。

随着时间的推进，微信之争所带来的"鲶鱼效应"也开始逐渐显现。由于微信的迅猛发展给三大国有垄断移动通信运营商带来了众所周知的挑战，后者最终还是选择了主动去适应市场潮流。北京电信率先启用微信营销就是经典案例。早在 2013 年初，北京电信就开通了微信公众账号——北京电信客服，其清新的界面和良好的客户体验，深受电信用户喜爱，特别是在 2013 年 11 月，北京电信对公众账号的各项功能全面升级之后，北京电信微信客服的作用更加得到凸显，粉丝数量增长迅速，通过微信办理电信业务的用户数量增速明显。在北京电信的带动下，北京联通、北京移动也都采取了相同的举措，并都在适应移动互联网的崭新模式的过程中，获得了不曾想象的收益。然而在当下，微信之争所带来的"鲶鱼效应"的面纱，还只是刚刚被揭开，在未来，势必还将掀起更加波诡云谲的时代篇章。

二 微信之争的"马太效应"

在 2013 年上半年微信之争中的是否该收费问题尚未硝烟散尽之际，8 月微信 5.0 版本的上线又引发了新一轮争议，微信之争也迅速超出了 OTT 软件的单一范围。2013 年的微信之争，似乎注定要牵扯出 21 世纪以来，社会主义市场经济体制下的诸多深层次问题。"微信又动了谁的奶酪？"这个话题随着微信 5.0 版本上线后，开始在互联网上再次引发强烈关注，并逐步升温。业界普遍担忧，至少九个领域、数十款相关软件和互联网企业陷入了深度的自我焦虑中。那么原本以为微信只是动了中国移动等国有移动通信运营商的"奶酪",在 5.0 版本之后还动了谁的"奶酪"呢?

我们可以从微信的"扫一扫"功能作为例子来管中窥豹。微信 5.0 版本的"扫一扫"功能,不仅可以像以往一样扫二维码,在 5.0 版本新拓展出的功能中,在直接默认的二维码选项下,可以识别条形码、图书封面、CD 封面、街景等。这看似简单的功能拓展,直接冲击了现有的二维码、条形码等扫描工具,同时,这一功能也直接影响着未来电商的导流通道,因此自然而然地引起了诸多电商的警惕。同样是新增的"扫一扫"还具有可以翻译英文单词的实时扫描翻译功能,这也直接冲击了现有的翻译软件,甚至连传统的搜索引擎,都感知到了扑面而来的危机。因此,以"扫一扫"功能为例,就可以暴露出微信之争在 2013 年下半年的大部分焦点。我们还可以从微信所隶属的腾讯公司的内部衍生规律,来进一步梳理出微信自身的发展逻辑。

腾讯从 OICQ 时代开始,发展到今天,其产品和服务已多达 305 款,涵盖从通信、社交、邮箱、游戏、新闻、购物、支付、金融、安全、浏览器、搜索、生活服务等几乎所有领域。腾讯由于抓住了传统互联网时代第一波发展浪潮中的宝贵历史机遇,积累了天量的用户人群。据腾讯 2013 年三季度的财报显示,QQ 活跃账户数达 8.15 亿,这种核心资源是其不断地开疆拓土的历史根基。在传统互联网时代,腾讯就通过 QQ 软件平台,开发出了它所能触及的全部应用,几乎完成了对在线生活产业模式的全产业链布局。在微信的用户数量已经超过了 6 亿,每日活跃用户 1 亿的今天,5.0 版本"扫一扫"功能所引发的争议,不过是腾讯在移动互联网时代,再次延续了其自身的发展逻辑。只不过这一次,呈现出了更为闭合区间式的发展模式,从平台到应用,全部由腾讯自身开发,彻底捆绑式的应用架构,完全剥夺了其他独立 APP 的生存空间。

面对咄咄杀气的腾讯,2013 年注定将是不平凡的一年。就在微信 5.0 版本推出的 8 月,天猫就以"存在数据安全隐患"为由,将 19 个涉及以微信为核心功能的纯微信应用和 10 个以微信为辅助功能的相关应用一概下架,回应了此前微信宣称的,为了打击垃圾信息而关闭的一些针对淘宝商品和商家的公众账号。然而这还只是阿里集团的小动作。2013年9月23日，阿里巴巴正式发布了移动好友互动平台"来往"，这是阿里巴巴成立网络通信事业部之后，首个对外正式亮相的集团核心级项目，也直接将矛头对准了微信。"来往"和微信一样，不只是普通的即时通信软件，也不仅是移动客户端产品，而且是一个针对个人用户的新一代友好互动平台，它和微信5.0版一样，力图把用户的社交、生活和消费等不同的应用场景链接起来。"来往"力图依托整个阿里集团，特别是淘宝的庞大用户基数，以及已经过亿的手机淘宝和旺信用户之间的互动需求，打造出全新的无线应用模式。

同样是在8月，中国电信与网易于19日宣布合资成立浙江翼信科技有限公司，并发布新一代移动即时通信社交产品"易信"。这是国内首次，国有移动通信运营商与民营互联网公司合作，成立合资公司，并联合打造移动即时通信社交产品，标志着国有移动通信运营商和民营互联网公司，进入了在移动即时通信产品领域，联合开发、运营和资本合作的新阶段。与阿里"来往"的侧重点的不同之处在于，易信致力于打通各种通信终端的屏障，倡导在不同的移动通信运营商之间实现即时通信。易信具备跨网免费短信、免费电话留言等独特功能，APP与手机、固定电话都可以实现互通，即使易信好友没有登陆易信，甚至在没有安装易信的手机上，也可以收到短信。易信用户还可以通过客户端发送电话语音留言到手机和固定电话。

从最初的OTT即时语音通信软件，到两年多以后的移动社交服务平台，微信在2013年的夏天所掀起的全行业的惊涛骇浪，恰恰说明移动互联网正在重新整合以传统互联网为代表的整个互联网行业，并继续向外部延展。"来往"、易信的推出，与其说是你方唱罢我登场，不如说是来自行业竞争对手居安思危、防患于未然的奋起抗争。因为在2013年9月16日，在香港上市的腾讯，其股票收盘价达到了421.2港元/股，成为中国首家市值超过千亿美元的互联网公司。腾讯已经是和中国银行这样的国有四大银行一个级别的巨无霸企业，它的任何一个动作都将对整个行业产生地震式影响。2013年下半年的微信之争背后，是全产业链上下游企业对移动互联网时代商业模式的集体焦虑。为了避免重蹈传统互联网时代的覆辙,在移动互联网时代的初始阶段,整个行业就开始思考如何发挥后发优势,找寻到更科学、更合理的商业模式,为逐渐建构起良好的行业生态环境寻找可能,因为对于全行业来说,这是生死攸关的问题。

三 微信之争的"蝴蝶效应"

微信作为时下最热门的社交信息平台,也是移动终端的核心入口,在5.0版本之后,正在演变成为社交服务平台,它给传统商业模式带来的颠覆性影响也开始逐步显现。微信5.0版本里增加的支付功能,可以直接绑定银行卡,相当于通过APP本身就能实现一键支付,那么在这里最为关键的一个环节,就跳过了支付宝等第三方支付平台,微信自身的O2O模式也借此实现了自身的闭环,完成了最后一块拼图。消费者只要通过微信平台,就可以实现商品查询、选购、互动、体验、订购、支付的线上线下一体化服务模式。虽然如同其他腾讯产品一样,这一如既往的不是原创,但微信对这个时代的最大贡献就在于,它可能是第一个彻底完成并践行了O2O模式,而O2O模式对未来人类社会的日常生活会产生"蝴蝶效应"般的、目前还难以估量的深远影响。

O2O模式即Online To Offline,也即将线下的商务营销与移动互联网结合起来,让移动互联网的客户端成为线下交易的前台。在这种模式下,通过移动互联网的四大要素:独立网上商城、国家权威行业网站认证、在线网络广告营销推广、全面社交媒体与客户在线互动,一切线下服务都可以利用线上资源进行市场营销,任何消费者也都可以在线筛选服务,全部交易过程,包括费用的支付、收纳都可以在线完成。早在团购网站兴起之际,O2O模式就已经具有雏形,但在传统互联网时代,团购商品都是临时性的促销,这也是曾经"百团大战"的众多团购网站,在短短几年内就烟消云散的根本原因。而在结合了移动互联网的O2O模式下,商家的商品会始终保持"促销",所有O2O的商家都具有线下实体店。而移动互联网还有其独有的"撒手锏"——基于地理位置的信息服务(LBS),也就是通过移动通信运营商的无线通信网络或 GPS 等外部定位方式，来获取移动终端用户的地理坐标等位置信息，并在地理信息系统平台的支持下，为用户提供相应服务的一种增值业务。因此，移动互联网时代的 O2O 模式，就和传统互联网时代的团购模式划清了界限。因为微信不存在距离的限制，用户注册微信后，可与周围同样注册的"朋友"形成地理位置上的有效关联，用户可根据自身需求订阅所需信息，商家也能通过基于地理位置的服务信息，将海量的各项数据汇总，这其实也是"大数据"的一个典型案例。正是根据对"大数据"的有效解读，商家可以为用户提供他们真正需要的营销和服务，从而实现"点"对"点"的精准营销，这也是"大数据"时代的精髓所在。在 2014 年，微信还将新增五个接口，力图提供详细、完善的地理位置解决方案，从而进一步升级电子商务功能，推动微信支付和交易等业务的全面展开。

然而，这还只是微信之争所带来的"蝴蝶效应"的冰山一角，被誉为拿到移动互联网时代第一张"船票"的微信，还触动了移动互联网时代更深层次、更复杂的时代症结。如前文所述，由于 2007 年智能手机陆续普及所引发的时代浪潮，近年来以微信为代表的智能手机 APP 的风起云涌所引发的信令问题，充分"倒逼"了曾在市场垄断位置上高枕无忧的国有三大移动通信运营商，令其不得不重新思考其自身的产业升级和产业布局问题。曾深受信令问题困扰的中国移动，在 2013 年 12 月正式推出了 4G 业务。所谓 4G，就是指第四代移动通信技术。4G 集 3G 与 WLAN 于一体，能够传输高质量视频图像，并能保证图像传输的质量接近高清电视的水准。在 4G 时代，网络下载速度将达 100Mbps，比拨号上网快 2000 倍，上传的速度也能达到 20Mbps，几乎可以满足所有用户对于无线服务的要求。曾经困扰中国移动的是否该对微信收费的信令尴尬，在 4G 时代已然有了恍如隔世的感觉。

在 4G 时代，移动互联网络的全覆盖，将为北京建设"智慧城市"奠定坚实的技术基础。"智慧城市"是基于物联网、云计算等新一代信息技术，以及维基、社交网络、Fab Lab、Living Lab、综合集成法等工具和方法的全新应用，旨在营造鼓励创新的城市生态，实现以用户创新、开放创新、大众创新、协同创新为特征的可持续创新。智慧城市正是通过移动互联网改变了传统互联网时代的交互方式，提高了实时信息处理能力和感应、响应速度，增强了创新生态的弹性和连续性，从而能够推动全社会各项事业的全面和谐发展。

微信之争虽还构不成这个时代最为华彩的乐章，但至少也是这个时代中最为响亮的音符之一。移动互联网是当今世界发展最快、市场潜力最大、前景最诱人的朝阳行业，并正以不可思议的速度持续增长。微信之争中产生的"鲶鱼效应""马太效应""蝴蝶效应"，与其说是源自微信，不如说是移动互联网时代的最基本的三个面向。因此，充分直面、回应移动互联网时代的历史挑战，既是当前我们能否抓住新的历史机遇的关键，也是党的十八届三中全会提出的加强顶层设计的"题中之义"，这对于在可预期的未来，将北京建设成为以"智慧城市"为目标的文化创新城市，具有很大的启示意义。

我国文化体制改革十年回顾与攻坚策论

孔建华[*]

一 过去十年我国文化改革的总体要求与基本特征

新世纪新阶段的文化改革,具有全局性、战略性、主动性,是文化领域广泛而深刻的变革,不同于20世纪末部门性、策略性、被动性的文化改革。新阶段改革有其独特性:一是文化改革相比于其他领域改革,能量释放不够,总体处于滞后。这既是短处,又有长处,短处是这一领域相对其他领域比较封闭,社会化、市场化程度不如其他领域,长处是可以借鉴其他领域改革的经验教训,具有后发优势。二是文化改革发动的环境条件要明显优于其他领域,它是建立在改革开放20年经济高速增长的基础上,我国已启动实施社会主义现代化建设第三步战略部署,它是向着实现更高水平的小康社会的一个发展型改革而非生存型改革。同时,文化改革始终密切关注文化艺术特质,即它作为产品和服务,有经济属性,一些部分有意识形态属性,因此体制改革不仅受经济条件的深刻影响,又自然地涉及上层建筑的某些领域,这便是它的特殊性。

1. 改革的原则

一是进程循序可控。改革要促进发展,不能冲击和影响发展,这里

---

[*] 孔建华,中共北京市委宣传部文化产业改革发展办公室副主任,清华大学国家文化产业研究中心特约研究员。

的关键是保证宏观管理的控制力,提高领导文化建设的能力和水平,也即掌握文化改革的领导权、文化建设的主动权。基本表述是,"逐步建立党委领导、政府管理、行业自律、企事业单位依法运营的文化管理体制",后又在行业自律后增加"社会监督",在文化管理体制后增加"富有活力的文化产品生产经营机制"。党的十八大报告归纳为"加快完善文化管理体制和文化生产经营机制"。它有两个"基本点",一是马克思主义指导地位,一是社会主义文化方向。现阶段它强调管人、管事、管资产、管导向"四管齐下"。

二是行动有规可依。现阶段文化改革遵循两个前提:一是适应建立社会主义市场经济体制的基础,一是符合社会主义精神文明(文化建设)的特点和规律。这也是社会主义新文化发展观的前提。由此又引申出两个效益,即以社会效益为首位,经济效益与社会效益相结合。改革试验处于进一步对外开放环境,还有一个"统筹国内文化体制改革和国际文化竞争参与"的问题。这是十年文化改革处理好文化建设基本关系的原则要求,是探索中国特色社会主义文化发展道路的坐标。

三是指导分类分区。根据主体的性质,也即社会主体和市场主体,现阶段文化发展分事业和产业两部分,文化事业由政府主导,文化产业由市场主导,建设社会主义文化要两个轮子一起转;我国区域文化发展不平衡,根据区域的特点,对不同经济社会发展水平地区的文化改革因地制宜,有东、中、西部和城市、乡村之别。

四是问题直面解决。文化改革坚持实事求是、开拓创新,解决主要问题。首先,国家文化资源大量闲置的问题,也就是通常所说的"游离于社会主义市场体制之外";其次,优秀文化产品特别是精品力作不多的问题,也即"文化产品的供需矛盾更加突出";第三,核心文化产品领域进出口严重逆差的问题,也即"有既守不住也打不出去的危险",改革任务、配套政策针对有效解决问题而展开。

文化改革在上述原则指导下,总体进程平稳,前进方向明确。由于这一阶段经济高速增长、财力充沛,以发展带改革,较好地化解了矛盾和问题,为中央确定的既定改革顺利推进创造有利条件。

2. 改革的框架

综观十年文化改革的内容，规划框架日渐清晰，即建立健全中国特色社会主义文化新体制：一个主体+三个体系。

一是培育文化市场主体。包括：推进部分文化事业单位转企改制；推动文化企业建立健全现代企业制度；鼓励引导国家和社会资本投资兴办文化企业。培育主体把握两个结合点：第一，增强活力与形成新的文化创造力的结合；第二，自上而下的指令性、统一性与自下而上的自觉性、主动性的结合。这两个结合的根本是尊重实践、尊重知识、尊重人才，发挥不同主体的积极性、创造性。

二是健全现代文化市场体系。基本要求是统一、开放、竞争、有序，改变条块分割、地区封锁、城乡分离。这一体系有五个关键节点：文化产品市场、文化要素市场、现代流通体制、中介机构和行业组织、文化市场监管。现阶段在强化体系建设上，越来越重视培育资本、产权、人才、信息、技术等文化要素市场，越来越重视培育文化经纪代理、评估鉴定、风险投资、保险、担保、拍卖等中介服务机构。

三是健全文化宏观调控体系。理顺党委、政府、行业组织、市场主体（企事业单位）的关系，党委担负起政治责任，把方向、做决策，政府履行好政策调节、市场监管、社会管理、公共服务职能，把握宏观，控制总量。文化行政管理部门转变职能的关键，是提高宏观管理能力和水平，即其主要精力从办文化为主向管文化为主转变，管好宏观、管好天下，增强管理效能，提升服务水平。同时，社会各方面和人民积极参与对文化事务的监督。

四是建立文化法律法规政策体系。加强文化法制建设，是文化改革的重要内容。综合运用法律、经济、技术和行政手段，实行依法、文明、有效的文化管理，须建立健全法律法规和政策。法律是制度的最高形态，结合阶段性特征，加强文化立法。在缜密论证的基础上，条件成熟的，纳入立法或政策发布程序。推动文化法律法规和政策的普及落实，对执行效果做出科学合理评价。

党的十七届六中全会通过的《中共中央关于深化文化体制改革推动社会主义文化大发展大繁荣若干重大问题的决定》第七部分，从六个方面部署进一步深化改革开放,加快构建有利于文化繁荣发展的体制机制,其中前四个方面即是新体制的四大支柱,它们是:深化国有文化单位改革、健全现代文化市场体系、创新文化管理体制、完善政策保障机制。

3. 改革的方针

党的十六大报告指出,"改革要从实际出发",整体推进,重点突破,循序渐进,注重制度建设和创新"。它既是改革开放以来建设中国特色社会主义的重要经验之一,也是推进文化改革的基本方针。党的十八大报告进一步强调,推进理论创新、制度创新、科技创新、文化创新以及其他各方面创新,不断推进我国社会主义制度自我完善和发展。

文化改革贯彻这一方针,在不同阶段、不同地区、不同领域有所侧重。如改革试点强调"因地制宜,分类指导,以点带面,统筹兼顾"。《中共中央、国务院关于深化文化体制改革的若干意见》(2005年12月23日)在总结实践时提出,"重点突破是推进改革的基本方法","区别对待、分类指导、试点先行、逐步推开是改革的有效途径",后又将"试点先行"调整为"循序渐进"。

十年文化改革坚持从实际出发,实事求是,积极稳妥。第一,结合阶段性特征,把握地区经济社会发展的不平衡、农村和城市的差别、不同行业和单位的差别。第二,把特殊性与一般性有机结合并贯穿到整个文化改革进程,充分发挥地方和基层的首创精神。第三,文化改革采取典型引路、示范引导,是边试验边总结的开放性改革,是解决实际问题、开拓发展空间的包容性改革。第四,十年文化改革探索的理论研究紧密跟进,将实践经验上升为理论认识,比较集中地体现在对文化建设若干重大关系的把握和文化自觉、文化自信、文化自强的深刻理解,为深化改革提供了理性指导。

4. 改革的政策

十年文化改革,直面影响发展的障碍,针对问题切入,推出有效举措,初步建立起创新型的文化政策配套,为深化改革、加快发展起到了引路、推动、保障的作用。一是培育文化市场主体的政策。二是加强农村文化建设和公共文化服务体系建设的政策。三是加强文化宏观引导和管理的政策。四是促进文化贸易和中外交流的政策。五是将财政支持文化纳入刚性指标。六是扩大文化领域与资本市场的衔接。七是推动文化和科技、旅游、信息等产业融合发展的政策。

从十年文化改革政策看，基本做到应投尽投、应免尽免，在中央支持、地方配合并发挥主动性、积极性之下，文化改革政策相比其他行业政策，更加优厚惠顾、丰富多样、体现特质，为研究更高视野、质量、水平的政策投放提供了经验和启示。不同行业、地区和单位，在改革过程中政策执行有快有慢、有厚有薄，也受制于其经济社会发展水平，存在不少困难。面对问题不足，需要加强沟通协调，及时总结梳理，研究提出更具可行性、操作性、协同性和前瞻性的政策，更好地支持改革。

5. 改革的评价

21世纪文化建设最鲜明的特征，是改革开放。对文化改革十年的评价，因视角不同而有所区别，但总体呈现四大特点：一是议程定制；二是规划部署；三是理论总结；四是路径依赖。十年文化改革循序渐进，有长远规划设计，有实践经验可鉴，与文化建设各个方面努力会聚在一起，正确处理好政府与市场的关系、建设与管理的关系、"引进来"与"走出去"的关系，保障了文化的主体性，走出一条中国特色社会主义文化发展道路。从现在看，这条道路由三大格局支撑：在核心文化产品和服务领域，构建以公有制为主体、多种所有制共同发展的文化产业格局，国有文化企事业发挥主导作用；在群众文化生活领域，以政府投入为主构建公共文化服务体系，国有文化单位在公共文化产品供给上发挥主力作用；在文化对外开放领域，秉持"以我为主、为我所用"的精神，形成"引进来""走出去"并举和"走出去"优先的文化贸易和交往格局，内资文化单位发挥主体作用。第一个格局，是力量的配置，关系国内文化市场的控制力、影响力；第二个格局，是政府的责任，关系公共文化产品供给的数量、质量和水平；第三个格局，是主权的捍卫，关系我国民族文化的保护、发掘、传承和弘扬。

二 文化改革攻坚的难点与思路

1. 攻坚的难点

回顾十年文化改革，参照相关文献，我们可以发现，这一阶段已有自觉自省、有所着力但仍待突破的难点：一是有厚度、有视野、有影响的精品力作不多；二是文化市场主体活力和竞争力不强；三是文化产业总体规模偏小、现代市场体系不健全；四是城乡、区域文化发展不匹配、不平衡；五是中华文化传承和创新都很不够、国际影响力有待增强。解决上述难点，关键是摆脱束缚文化生产力发展的体制机制、增强文化创造活力。

2. 攻坚的思路

文化改革攻坚，须认真把握2020年这个重要节点的国家建设目标。一是集中力量建设惠及十几亿人口的更高水平的小康社会，须依托改革开放，依托科技进步和创新。二是我国进入创新型国家行列，它是全面建成小康社会的重要支撑，也是文化改革面临的深刻变革。三是基本实现经济结构向以服务经济为主的转变，服务业增加值占国内生产总值的比重超过一半，总体发展水平基本与全面建成小康社会的要求相适应。文化改革突破是未来十年实现国家战略目标的关键之一。文化改革攻坚，须结合并服务于上述国家建设目标的实现，树立全局意识、整体思维，找准改革历史方位，参与重大进程，做出新的贡献。

文化改革攻坚，须认真把握过去十年文化领域的总体发展大势。一是文化以产业的姿态出现，改革开放以来我们对文化的认识经历了从一个属性（社会）到两个属性（社会和经济）的转变，文化产业作为一个概念提出并获得广泛响应，从经济属性看，文化与经济发展的联系日益紧密，深化文化改革、加快文化产业发展，是转变经济发展方式的重要途径、重要方面、重要任务。二是文化以基本权益的姿态出现，公共文化服务体系作为一个概念提出并得到广泛实践，它以政府投入为主建设，作为政府的基本职责，通过改革创新促进服务内容和形式的改善，保障有效文化供给，体现公平正义。文化产业的姿态与文化权益的姿态的高调、同步展现，要求结合实际对政府、社会和市场在文化建设中的功能进行科学定位，明确目标任务，形成合力。三是文化以软实力的姿态出现，文化生产力作为一个概念提出并广泛运用，我国不仅要有繁荣的文化事业、发达的文化产业、健全的文化市场、先进的传播体系，更要有文化领域的战略投资者，要有具备核心竞争力的文化实体，要有规模宏大、活力无限的创意阶层，要有世界影响力的思想、作品和人物。未来十年文化改革攻坚，须围绕文化的三种姿态展开，强化它的顶层设计。

文化改革攻坚，须认真把握文化的基础条件和发展目标。作为文化建设动力的改革创新，它的攻坚，要围绕增强微观组织的竞争力和宏观管理的引导力而展开，解决"适应"的问题，做好六个"衔接"：一是与我国进一步对外开放条件下的国际文化贸易规则相衔接（须要注意，这种衔接不是单向的接纳，而是基于谈判和协商，建立新的规则，维护我国的核心利益）；二是同小康社会人民更高期待的公共服务和文化消费相衔接；三是同依法治国加强法制建设也即国家法律法规政策相衔接；四是同国民经济结构调整和经济发展方式转变相衔接；五是同文化科技融合发展相衔接；六是同经济体制、政治体制、行政管理体制等改革相衔接。这六个"衔接"，实质是要适应经济基础、体制环境、社会条件、技术水平等方面的深刻变化，解放和发展文化生产力，实现文化建设与经济、政治、社会和生态文明建设协调发展，把文化资源优势转变为文化发展强势，"从文化资源大国转变为文化发展强国"。这将极大地彰显社会主义文化的生命力，唤醒文明型国家的自信心，增强国民的凝聚力。

文化改革攻坚，须认真把握文化建设的重点领域、关键环节。一是结合新阶段各类文化市场主体的现实要求、发展愿景，发挥政府在文化建设中的积极作用，履行职能、增强效能，创造良好的政策环境、法制环境和市场环境。二是根据公共文化服务的配置能力和人民期待，加大财政投入，调动社会力量，创新体制机制，扩大服务供给，提高服务覆盖，保障文化权益。三是根据消费结构转型升级的需求拉动和商业机会，推动文化产业快速发展，改善文化服务质量和品质，优化消费结构，丰富人民文化生活（从重投资、轻消费，逐步转向健全消费主导的文化经济发展模式）。上述三个方面，是文化建设的着力点，是文化改革攻坚的方向，对发挥正能量（国民教育水平的提高、文化科技投入的增加、深化改革开放的红利等），刺激文化产品创作生产、推动中华文化全球传播、增强国家文化软实力具有基础性作用。

三　我国文化改革攻坚的若干建议

党的十八大从政治高度，把文化改革纳入重大改革范畴，强调要以更大的政治勇气和智慧不失时机深化改革。迎战2020，文化改革攻坚要增强忧患意识、机遇意识、全局意识、责任意识，以文化的繁荣是发展的最高目标的认识高度，把加强文化改革的顶层设计与尊重基层首创精神结合起来，把改革的力度、进度与可承受的程度结合起来，把解决眼前问题与长期的制度建设结合起来，把自下而上的文化追求、期盼与自上而下调控的要求结合起来，求真务实，破解难题，取得新进展。

一是加强文化理论和发展战略研究。这是增强文化决策科学性的基础，是增强文化规划合理性的基础，是增强政府宏观管理引导能力的基础，是加强党的文化执政能力建设的基础，是增强文化改革攻坚针对性、全局性、系统性、协同性、前瞻性所不可或缺的。一方面，重视加强文化理论和实证研究。倡导跨学科、跨界研究，从部门改革研究拓展到社会大系统的全局性的文化改革发展研究，勇于把实践经验上升到理论，用理论创新成果指导文化改革方案及配套政策制定。另一方面，切实加强文化战略和规划研究。明确文化改革的终极目标，为理性、科学、前瞻、渐进、扎实地深化文化领域的改革开放提供战略遵循与努力方向。基于文化发展注重长期积累的特性和保持文化建设渐进性、稳定性的现实要求，强化战略设计，编制中长期的文化强国实施纲要，弥补五年规划和年度计划的不足，从一个更长的时间思考、谋划社会主义文化建设。如将规划期设定为2013年到2020年、2030年，文化发展战略、模式的研究延伸到2040年、2050年。

二是扎实推进国有文化企业改革。以壮大实力、增强活力和竞争力为出发点，应将国有文化企业改革摆上重要议程，列为文化改革攻坚的重要内容。借鉴经济领域改革经验，现阶段迫切需要研究制订加快国有文化企业改革发展的指导意见，对若干重大问题提出明确要求。首先，按照建立现代企业制度要求，完善公司法人治理结构，结合文化特性做出新的制度设计。其次，建立完善激励、评价和约束机制，加强股权激励、业绩考核等，注重质量和效益，推动企业稳定、可持续发展。第三，推动国有文化经济布局和结构调整，突出主营业务，组建以资本为纽带、跨行业、综合型的文化集团，增强企业核心竞争力。目前文化领域普遍多为专业性的部门集团、行业集团，规模小、半径短、实力弱，抗击风险能力和集成创新能力低。借鉴国际经验和做法，作为一个发展中的文化大国，应推动建立国际化、全产业链特征的骨干文化企业，并加强文化产品创新、文化品牌创新、产业组织创新、商业模式创新。

三是建立健全国有文化资产管理体制。一方面，对新情况、新问题要有专项研究、科学评估，比如，对现阶段以财政部门为主导、文化部门业务指导的监管体制的客观评价、利弊分析，对兼顾文化领域管理工作特性、要求的国有文化资产管理制度的设计，对中小型文化企业管理层收购（持股）的政策设计，对主管主办制度与出资人制度有机衔接的设计，等等。另一方面，研究制订国有文化资产管理办法，对若干关键问题做出统一规定，比如，明确国有文化资产保值增值的行为主体和责任主体，落实经营责任；明确文化企业产权转让要进场交易；完善文化企业内部管理制度、重大事项报告制度、企业法律顾问制度、监事会制度等，健全风险防范机制和突发事件应急机制，提高国有文化单位监管的实效性等。

四是统筹文化产业园区（基地）规划建设。加强文化产业园区（基地）建设和管理的指导，着力推进以增强文化创新能力和加强内外部协作支撑为核心的"二次创业"。这是改革攻坚的重要载体和抓手，也是实现到2020年文化产业成为国民经济支柱性产业目标的关键所在。第一，国家文化中心城市、各经济圈中心城市、东中西部特色城市群要在园区（基地）的资源整合、业态提升、产业带动上发挥积极作用。第二，根据文化企业特点，鼓励兴建基于网络技术的共享平台，服务文化企业集群发展，支持有条件的大企业建立开放性的工具平台。第三，以园区（基地）为平台推进大中小型文化企业之间的协作，形成产业链接，构建以骨干企业为中心、专业型小微企业提供配套支撑服务的协作体系，提升文化生产力。第四，加强对园区（基地）的业务指导、综合评价，对中央与地方共建或指导建设的园区（基地）、省市级园区（基地），根据专业特征、集聚规模、整体实力，划分等级，综合考评，发布文化园区（基地）评价指数。

五是增强文化投入及资源配置整体效能。保障文化投入高于财政经常性收入增幅，发挥市场机制作用，引导企业和社会增加文化投入，形成政府、企业和社会多元化、多渠道、高效能的文化投入格局，提高全社会文化投入占国内生产总值的比例。现阶段重点有三：首先，鼓励社会资本、大型企业投资文化，促进文化与国民经济各行业的深度融合，建立良性发展的文化生态机制；其次，加快建立鼓励捐赠和赞助的体系，研究制定社会捐赠文化条例，引导社会力量捐助、捐赠和投资兴办文化事业，"形成以政府投入为主、社会力量积极参与的稳定的公共文化服务投入机制"；最后，建立、规范和健全文化基金体系，形成国家与地方有效配合、渗透和辐射文化建设各领域、各环节的支撑机制。重视文化资源配置中政府、社会、市场的不同作用，从我国历史文化特性出发，复兴乐善好施的文化传统，在强调竞争文化的同时把和谐文化建设提升到一个新水平。注意把握政府引导、多元投入和统筹兼顾、突出重点原则，把资金用到关键节点上，惠及最大人群，发挥最大效益。在全国加大文化投入的条件下，倍加重视文化资金使用和监管，确保各市场主体资助机会平等、评审程序公正、支持标准合理，防范各种风险，做到未雨绸缪。

六是制定出台建设文化强国的创造型政策。建立健全文化创新体系、发挥整体效能是文化改革攻坚的重要原则。面向未来，宜探索制定包括但不限于以下政策：第一，文化企业要成为研究开发投入、文化创新活动和创新成果运用的主体，支持企业设立研发机构，加大对企业研发投入的政策支持。第二，促进文化研究、文化创新与高等教育的有机结合，培育有利于创新的学术氛围、工作环境、学习条件。第三，保护和运用知识产权，建立健全文化资产评估体系和文化产权交易体系，支持各类文化资产交易市场，规范运行管理。第四，推进国有文化事业单位分类改革，加强非营利文化组织建设，从我国历史文化传统中汲取智慧，在政府主导下界定、包容非营利文化组织，建立政府财政对非营利文化组织的资助体系，将其纳入文化事业范畴。第五，在全社会营造协作创新的文化氛围和环境，调动和激发创意个体、创意团队、小微企业的创造潜能，充分利用创新资源，形成各种创造竞相迸发、生动活泼的文化建设新景象。文化生产是一种复杂的创造性活动，要尊重人才、尊重劳动、尊重知识、尊重创造，把改革攻坚的过程变成发现、培育和凝聚人才的过程，发挥小微文化企业在文化创新中的独特作用，多予、少取、放活，推动形成大中小型文化企业相互协作、共生发展；在全球范围内，创造性地挖掘利用、会聚汲取各种创新资源，以创新才能、创新举措、创新成果，提高我国文化产品和服务的设计创意含量、文化竞争优势。第六，打破行业和市场垄断，创造公平竞争环境，政府服务对象无分所有制，不论大店小庙，一视同仁，包括项目征集、政府招标、定向资助、成果奖励等政策兼顾各类文化市场主体，增强普惠性。

七是加强文化立法、文化司法、文化执法、文化普法。文化强国建设要坚持依法治国基本方略，健全以宪法为统领的文化法律制度，依法治文，发挥人民主人翁精神，管理文化事业和文化产业。文化改革攻坚应面向未来，梳理需要研究制定、修改完善的法律法规及其配套实施细则，认真解决法律和法律、法律和法规、法规和法规之间不协调的问题，在整合归并、弥补缺项和规范管理上先易后难，重点突破，整体推进，加快文化立法进程，力争到2020年基本形成中国特色社会主义文化法规体系。建立法治思维，运用法治方式，推进依法行事，一方面注重加强文化资本、文化企业、文化产品市场准入的资质审查和管理，加强文化活动的行为约束；另一方面发挥文化行业协会、学会、商会、媒体等的自律、监督作用，发挥道德、舆论的作用，加强文化活动的道德约束。依法治文的最终目的，是建立法律规范、行政监管、行业自律、社会监督、企事业单位依法运营的基本格局，实现文化治理的依法合规，保障文化市场的繁荣有序，激发文化创新的旺盛活力。

北京市文化创意产业
政策实施情况评估报告

孙 博[*]

当今世界,国民经济发展的动力逐渐转移到具有更高附加值的文化及其智力资源上来。文化创意产业作为知识密集型新兴产业的典型代表,其发展成熟程度已经成为衡量一个城市乃至一个国家综合竞争力的重要指标。北京文源深、文脉广、文气足、文运盛,具备发展文化创意产业的独特资源与政策优势。2006年至今,北京市出台了一系列促进文化创意产业发展的政策,做出了实行"文化创新"与"科技创新"双轮驱动的战略部署,极大地促进了北京市文化创意产业的发展。2012年,北京市文化创意产业实现增加值2205.2亿元,占地区生产总值的12.3%,实现总收入10313.6亿元。在最新公布的《2013中国文化产业发展指数报告》中,北京以82.75的得分稳居全国之首。

党的十七届六中全会、"十八大",以及中共北京市委十届十次全会关于文化建设的一系列重要决策,给北京文化创意产业发展带来新的机遇。为适应"改革"与"转型"的发展需求,政府部门迫切需要对政策进行绩效评估以全面了解近年来所推出的文化创意产业政策的实施效果,发现问题、总结经验、探索规律,将文化创意产业政策的制

---

[*] 孙博,北京市文化局研究室研究人员,本文为首都师范大学文化研究院2013年度重大招标项目、民进北京市委2013年度主委项目"北京市近十年文化创意产业扶持政策效果评估研究"的阶段性成果。

定、执行、评估与完善作为政府部门推动文化创意产业发展的重要抓手，通过政策"善治"形成激发全社会文化创造力的体制机制，推动首都文化大繁荣大发展。

一 北京市文化创意产业政策的总体情况

经过对2006~2012年北京市人民政府、北京市文化创意产业领导小组及北京市文化行政主管部门出台的40余项文化创意产业政策的初步评估，可以发现，从政策构成体系角度看，目前北京市已建立起包括产业整体发展规划、综合性扶持政策、扶持重点产业门类发展专项政策、财政资金补贴、集聚区建设、文化市场管理、税收优惠和人才引进在内的政策框架体系。由于目前中央和地方财税管理体制的限制，市级财税部门没有权限出台仅适用于本地区文化创意企业的普惠性税收优惠政策。因此，北京市现行的文化创意产业税收优惠政策主要限于执行国家统一制定的优惠政策。同时，由于目前北京的文化行政管理体制和2006年出台的地区文化创意产业门类划分及产业实际运行状况不完全相符，因此尚未形成比较明确的"一业一策"的政策布局。但北京市正在努力研究制定首都文化发展的"1+X"政策体系，力争将更多产业门类纳入政策调整和优惠扶持范围，不断扩大政策的覆盖面。

从政策层级上看，现行文化创意产业政策多以行政主管部门依据管理权限出台的单行政策为主，政策调整范围主要是针对产业发展的某个重点环节或某些重点内容。而针对文化创意产业整体发展的激励政策一般是以北京市人民政府或北京市文化创意产业领导小组的名义发布的，属于普惠性政策。虽然政策数量有限，但由于政策层级和覆盖面都高于部门单行政策且在执行落实上基本都形成了自身的一套较为系统的实施管理细则，因此政策效果比较明显，在促进北京市文化创意产业发展上功不可没。

从政策调节手段上看，扶持类政策以财政资金投入为主，通过资金补贴、扶持奖励、贴息贷款等方式资助产业重点环节、重大项目、重要主体以带动产业整体发展。由于财政资金投入类政策属于政府常用的产业扶持手段，已有可借鉴的较为完整的制定、审查、颁布、执行、监督和考核程序规范，且相较于税收和其他公共服务类政策，市级部门在这类政策的制定执行上主动性和能动性较高，投入产出比例也能进行客观衡量比对，因此被政策制定主体广为采纳。市场管理类政策则多采取转发上级主管部门的规范性文件的方式，或以加强事前引导、事后监管的方式实现净化市场环境，维护首都文化安全的目的。

二 北京市文化创意产业政策存在的问题

一是政策相互之间协调性较差，系统性不强。在现行文化行政管理体制下，一个文化创意产业门类往往涉及多个管理部门，而政策的制定执行却要严格依据政府管理职能进行，统筹协调机制的匮乏与部门间的沟通不畅导致人为割裂产业环节，从而形成政策藩篱，部门政策间存在内容重合、调控冲突及管理真空等问题，未能形成"1+1>2"的政策合力。

二是产业扶持政策与市场管理政策存在冲突。近年来，政府职能改革、简政放权导致市场主体进入门槛降低，市场环境相对宽松；同时中央及地方关注文化产业发展的政策利好也激发了社会公众的投资热情。在这双重因素的作用下，北京地区文化创意产业主体快速增加，市场管理压力日益增大。北京特殊的政治地位决定了地方政府部门维护文化安全的责任重大，发展与稳定之间的博弈往往会使产业扶持政策与市场管理政策之间存在效果抵消甚至"收放"冲突的问题，政府主管部门制定相关政策时需审慎选择政策所追求的阶段性价值目标。

三是部分扶持政策评价标准存在偏差，陷入"越奖越坏"怪圈。在不合适的评价标准引导下，以营利为主要目标的企业考虑到投入产出比，做出的最优选择往往是重数量，轻质量，沉湎于追求短期的资本积累，而对创意等需要长期资金投入扶持的前端环节重视不足，忽视利用技术创新推动企业转型升级的长期利益，最终结果是产业呈现粗放式增长，结构优化缓慢，背离集约化、规模化、专业化发展的政策初衷。

四是目前文化创意产业政策体系构成的科学性差强人意。政府应找准定位,"好钢用在刀刃上",关注急需政策调节的重点领域和关键环节,而对市场机制能够发挥作用的领域,政府要减少干预。现行政策体系对于鼓励原创、扩大外贸、吸引人才等文化创意产业发展的关键环节扶持不到位。部分产业门类虽有扶持政策,但对产业的重点内容和核心主体扶持力度不够,严重影响了产业整体水平的提升。

五是文化创意产业扶持政策的公平性仍需提升。在政策扶持门槛、项目申报程序、企业自行配套投入等政策条件设定与政策落实的过程中,忽视了不同性质文化单位在信息获取渠道、资源配比方面的差异,导致很多政策的受益对象局限于有资源、有实力、有渠道的国有文化经营单位,亟待政策支持的民营文化主体成为被遗忘的角落,政策最终的实施效果是"锦上添花"多,"雪中送炭"少。

六是文化创意产业扶持政策的效率有待提高。烦琐的程序设定虽有利于保证政策实行的"程序公正",但在一定程度上也增加了企业的无形运营成本,处于生存压力下的文化主体出于经济利益考虑往往会选择"主动放弃";同时,现有以年度为单位的资金补助划拨方式与文化创意产业项目的投资回报周期不相吻合,资金扶持的时效性与针对性大打折扣,使有限的财政资金未能充分发挥作用,有碍"实体公正"。

七是部分文化创意产业政策执行不到位。一方面,由于政策制定时忽视了文化创意产业管理分散、生产和运营复杂等特性,政策制定得"花团锦簇",政策落实却"难上加难"。另一方面,现行的文化行政管理部门职能划分过细,权力分散,市、区县两级政府文化管理部门职能设定差异较大,政策制定与执行主体的分离导致政策实际执行效果与设定的理想差距较大,使政府部门事倍功半,扶持对象怨声载道,没有实现资源配置的"帕累托最优"。

八是政策执行需要加强监管与评估。目前,在遴选和评价文化创意产业扶持项目时多依靠主观判断,客观量化标准不足,这固然缘于文化创意产业自身的特殊性,却也导致评价结果容易受领导或专家个人意志左右,从而出现权力寻租。同时,现行政府工作机制多倾向于单向的信息公开，而在建立回应民众需求、处理投诉监督的双向信息沟通渠道上却"心有余而力不足"，信息的不对称导致政策制定执行过程中往往存在人为操作的"灰色地带"。在执行效果监督上也未建立起完善的绩效评估、审计核查以及责任追究制度，未能形成对政府不作为或作为不力的有力威慑，企业使用扶持资金的违法违规成本也极低。

九是文化创意产业政策扶持方式较为单一，创新不足。目前政策扶持多用财政补贴，而在知识产权保护、公共服务平台建设等产业配套服务方面则提供不足，政府扶持政策与企业实际需求之间存在较大偏差。同时，财政资金的投入方式和运行机制较为僵化，不能完全满足企业发展需求，亟待改进。在税收优惠政策方面也急需摸索出一套适合文化创意产业特点的，综合运用税率、纳税期限、征收管理、减免税等多种调节方式的政策体系。

十是文化创意产业政策的制定基础尚需完善。目前文化创意产业的数据统计问题十分突出。一方面，由于文化创意产业是新兴产业且发展变化较快，主管部门对产业门类的认识速度远远落后于产业的发展速度，行业标准和统计指标体系滞后，导致统计结果不能准确反映产业实际发展情况；另一方面，简政放权和相应管理权限的分离，导致相关政府部门难以完全掌握文化创意产业主体的实际情况。数据统计基础的薄弱已成为制约文化创意产业政策科学发展的关键所在。

三 完善文化创意产业政策的建议

制定文化创意产业政策的关键是摸清文化创意产业的发展规律，挖掘区域资源优势，把握地区产业发展特征，明确产业发展需求，解决产业发展问题。作为全国文化中心，中央对北京提出了建设社会主义先进文化之都、建成"六大中心"、发挥"五大作用"的要求，北京市则提出要实现文化创意产业融合式、内涵式、集约化、品牌化、国际化发展。因此，政府部门在制定文化创意产业政策时要始终坚持围绕总体定位，在政策的前瞻性、创新性和实验性上下功夫，力争形成一套可复制、可推广的"文化中关村"政策体系。

目前北京在发展文化创意产业方面的劣势主要在于：（一）北京的自然资源有限，城市发展承载力面对考验，无法在房租补贴、生活成本、人才引进等方面与外省市的宽松政策竞争。（二）近三年北京市文化创意产业增加值占 GDP 的比重始终维持在 12% 左右，急需突破发展瓶颈，实现转型升级。[①]（三）过于倚重个别行业，软件、网络及计算机服务业在产业总值中所占比重远超其他行业，[②] 文化创意产业门类之间的发展不平衡可能被整体产业增加值的乐观表象掩盖。（四）文化创意产业尚未成为北京的地区专业化产业，依据反映专业化程度的指标——区位商[③]来看，北京文化创意产业的区位商仅为 2 左右，与上海、湖南等省市大致持平，没有形成绝对优势，与北京在文化产业方面居全国之首的地位不相匹配。（五）文化体制改革仍需深化，在国有资本占比较重的文艺演出、新闻出版等行业，转制企业尚未成为完全的市场主体，生产力和创造力有待进一步释放。（六）北京文化资源虽然丰富，但大量资源集中于中央单位，尚未实现文化资源的有效统筹，未能充分发挥文化央企的作用，未能有效凝聚海外及兄弟省市资源。（七）目前北京文化市场发育并不充分，文化市场条块分割的问题依然存在，尚未形成合理顺畅的文化市场格局，市场竞争激励机制也不充分，文化市场主体还不够丰富多元，参与市场竞争、国际竞争的能力还不强。（八）各类产业配套要素市场发展滞后，文化产品和服务的流通渠道还不通畅，文化消费市场还有待进一步拓展，从创意到产品转换的市场机制尚不成熟。（九）受传统产业政策及用人机制制约，可为北京

---

① 在原计划出台的北京市文化创意产业"十二五"规划中，北京市对文化创意产业设定的目标是到"十二五"末，北京市文化创意产业增加值占 GDP 的比重达到 15%。

② 近年来，软件、网络及计算机服务业在北京文化创意产业产值中所占的比重基本维持在 40% 左右，只有 2005 年为 39.5%，而 2008 年和 2011 年则超过 50%，分别为 52.2% 和 52.4%。如果扣除该行业对于文化创意产业增加值的贡献，以内容创意为主的传统产业门类增加值占 GDP 的比重仅为 5.6%。

③ 区位商是指一个地区特定产业的产值在该地区总产值中所占比重与全国该部门产值在全国总产值中所占比重的比率，区位商大于 1，可以认为该产业是地区的专业化产业，区位商越大，专业化水平越高。2010 年全国文化产业产值增加值占全国 GDP 的比重达 2.8%，上海文化产业增加值占其比重为 5.67%，区位商为 2.02，略高于北京，湖南文化产业增加值占其比重为 5.2%，区位商为 1.85，接近北京。

所有、所用的文化创意人才，尤其是高端人才、战略人才流失较多，呈现出人才结构性短缺、管理水平相对滞后的局面。

因此，未来文化创意产业政策要针对不足，因地制宜，有的放矢，既要坚持积极引导，又要鼓励加快发展；既要遵守市场经济一般规律，又要遵循文化发展的特殊规律；既要追求经济效益，又要确保社会效益；既要保障国有资本的主导地位，又要充分调动社会力量的积极性；既要弘扬主旋律，又要提倡多样性；既要统筹兼顾，又要分类指导。在政策制定上要进行八大理念创新。一是要形成"以政府为主导，文化精英为主力，丰富多元的社会力量为主体，广大人民群众受益"的文化治理新观念。通过政策整合"央属""市属"、民营、国内、国际的文化资源，激发全社会投入文化建设的积极性，形成文化创意产业发展合力。二是坚持以需求为导向，改变过去单纯依靠政府投资、自上而下拉动产业发展的传统模式，通过政策营造良好的文化消费环境和氛围，形成自下而上、由社会需求等内生动力驱动的产业发展模式。三是适应目前文化与科技等相关产业融合发展的趋势，树立文化经济的战略思维，注重对文化资源的挖掘，坚持"大文化"的发展思路，充分发挥文化创意在赋予其他产业、产品文化内涵从而间接创造价值方面的作用。在政策制定实施上突破部门界限，将文化创意产业由部门推动上升为全社会推动。四是找准政府定位，政策重心应放在积极弥补市场缺位上，政府资金要向投入成本高、回报周期长的基础创作和产业核心技术开发等环节倾斜，以内容优势赢得文化发展优势。政府要加强搭建产业公共服务平台、优化产业发展环境等公共服务职能建设，通过建立健康规范的文化市场秩序和切实有效的知识产权保护体系吸引资源向北京集聚。五是要破除陈规，将产业发展与公共文化服务体系建设有机结合，转变公共文化产品和服务的供给模式，由"包办"走向"引导"，形成政府资金引导、政策鼓励扶持、社会主体广泛参与的公共文化服务供给格局，引入竞争机制，提高社会力量参与公共文化服务建设的积极性，形成公共文化服务体系建设与文化创意产业发展互促共赢的良性循环机制。六是树立科学的政策评价标准，时刻警惕唯GDP至上的评价倾向。协调好政策评价指标体系中质量与数量、经济效益与社会效益、直接效益与间接效益之间的关系,强化文化产品和服务"以文化人、以文育人"的思想引导作用。七是协调好扶持与管理的关系,坚持有限管理、柔性管理的政策导向。有限管理是指管住该管的,在市场调节领域要简政放权,为民营资本投入文化建设提供公开透明、平等准入、公平竞争的总体环境;柔性管理是指减少政府硬性干预,以引导为主,管制为辅,强调事前干预和事后监督,重视发挥行业协会等中介组织的作用,以行业自律代替政府管制。八是将分行业指导作为政策制定的基本原则,加强对北京文化创意产业不同门类发展情况的调研,逐步形成符合各门类特点与发展需求的"一业一策"。既要树立首善意识,通过政策巩固北京在全国具有比较优势的产业门类的地位,又要开放国际视野,对具有国际竞争力的行业,要敢于突破,先行先试,积极申请政策试点,要充分利用企业主体优势,造船出海、借船出海、买船出海,鼓励北京文化企业参与国际竞争。

在具体政策制定上,主要有以下五方面建议。

一是顺应趋势推出政策,促进文化与相关产业融合发展。据了解,市委宣传部正牵头制定促进文化与科技融合的政策,目前正就相关文件征求意见并完善文件内容;[①] 市旅游委和市文化局共同起草的《加快推进旅游与文化融合发展的意见》已提交市政府专题会议审议;市文化局与市商务委拟共同出台的《关于促进文化与商务融合加快发展新型文化业态的实施意见》也在征求意见、完善内容的过程中;市发改委提出的《关于进一步引导民间资本投资文化创意产业的鼓励政策》也已提交市政府会议讨论,待根据会议意见修改完善后,就将以市政府名义印发实施。各政策牵头制定主体应尽快推动文件正式出台,以政策促进文化与相关产业融合发展,真正发挥"文化创新"作为首都经济发展核心驱动力的作用。

二是积极弥补目前消费、外贸、人才等方面的政策缺位。2012年北京市人均GDP达到13797美元,已进入文化消费爆发期,[②] 北京城市

---

① 征求意见稿名称为《关于实施"双轮驱动"战略加快推进文化科技融合发展的意见》及《北京市推进文化科技融合发展三年行动计划(2013—2015)》。
② 根据发达国家的经验,人均GDP超过一万美元后,文化消费会有一个爆发性的增长。

居民消费正逐渐由"生存型"向"发展型"和"享受型"的精神文化消费转变。政府部门应抓住机遇，尽快出台鼓励文化消费的政策，将潜在需求转化为实际消费，将内需作为文化创意产业发展的重要动力。要积极出台政策发展对外文化产品与服务贸易，鼓励北京文化创意产业"走出去"，打造北京文化品牌，提升中华文化在国际上的影响力。在人才培养与利用方面，要积极出台针对文化创意产业人才特点的普惠性政策，加速文化精英向北京的集聚；通过政策健全人才培养体系，完善人才激励保障机制，营造适合人才脱颖而出的良好氛围。

三是加强重点产业门类扶持政策的针对性与实效性，巩固北京优势产业在全国的领先地位，在推动产业"全面发展"的同时推出"拳头项目"。文艺演出产业要加强对剧场的政策扶持力度，设立专项资金鼓励社会资本投资剧院建设和升级改造项目；加强剧院与演出团体的对接，盘活现有剧场资源；推广演出院线经营模式，增强北京演艺产业的影响力。电影产业目前产业化和市场化程度较高，在注重经济效益的同时，要通过政策加强对于精品创作的鼓励扶持，争取推出一批代表北京电影发展水准、具有全国乃至世界影响力的精品力作。艺术品交易产业要加强对画廊等一级市场主体的政策扶持，理顺一、二级市场发展的关系；利用北京艺术品交易市场份额在全国总体份额中的绝对优势，以艺术品鉴定试点工作为契机，积极出台政策完善相关制度，逐步规范艺术品交易市场秩序；总结2012年推动降低艺术品进口关税经验，进一步研究在试点地区推出艺术品专项税收优惠政策的可能性，减轻企业税负，促进艺术品交易优势资源向北京集聚。动漫游戏产业要加快对现有政策的调整完善，加大对原创环节的政策扶持力度，倡导企业自主创新；进一步出台政策加强知识产权保护，净化市场环境；利用政策鼓励引导动漫制作机构加强对新兴传播平台的利用，针对新渠道开发新产品，形成新型营利模式。

四是要通过政策引导优化首都文化创意产业布局。通过政策调节发挥区县的积极性与主动性，出台有利于发挥自身产业和资源优势的区域性产业扶持政策；根据各区县在首都经济发展中的不同功能定位分别设定不同的扶持政策，形成差异化、互补化、竞争化的"阶梯形"

产业发展格局，引导全市形成"一区县一特色产业"的总体布局；考虑引入市级文化创意产业集聚区退出机制，对于重复建设、效益不佳、"以文化为名，地产为实"的项目要及时予以清理整顿。积极出台政策鼓励集聚区与周边资源联合发展，发挥辐射带动作用；通过政策推动集聚区实行精致化、分众化、人性化的管理服务，以管理服务水平的提升增强集聚区对企业、人才和资本的吸引力。

五是要进一步深化文化体制改革。巩固现有文化单位转企改制的成果，推出配套政策，加大对文艺院团、出版单位、影视机构等转企改制单位的扶持力度，"扶上马，送一程"，推动已转制文化企业加快建立现代企业制度，增强市场竞争力和创造力，进一步完善转制单位的配套服务体系，减轻企业压力。转变财政资金投入方式，由"财政养人"变为"财政养事"，提升政府资金的使用效率，放大资金的杠杆效应。加强对于社会资本投入公共文化服务领域的政策扶持，形成多元化的公共文化服务和产品供给主体，以公共文化服务体系建设带动文化创意产业增长。加强对公共财政资金投入的统筹规划，重点强化政府在提供配套公共服务设施和搭建产业公共服务平台方面的作用，降低文化创意企业的创业、运营和维权成本。

在政策制定实施上要重点做好以下工作。

第一是在文化创意产业政策制定上尽量打破固有文化行政管理体制的条块分割。如条件允许，可参考中央"大部制"，成立北京文化工作委员会，整合各部门职能，形成文化创意产业政策制定和执行的统一主体。如条件不成熟，则要强化北京市文化创意产业领导小组的统筹协调作用，出台统一的政策制定规范与程序要求，形成北京市文化创意产业政策的"立法法"，理顺各部门之间关系，构建顺畅的沟通协商机制，形成层级清晰、分工明确、覆盖全面的政策制定体系。

第二是考虑到文化创意产业政策的特殊性和专业性，要充分重视以下三方面的基础工作：（1）政策制定前的全面调研。文化创意产业强调创新、创意、个性和特色，产业与新兴科技手段结合紧密，更新换代速度极快，受社会热点和文化思潮影响也很深，因此在政策出台前要下大力气扎实做好相关领域的摸排调查，认真了解政策需求，总结产业发展规律。政策制定过程中要有专门的程序，保障调研工作的落实到位，做到"没有调查就没有发言权"。（2）培养文化创意产业政策专项人才。文化创意产业在我国发展起步较晚，产业兼具意识形态与经济价值双重属性，因此在政策制定与执行过程中难以借鉴移植传统产业的现成经验，产业发展规律需在实践中不断摸索。同时，文化创意产业主体大多小、散、弱，行业协会等中介组织发育不全，代表行业统一发声尚需时日。因此需要培养一批既懂公共管理，谙熟政府规则，又懂文化创意产业特性的专项人才，充分发挥其在政策制定主体与政策对象间的桥梁沟通作用。政府一方面要加大人才培养力度，建好文化创意政策专项人才的"蓄水池"；另一方面要博采众家之长，通过体制机制建设吸引不同背景、不同身份、不同国籍的高端文化人才为政府决策提供智力支持。（3）要夯实文化创意产业政策的数据基础。解决现有的文化创意产业统计制度和监测体系滞后于产业发展的问题，对于尚未建立起独立统计监测体系的行业，要尽快研究建立、完善产业统计指标体系和统计制度。

第三是要创新文化创意产业政策调节手段，形成财政、税收、土地、金融等多层次的政策支撑体系。要多采用市场经济的办法，充分发挥市场在资源配置上的基础性作用，减少行政直接干预，政府要在土地、规划、法制等方面加大政策调控力度，为产业发展创造良好环境。要创新财政资金投入模式，加强陪同投入、配套投入、政府采购、特许经营等手段的应用。在税收政策方面，要注重对于文化企业的间接税收优惠手段的应用，积极通过税率、纳税期限、征收管理、出口退税、成本核算、亏损弥补等多种手段促进文化创意产业发展。

第四是加强政策执行监督。（1）在政策制定过程中就要考虑为执行部门预留适当的政策空间，为主体在实施时制定更为适宜的配套执行政策创造条件，确保政策的科学性和可行性。（2）要建立政策执行效果问责制，积极引入第三方机构、新闻媒体和社会力量进行监督，增强对政策执行不端、不力行为的威慑力，提升政策执行效率。（3）要建立公正高效的政策绩效评估体系，考虑到文化创意产业自身的特点，在设计评估指标体系时，要注重将主观与客观、定量与定性分析相结合，既突出经济指标，又强调社会效益，确保评估结果真实客观反映政策问题，回应社会政策需求。（4）在合理的政策绩效评估基础上加强文化创意产业政策的"立、改、废"，建立政策调整退出机制。对于有调整空间的，及时对个别条款进行修改、补充和完善；对于不适应新形势需要或者无法发挥作用的政策要及时废止；对于政策真空，要及时制定政策弥补充实；对于确实行之有效并有发展空间的政策，要考虑以扩大适用范围、提升效力层级等方式将政策成果固定下来，形成长效机制，示范引领全国。

借力整体性文化创新
建立文化管理新机制

高宏存[*]

文化发展是一个系统工程，成效受制于制度设计、文化政策和政府管理实践等不同层面。当前，文化管理部门如何在深化行政管理体制改革中，更好地转变政府职能，调动社会各方力量，促进文化源泉充分涌流，繁荣首都文化，需要在理念、制度、政策、管理等方面大胆创新探索，寻求文化发展的合力机制。

一 开掘制度红利，完善国家文化中心发展的政策体系

文化是"制度之母"，文化认识本身需要不断创新。要进一步解放思想，推动整体性文化创新，实现理念认识创新基础上的管理制度变革，开掘制度"红利"，特别是要在已确立的国家文化中心建设目标任务、文化分业管理的现实基础上，探索北京市实现大文化整合的实现途径。

一是要确立大文化部门理念，形成完整的文化发展政策体系，弥补政策合力不足、综合效应无法充分显现的问题。北京建设世界城市，实

---

[*] 高宏存，国家行政学院社会和文化部副教授。

现产业转型升级，要更好地发挥首都文化服务功能，要形成与中关村科技创新国家示范区一样的文化政策体系建构，推动国家文化中心建设。首先，以文化管理理念自身创新推动文化发展，注重文化发展和社会变革发展相协调适应，呼应社会文化需求和要求；还要推动文化事业与文化创意产业发展之间内部关系的协调。其次，文化发展不是文化部门能够独立实现的，而是社会系统工程，它必须和教育、科技等捆绑式协调发展。要更加自觉地落实大文化发展理念，调动文化部门与其他综合部门的"跨部门"协作，特别是文化与发改、财政、国土、金融、规划等部门的协调，夯实文化发展的体系保障。最后，要加强文化部门内部沟通，尽可能减少文化分业管理带来的制约和行业壁垒。北京市可以为服务于国家文化中心建设，探索建立有效的"跨部门"、部门间文化管理联动机制，推动首都文化发展。

二是要完善文化系统自身的相关政策，挖掘制度红利。在目前的政策安排和体制下，作为担负文化管理主要职能的文化机关，也可以主动有所作为，借助于完善职责范围内的文化政策和管理方式，推动文化建设获得更大发展和成效。从演艺业发展来看，演出行业发展是文化繁荣的一个重要表征，涉及设施运营、内容生产、文化消费、市场环境等多方面建设。虽然北京市出台了促进舞台内容生产的奖励办法和激励措施，但过高的票价成为第一制约因素阻碍了公众走进剧场，政策并未对演艺业繁荣发挥引导作用。究其实，要辩证施治、综合施治，打通政策全过程的关键环节，从内容生产、设施运营管理、生产流通环境完善、培育消费等全链条再造修正，才可能真正促进演艺行业健康发展。文化部门在转变观念的同时，还要挖潜改造，才能提高政策成效，实实在在地推动文化繁荣。

三是评估以往文化体制改革的政策效果，不断加以深化完善。最近十余年的新一轮文化体制改革，着眼于适应市场经济体制的建立，不断调整完善文化管理理念和文化政策，文化单位区分"经营性"和"公益性"，做出经营性文化单位转企改制的制度安排，提出了加大公共文化服务体系建设，文化管理的方式和方法不断创新，极大地促进了文化发展繁荣，文化竞争力获得很大提高。但由于缺少系统性政策设计，部分政策实施成效受到很大制约，难以取得预期效果。同时，文化政策和管理改革牵一发而动全身，与社会其他领域的改革配套关系密切，单兵突进也未能有整体推动的实效。

北京在这一轮文化体制改革中，在很多行业领域都做了有益的尝试和实践探索，比如北京儿童艺术剧院（简称"北京儿艺"）转企改制、朝阳区文化馆的文化建设和服务实践等。因此，现在非常有必要回溯总结和调查研究这些改革实践单位的实效，总结经验得失，找到下一步文化改革发展的启动点和用力点，深入推动文化发展。比如，北京儿艺转企改制后，股东构成、隶属关系发生了几次变化，到底是促进了北京儿艺发展活力还是依然没有调动文化单位的积极性和主动性？文化发展面临什么样的新的制约因素？同时，也要更加注重文化内容的创造繁荣，营造更为宽松的管理环境氛围，毕竟文化繁荣发展与个人创造力发挥、文化环境、文化管理水平等因素密不可分。今天，我们更加需要宽松的内容创造环境和管理方式，对社会文化创造活力不是限制，而是允许大胆探索尝试，宽容批评，从而让北京的文化更有吸引力和竞争力，文化发展环境更具有弹性和张力，而不至于出现类似小剧场安装摄像头以强化管理的办法和意见。因为这违背了文化自身的规律，过度重视规范管理而忽略乃至有意漠视了文化创造的特点。

二 建设文化治理格局，形成社会化文化管理新模式

强势政府具有强大动员能力的积极方面，但同时往往也会抑制市场创新活动，而文化领域更是最依赖创新的行业，因此，政府需要不断深化职能转变，给文化创造活动足够的社会空间，否则就会抑制乃至阻碍文化创新。

一是文化管理部门要适应文化不断融合的趋势，尽可能实现文化管理大部门制。北京市可以做先行一步的管理体制探索，努力探索适合我国文化发展的新型行政管理模式，特别是在地方副省级城市以下的文化、广电、新闻出版都实现了部门整合的现实条件下，北京的文化管理体制还停留在过去的管理框架中，已经滞后于现实发展实践。完全可

以以这次广电部门和新闻出版部门的实质性合并为契机,让北京的文化体制改革走得更远些。比如,可以重新定位文化管理部门的公共文化服务管理职能,在过渡期内适当保留产业管理职能的前提下,探索剥离产业管理功能,彻底实现市场主体的独立地位,政事、政企、政资完全分开,文化管理机构职能集中于公共文化政策的制定和公共服务。随着网络技术的发展,三大电信运营商都在往传媒方向发展,因此文化传播的一些平台在工信部门管理下,可以探索传媒管理机构与工信部门的合并,整合媒介管理职能,实现融合管理规制,适应网络的融合发展和新媒体的壮大,完善媒体管理制度。同时,文化产业也越来越从"分业发展"走向融合发展,文化产业内各个行业主管部门主导的发展,将越来越为跨行业融合发展所取代,甚至为文化经济普遍融合发展所取代。只有在更大层面上加强合作与联动,回应文化领域出现的新变化、新趋势,才能更好地管理好文化,发展好文化。

二是调动多元主体参与公共文化服务,探索公益企业模式从事公共文化服务的提供。政府加大对公益性文化事业的投入是职责所在,但这种投入模式并不意味着所有公共文化事务全部由政府包办。实际上,社会力量支持公益性文化事业发展已经成为一股社会自发的积极力量,民间在兴办公益性文化事业方面有着极高的热情,现在全国各地涌现的由民间资本或社会个人推动的博物馆热就是一例。同时,经营性文化产业也承担了某种公共义务,许多产品和服务也有很强的公共性,政府要引导文化企业重视公共价值,实现社会效益和经济效益共赢,文化产品才能实现效益最大化。长期以来,社会组织登记制度一直制约着我国社会力量从事社会性公共服务的开展,但在今年的"两会"上,国家给四类社会组织登记的松绑为社会力量参与文化事业提供了机遇。在培育和吸引社会力量从事公共文化服务的过程中,完全可以在既有体制下探索"公益企业"模式从事公共文化服务。市场化的运作方式、公益性的文化服务内容、不是以营利为目的的私人企业(营利组织),属于公益性质,它们的兴起实现了运营机制的市场化,保障了服务效率和运营机制的灵活性,使公益性文化事业、市场社会需求与市场功能获得了高效结合。公益企业模式从事不具有市场竞争性产品的供给,往往是市场化条件下实现公共服务效率和品质的一个重要途径，但在我们国家并不存在。北京市完全可以进行试点探索，在政府公共文化服务体系建设中做一种运行机制上的新尝试。

三是试点文化机构新管理模式，提高公共文化机构管理绩效。政府在推进公共文化服务网络建设过程中，不论是服务网络、文化产品供给，还是设施网络建设，都成为保障公共文化服务实现的支撑要件。但在传统的文化事业单位管理体制下，没有摆脱官方和公职人员为中心的旧有模式，公共文化服务不适应社会开放化、自由化的潮流。最近这些年财政投入增加，建设了一大批文化标志性建筑，其中就包括很多大型公共文化服务设施，但我国公共文化设施管理体制和运营机制与现实发展严重不适应。不论设施运营单位的性质如何、内部构成怎样，市场经济条件下如何运营好这些大型公共文化设施，建立内部完善的、富有活力的竞争机制，吸纳专业性社会人士、专业人士和基层群众，调动不同社会主体参与文化设施的管理、运营和服务，既发挥好政府财政投入资金的引导作用，也能够实现文化服务管理的多元化、高效率、高品质，已经成为运营管理好大型公共文化服务设施的一个迫切需要解决的实践性课题。因此，文化管理需要政府部门改变过去政府一家主导的固有模式，要吸纳社会力量，形成一个共同参与管理的"共治"格局，给共同治理的各方足够的权利，这既能增强传统文化机构管理的活力和效率，也能形成一个各方共赢的"善治"局面，从而探索建立适合我国不同阶段社会发育特点的文化管理新模式。

三 营造社区文化空间，最终保障实现文化民权

不论是文化理念变革推动的文化管理创新，还是新的管理政策和制度变革，都极大地增强了文化发展的活力，推动了我国文化产业的持续发展。但文化软实力的提高、文化的持续发展都必须依赖基层文化基础的扎实稳固。因此，城市基层社区和农村的文化建设就是一个最根本的着力点。

一是更加尊重社区居民文化主权、选择权和文化创造权。作为社会

成长空间的最重要组成部分,社会文化空间格局越来越多元,这既是文化繁荣的标志,也是保证文化创造活力的社会环境。

在为社会提供文化服务方面,长期以来我们已经习惯了文化管理由政府主导的思维方式,以供给模式主导社会文化生活和服务,带来了文化服务内容和公众需求的脱节,以及无效供给的增加。因而,政府要更加尊重社区居民和农村居民原有文化生态的保护和传承,并加以有效引导,给予必要扶持,实现社区和农村文化的"再造"复生,而不是把政府认定的主流文化强行移植到社区和农村,其实,这样做也难以取得实效。要更加关注居民文化需求,实现文化发展动力从"推动"到"拉动"的转变,变革政府文化服务的方式和思路,以实现社会文化活力的自身孕育和激发。要更加重视市场主体的作用,在放松简化社会组织登记管理的环境下,积极吸引培育不同类型社会性力量和组织投身于公共文化服务,激发社会文化活力。比如,对民营小剧场的扶持和发展,就为北京市整个演艺市场的活力、文化消费者的培育、演艺内容创作精品的发掘、演艺市场竞争活力的激发、首都文化旅游"内容物"的丰富等,做出了巨大的贡献。但是,它们也面临很多发展困局,需要政府及时扶持和帮助,纾困解难,有效引导和推广。

二是更加充实建设社区和农村文化空间。社区文化中心是满足市民文化需求的强有力补充,据北京市统计局2012年北京市民公共文化参与和需求调查分析报告显示,目前北京市共有319个文化服务中心(文化站),"十二五"时期力争实现2500个社区都有自己的文化活动空间。基层文化活动空间不足成了一个制约基层文化活动的重要因素。没有固定的场所和文化空间,文化活动对文化内容的展开就无法实现。就文化服务内容需求而言,社区文化中心所提供的众多文化服务中,最受欢迎的前三类项目分别是健身和球类(52.7%)、舞蹈(31%)、培训与讲座(27.8%)。文化设施不足、社区文化活动也列在"市民最期待改变"的文化事项的前三位,已经成为制约社区文化发展的重要因素。

三是要整合社区资源,吸引居民参与。社区文化活动既要实现文化"软"整合,也要实现资源"硬"整合,唯有实现价值整合才可以催生、培育、凝聚社区精神。目前社区文化活动大多难以发挥作用,居民参与度和评价度都较低。调查显示,在各类文化产品和服务活动中,社区文化活动评价最低,只有36.7%的被调查者表示社区文化活动满足了他们的需求,24.7%的被调查者表示在一年内参加过社区文化中心的活动,供给和需求的矛盾充分显现。另外,社区居民是社区文化活动主体,但他们的参与度还远远不够,需要调动更多的主体参与进来,加大社区组织培育。比如,社区文化社团的资源整合不够,社区社团是社会建设和管理的重要依托力量,社区文化社团还不能够担当社区精神的引领者角色,如何培育和发挥文化类社区社团在基层公共文化服务中的功能?目前社区文化多为福利化形态,可以探索产业化转变,多寻求社会力量的扶持,未来社区文化社团就需要在文化引领下,更好地发挥在社区建设中的灵魂作用,把社区文化基石夯实,把社区文化服务落到实处,把社区建设成公民文化权益实现的重要场所、文化活力迸发的重要动力和支撑。

文艺演出院线：以市场的力量
深化文化体制改革
——加快推进我国文艺演出院线建设的若干思考

孙凤毅[*]

随着我国文化体制改革的日渐深入，作为整个文化产业链条中重要一环的文艺演出院线建设为文化体制改革的深化提供了一个新的突破口。2009年，国务院《文化产业振兴规划》将"建立全国文艺演出院线"作为振兴国家文化产业的战略性举措提出来。《国家"十二五"时期文化改革发展规划纲要》提出要"加快文艺演出院线建设"，"组建若干家剧场连锁经营公司，激活演艺市场"。发展文艺演出院线，推动主要城市演出场所连锁经营，实现演出市场规模化、集约化发展，已经成为我国推动演艺产业发展的关键所在。加快文艺演出院线建设，不但有利于促进我国文化产业结构升级、实现规模化发展，而且也有利于为我国文化体制的深化改革寻找到一个新的突破口。

一 "文艺演出院线"的界定与目的

院线制最早起源于美国的电影业。在引进我国之初，这种制度首先被应用于电影业并取得了成功。受到电影院线制蓬勃发展的启发和鼓

---

[*] 孙凤毅，中央财经大学文化与传媒学院副教授。

励，院线制开始尝试性的运用于文化演出领域。所谓文艺演出院线就是指以资产联结或签约加盟的形式组建的具有独立企业法人资格的剧院、剧场连锁经营实体。通过文艺演出院线的建立与发展来实现演出市场资源的整合，摆脱演出主体独立经营时的种种弊端。通过统一采购、统一经营降低成本，打通演出产业链，形成规模经济，打破地方保护，实现互利共赢，达到演出资源最大化利用。由此激活整个演出市场，降低演出交易成本、扩大文化消费，推动演艺产业规模化、专业化和集约化发展。文艺演出院线实行公司化的运作，整合演艺产业资源，规范、提升剧院管理，促进演艺产品流通，统一节目采购、统一节目制作、统一品牌管理、统一营销、统一票务、统一广告、统一舞台灯光和音响设备，实现资源共同利用，产业共同发展。文艺演出院线的出现不是偶然的，而是我国演艺产业适应市场产业化发展规律的必然结果。从我国深化文化体制改革的角度，不难看出文艺演出院线的提出与推行所蕴含的现实意义与历史价值。

二 文艺演出院线助推我国文化体制改革的作用日渐显现

我国演出院线的探索始于2005年。经过短短几年的发展，文艺演出院线正逐渐激活演出领域的生产要素，并为这些要素实现了合理有效的市场化配置。对于我国演艺市场的发展而言，文艺演出院线的提出具有极其重要的作用和意义。

1. 产生规模效应，形成规模经济，有效地降低演出成本。参照电影院线体制建立文艺演出院线，实现演出院线剧院的标准化管理，建立统一的节目制作与配送体系、市场推广系统、票务营销体系和运输体系等，通过规模化优势大大降低演出成本，提高剧院资产使用效率。文艺演出院线实行集中采购，统一输出产品，建立统一的市场销售渠道等可以形成巨大的规模优势，最大限度地降低院线的运营成本。文艺演出院线因其采用"全国巡演+少量驻演"的经营方式，不但可以降低原创剧目的投资风险，而且能够有效地降低单场演出成本；通过全国巡演、增加演出场次所形成的规模经济，使演出成本大大摊薄，从而使演出票价保持在一个合理的位置，让观众消费得起高质量的文化演出，共享优质演出资源，从而活跃繁荣区域内的演出市场。

2. 为各地剧院提供优秀剧目资源，摆脱"有剧院无剧目"状况，繁荣当地演出市场。让内容流动起来，让剧目巡演起来，是文艺演出院线的核心价值和核心竞争力所在。文艺演出院线通过连锁经营为院线的成员剧院提供丰富的优秀节目资源，尤其是对消费潜力迅速提升而演出市场开发又较浅的二三线城市，可以有效繁荣当地演出市场。现在很多大剧院名不副实，由于演出资源不足，演出成本高，一些大剧院甚至成了政府的会场，而演出寥寥无几，这造成剧院资源的大量浪费。演出院线可以实现以销定产，委托创作，促进院团实现订单式生产，为院线加盟成员提供了丰富的节目配送体系，有时还有针对性地为加盟成员提供"量体裁衣式"即定制化服务。

3. 盘活闲置场馆资源，提升国有资产运营管理。据不完全统计，目前全国大小剧院、剧场有3000多家，但除了北京、上海以及少数地区的几家大剧院建立了良性的市场运行模式外，其他各省市的大部分剧院都未进入良性运转轨道，常年处于闲置状态。演出院线的发展不仅有效盘活闲置场馆资源，而且也为当地树立文化坐标、提升城市文化形象做出了贡献。深圳大剧院2010年加入中演院线后，演出剧目数量和演出质量均大幅提高，全年共演出236场，创下其22年来的最高纪录。① 院线公司将剧院剧场资源有效整合起来，还有利于形成统一规范有序的管理机制和经营秩序，提高各地大剧院和中小剧场管理水平，使国有文化资产运营盘活起来，提升固有文化资产的保值增值，这对促进国内剧院经营管理规范化将起到非常重要的作用。

4. 激活民营演出院线，助推演艺市场繁荣。北京贯辰传媒打造的大隐院线——首家以话剧演出为主体的民营话剧院线，在全国各地省

---

① 祁述裕：《中国文化产业发展前沿——"十二五"展望》，社会科学文献出版社，2011，第97页。

会城市大约有20个剧场，2012年舞台剧演出超过1000场。全国首家以青少年儿童剧为主体的演出院线——中青院线，在全国拥有15家分支机构。杭州金海岸演艺院线以设立分公司和租赁剧场的方式经营11家剧院。由本山传媒投资运营的刘老根大舞台已经逐步发展到北京、天津、哈尔滨等城市，拥有9家连锁剧场，年演出约3000场，总票房收入2亿多元。[1]它在扩张速度上虽不及国有剧院演出院线模式，但经济效益相当可观。

5. 演出院线的运营模式已经初步形成。现在，国内较为有效的演出院线经营模式主要有三种：一是保利演出院线直营模式，这是一种严格意义上的专业化院线管理模式。企业对剧院具有自主经营权，有利于形成统一有序的管理机制和经营秩序；同时实现节目采购与推广运营的一体化连锁管理。二是联盟模式，如中演模式，建立标准化、专业化运作流程，通过剧目定制、集体采购、引入基金等方法，实现集约化经营。这既节约了成本，也让许多缺少演出资源的剧院获益。三是像赵本山所实施的刘老根自营模式，自主开发、自主管理、自主运营，通过培养自己的明星来促进全国连锁院线剧院的营销与推广，该模式也收到良好效果。

6. 消费者成为最大的受益者，符合文化惠民的基本要义。文艺演出院线可以集中"采购"和"批发"国内外演出，将有助于降低演出成本，从而降低票价，使得公众能够以更便捷的方式、更低廉的价格，享受到更优质的演出，这符合文化惠民的基本要义。文艺演出院线是借助成立全国性演出资源（剧目）配置中心，在全国范围内对演出项目实行统一经营、统一采购、统一配送、集中制作、统一营销推广，借鉴现代先进成熟的物流管理经验与连锁运营模式，可以极大地解决分散管理所带来的物流成本增加问题，大大减少院线加盟剧院（场）的成本，从而使剧院演出剧目的票价降低，惠及广大消费者。

---

[1] 祁述裕：《中国文化政策研究报告》，社会科学文献出版社，2011，第143页。

三 文化体制改革的滞后制约着文艺演出院线建设

尽管整个演出行业实现了初步的市场化,取得了可喜局面,但是我国文艺演出院线的建设依然面临来自演出行业二元体制并存、转型并未到位、现代演出市场体系尚未形成等问题的困扰,加之所有制壁垒、地区壁垒和部门壁垒等问题依然存在,在推进我国文艺演出院线建设过程中可能会面临一些新问题。

1. 拓展仍有困难:地方保护成最大障碍

与文艺演出院线建设最直接相关的一个问题是如何打破长期以来所形成的地域分割的市场体系。在我国的文化体制中,不论是院团还是剧院(场),其分布都是按地域划分的;按照行政区划或行政管理层级的不同,分别设置相应的包括各个剧种在内的文艺院团,接受不同主管部门的行政管理,形成了一个区域分割的文化市场体系;适应我国市场经济发展要求的全国统一有序的文化市场体系并未建立起来,地区之间的行政壁垒、行业垄断、区域封锁等诸多藩篱阻碍着全国性的文艺演出院线的建设。由于我国文化体制改革的滞后性,各地的文艺院团地方保护心态严重,担心全国文艺演出院线的推广会影响地方利益、制约地方本土特色文艺发展,对具有浓厚地方色彩的演出剧种造成冲击,因此,盲目地排斥外来剧目;也有某些地方领导认为全国性文艺演出院线会造成当地的演出项目品种单一、部分剧目票价过高、地方收益外流而使本地区利益受损。这些都成为跨地区的全国性文艺演出院线发展的障碍。

2. 联盟式"半"演出院线形式还有待进一步完善

松散式联盟还称不上是完全的文艺演出院线,因而有人戏称为"半"演出院线;因为它在某些时候更像是一个演出公司和剧院老总们聚会和联络感情的沟通和交流的平台,而不是具有实质性资本的联合体;在联盟的平台上运作项目,更多的是依靠传统的"人脉式"的操作方式而不是依靠市场经济规律或法则来进行的,自然也就无法获得现代院线制所带来的资本和规模上的优势。目前演出联盟基本上都是既有演出中介组织，又有剧院，并不是纯粹的剧院之间的联合；相较于发展成熟的电影院线来说，演出市场面临的区域分割的现状更为严峻，整合起来更具难度。① 未来，从联盟到院线，是大势所趋。

3. 演出市场尚未真正完善与成熟

我国演出市场目前仍然处于不发达阶段，尚没有真正完善和成熟，其表现如下。

（1）高品质的原创性剧目不足。目前高品质的、适合商业演出的原创演出剧目数量有限，制约了演出院线的发展速度。演艺节目从题材到内容以及运用的艺术形式，都需要一种求新求变的创新意识，只有增强原创能力，才能提高核心竞争力。

（2）院线演出剧目侧重于迎合高端市场。高端市场以票价高、档期短为特点，演出市场缺少中低端市场。例如中演的项目都是以高端剧目为主，很难适应大部分城市中观众的消费水平和欣赏水平，曲高势必和寡。随着院线旗下剧院数量的增加，如何同时满足不同市场对演出产品的不同需求，对于演出产品供应商来说无疑是个难题。

（3）演出市场赠票问题严重。除公益性演出外，大量赠票性的演出活动，也极大地冲击了正常的商演，这对亟待培育的演出市场来说极具破坏性。FT中文网《中国演出票价为何贵？》透露，据不成文的规定，每次举办大型演出，演出商要给各级主管部门、媒体、赞助商留座，加起来要占所有座位的30%~40%。为了演出效果，演出商会发放一些赠票给观众，这又让观众养成了不想买票只想要赠票看演出的习惯。

（4）演出产业发展处于初级阶段，产业化程度不高。可复制性是文艺演出院线成败的关键，而可复制性的前提是演出产品的标准化，制作流程的标准化、管理运营的标准化、营销推广的标准化；全国性文艺演出院线的连锁式发展依靠的就是演出剧目的标准化体系，标准化体系是整个演出产业链条的核心，标准化也是演出产业实现规模化发展的基础和前提。文艺演出院线最大的优势就是能够实现规模化，通过规

---

① 曲晓燕：《从联盟到院线：成长的道路不平坦》，《中国文化报》2009年8月14日。

模化优势实现规模经济,最大限度地降低生产成本,取得最佳的规模效益,进而推动我国演出产业化程度的提高。但是,在我国演出产业尚处于初级阶段的情况下,要最大限度地降低演出成本,就必须实现演出产品的规模化运营,提高演出产业的市场化程度。因此,演出产业的市场化程度成为制约文艺演出院线发展的关键因素。

四 深化文化体制改革,推进我国文艺演出院线建设的对策建议

在文化体制改革任务依然艰巨的大背景下,全国性文艺演出院线的建设取得了一定成绩,展示了良好的发展前景,但总体来说还处于初级阶段,亟须出台政策扶持其破解瓶颈、加快发展。可考虑从以下几方面着手。

1. 深化与推进文化体制改革,突破行政区划的藩篱,构建符合演出市场规律的院线运营体系。现代市场经济体系下,要求通过市场实现演出资源的最佳配置;但是,在当前全国性的统一有序的文化市场体系尚未建立起来的情况下,跨区域跨行业的文艺演出院线建设必然会受自行政壁垒、行业垄断、区域封锁的阻碍,画地为牢、条块分割、局部利益等因素,都在制约我国文化市场体系的建立与发展,市场配置资源的基础性作用在我国演出产业中发挥得还不充分,政府的"越位"情况还比较多。因此,打破地方行政垄断,深化我国行政管理体制改革,有效地协调国家、地方、部门的利益,突破行政区域的藩篱,完善文化体制改革配套政策,建立起符合市场经济规律和演出产业自身发展要求的文艺演出院线运营体系,势在必行。

2. 延伸产业链,这是推动文化体制改革的一次大胆探索。文艺演出产业与电影产业的产业链条有着相似的结构,从筹划、创作、演出、发行到衍生产品的营销推广,都要遵循一定的产业发展规律。随着我国文化体制改革步伐的加快,文艺演出院线的建设步伐也会随之加快;加快推进以演出剧场为中心的演出产业链建设,必须将院团体制改革与剧场建设结合起来,进行统筹设计;调整以文艺院团为主体的单向度的

改革思路，确立演出院团与剧场建设并举的改革路径，从而改变目前演出市场"结构性双重短缺"现象，即上游延伸解决演出剧目不足的问题，下游拓展演出剧目，实现市场化运作。通过演出产业链条的延伸，为演出产业真正实现生产要素的市场化配置、形成持续性和规模化的演出市场模式提供可能。

3. 建立演出院线公共服务平台。演出院线公共服务平台将演出内容提供商、演出中介机构、演出场所、观众，以及后期现场制作等有机地结合在一起，为演出院线及演艺企业提供公共服务，保持文艺演出信息系统和信息发布渠道的畅通，能够避免重复投资和资源浪费。公共服务平台必须有一定数量的中介服务机构介入，通过提供大量准确的产权评估、市场调研等专业服务，发挥盘活资源存量、规划增量、提供公共服务的作用。

4. 演出院线建设应当精耕细作。演出院线在迅速发展的过程中难免会因急于扩张而将摊子铺得过大，庞大的演出院线对管理水平提出了较高要求。院线必须在采购、分配、宣传等多个环节精耕细作，不仅要注重对受众市场的精细管理，而且要对布局各地区的剧院进行规范化管理，才能真正实现规模经济，获取规模效益。院线规模运营，如果管理不当，演出产业会被拖死在里面，会充满激情地死掉。演出院线的建设更应当看重健康性和持续性发展。

5. 加大对文艺演出院线的扶持政策。将文艺演出院线建设列入中央文化产业发展专项资金重点支持范围（如有可能，可切块设立专项支持），通过贷款贴息、项目补助等形式重点支持入围的试点演出院线（公司）发展，重点鼓励院线（公司）自建剧场，利用现有剧院剧场进行资源改造利用，使用 LED 等新能源光源进行节能改造，推进剧场舞台技术设备改造，创作并推广原创剧目，自创或引进精品剧目进行巡演。

6. 借鉴欧美演出院线建设的成功经验。在继续深化文化体制改革的同时，学习和借鉴国外成熟的演出院线经营模式，不断开发新型演艺业态。充分挖掘具有民族和区域特色的演艺资源，推动演艺与影视、旅游、会展、动漫、传媒、娱乐、科技等相结合。美国模式就是以大剧场建设为主体，重点培育演艺集聚区，空间上的集聚可以降低生产和销售费用，如纽约百老汇集聚了众多剧院，各个剧院独自运营。在欧洲，小镇很多且国家福利高，以德国为例，每个剧场座位的价格，七成是政府补贴的，这种城市格局，注定了演出以小剧场模式为主，且以巡演方式出现。而在我国，因地区经济发展不均衡，以"巡演+少量驻演"模式较为适合。

大力发挥出版业在国家文化中心建设中的战略引擎作用

何 奎[*]

一

文化是一个民族的精神和灵魂，是国家发展和民族振兴的强大力量。大力推动文化大发展大繁荣，提升国家文化软实力是历史发展的必然和大国崛起的要求。党的十七届六中全会通过的《中共中央关于深化文化体制改革、推动社会主义文化大发展大繁荣若干重大问题的决定》，更是把文化的发展繁荣提到前所未有的战略高度，提出要进一步推动文化建设与经济建设、政治建设、社会建设以及生态文明建设协调发展。对于首都北京的文化建设，该"决定"明确提出要"发挥首都全国文化中心示范作用"。党的十八届三中全会通过的《中央中央关于全面深化改革若干重大问题的决定》指出，要紧紧围绕建设社会主义核心价值体系、社会主义文化强国深化文化体制改革。进入"十二五"时期，北京市委、市政府提出，北京市在发挥国家文化中心职能、加强文化建设上要大有作为，要以科技创新和文化创新"双轮驱动"首都城市的科学发展。2011年12月，中共北京市委颁发了《中共北京市委关于发挥文化中心作

---

[*] 何奎，中国出版集团公司办公室副处长、副编审。本文为首都师范大学文化研究院2012年度一般研究项目"国家文化中心的区域格局研究"的阶段性成果，原刊于《出版广角》2013年第24期。

用加快建设中国特色社会主义先进文化之都的意见》，提出要把北京建设成为社会主义先进文化之都的战略目标。它在更高的层次上，要求北京的城市职能必须从地域战略升级至国家战略，对其现有的功能区结构予以进一步调整和优化。因此，建设国家文化中心是北京作为首都的一个重大战略选择，也是增强国家文化软实力的一项重要文化举措。

国家文化中心不仅作为一个城市功能的文化象征和文化符号，还彰显了一个国家的综合竞争力和文化软实力。纽约、东京、伦敦等都不仅是超级国际大都市，还是一个国家的文化中心。作为本国的经济中心、金融中心、品牌中心，它们成为城市集群的翘楚、连通世界的纽带。作为本国的国家文化中心，它们在国际文化格局中居主导地位，整合全球文化资源，引领全球文化发展潮流，成为全球文化创新的火车头，它们所彰显的文化软实力具有标志性意义和全球性影响。具体而言，它们作为国家文化中心，能够产生五种明显效应：一是整合效应，最大限度地整合最优质的文化资源和智力资源，提高资源配置效率；二是聚集效应，有效吸引人流、物流、资金流和信息流；三是增值效应，大幅度提高产业增值能力，实现利润最大化；四是辐射效应，能够不断优化产业结构，形成新兴产业链条，催生更多的市场主体，促进经济发展模式转型升级；五是放大效应，能够大幅度提高一个国家主流文化价值观的影响力和知名度。

北京作为国家首都和历史文化名城，有着非常丰厚的文化资源和文化底蕴，呈现皇城文化与民俗文化并存、传统古都文化与现代多元文化同在的独特文化景观。在中央文化体制改革启动以来，北京的文化产业一直走在全国前列，不仅形成了30多个文化创意产业集聚区，而且占GDP的生产总值比重从"十一五"初的9.7%提高到了"十二五"末的12%，成为名副其实的国民经济支柱产业。尤其是2008年北京奥运会以后，北京的国际知名度大幅提高。与此同时，北京的城市功能区也正在经历显著的调整和升级，城市功能区的空间结构变得更加复杂。但是，与纽约、伦敦、巴黎等世界发达国家的文化之都相比，北京在建设国家文化中心的过程中，还面临一些制度性约束和市场性约束，特别是国家文化中心的区域格局还不够清晰、功能定位还不够明晰、大型文化产业集群尚未形成。

北京作为国家文化中心的区域格局定位，应该是一个以"定位准确、功能齐全、布局合理、多元共生"为特点，以文化区、金融区、行政区、居住区为主体的"四位一体"的国家文化中心。其中，文化区的建设包括新闻出版、广播电视、影视剧院等在内的一体化建设。在这个意义上建设的国家文化中心，不仅对大力推动文化产业发展、转变经济发展方式具有重要经济意义，而且对打破西方文化的垄断局面，构建符合中国国情的国家核心价值观也具有重要文化意义。随之而来的便是，世界文化产业发展的"北京模式"（全国人大常委会副委员长严隽琪语）有可能成为现实。

二

出版业作为中央文化体制改革的先锋军和主力军，近十多年来取得了十分显著的发展，对提升国家文化软实力、建构大国文化形象、增强文化自信和文化自觉发挥了重要作用。事实上，在国家文化中心建设中，出版业特别是北京的出版业不仅与其有着密切关联，还完全可以充当先锋军、主力军，发挥战略引擎作用。从历史和现实条件来看，北京的出版业具有四个雄厚的基础。

第一，集聚了丰厚的文化资源。北京是全国出版业最集中的城市。在我国580家图书出版社中，237家地处北京，约占全国总数的42%，占据了全国图书市场近40%的市场份额。北京汇集了商务印书馆、中华书局、三联书店、人民文学出版社、人民美术出版社、荣宝斋、外研社、科学出版社和北京出版集团等一批著名出版品牌及其拥有的雄厚作者资源和市场资源。在文化体制改革以来，国际著名出版传媒集团如新闻集团、麦格劳希尔、培生集团等纷纷抢滩北京，设立中国区总部或分支机构。全国各地大的出版发行集团也纷纷在北京建立分支机构，如长江文艺出版社成立北京图书中心、上海世纪出版集团成立世纪文景图书公司、广西师范大学出版社成立北京贝贝特公司。山东世纪天鸿、新经典、磨铁等一大批民营文化公司也在北京落户，做得风生水起。目前，北京图书出版发行企业有近1万家，年销售收入约200亿元。

第二，集聚了优秀的人才资源。近年来，北京作为全国出版人才高地的聚合效应已经显现。有关数据表明，北京汇集了全国1/4的出版人才，从业人员总数已达到36万，其中新闻采编人员11.7万多人、出版编辑人员6.2万多人、印刷复制人员10.2万人、出版物发行人员8.4万人。从文化结构来看，研究生、博士生占5%，大学本科学历占23%，大专学历占25%，高中（中专）学历占39%，初中以下的学历占8%。随着北京的人才政策逐步完善，随着境内外新闻出版企业不断进军北京，北京的出版人才队伍还将不断壮大。

第三，决定着国家文化发展的走向。北京既是出版的高地，也是文化的高地。北京出版业的发展情况对全国文化的总体走向具有举足轻重、不可或缺的作用，是全国出版界的风向标，也是全国文化的风向标。据北京市统计局统计，截至2011年11月底，北京地区新闻出版业年度收入达到619.3亿元，同比增长12.3%，资产总额达到1196.5亿元，同比增长13.1%。新闻出版行业收入总额在全市文化创意产业9大领域中排名第4位。

第四，影响着国家文化形象建构。中国文化"走出去"的主力军是出版业，出版业"走出去"的主力军是北京出版业。无论是中国出版集团、中国国际出版集团，还是一些著名的单体出版社，都承担着国家文化"走出去"、提升中华文化国际传播力的重要使命，而且"走出去"的产品占全国的一半以上。无论是《于丹〈论语〉心得》中对儒家文化的现代诠释，还是《狼图腾》中以动物图腾面貌呈现的商业竞争文化，都在海外构建了当代中国的国家文化形象；无论是林毅夫、吴敬琏先生在海外出版的经济学著作，还是钱学森先生的英文科技著作，都彰显了中国的学术自信和理论自信；无论是在海外建设的孔子学院，还是设立的数十个出版发行网点，都在传达着当代中国的主流文化形象。

但是，比较遗憾的是，北京的出版业与国家文化中心的建设之间并没有产生明显的互动效应，甚至存在自我封闭与互相割裂的现象。这体现在以下几个方面。

第一，在产业规划上，国家文化中心建设只纳入了北京市政府的文化产业发展规划，没有纳入文化部、新闻出版广电总局制定的产业发展规划；而且在北京市的文化产业发展规划中，对如何充分利用中央文化企业的资源建设国家文化中心也没有太多描述。虽然这有着行政隶属关系方面的原因，但不能不说这是一个很大的缺憾，事实上也没有落实《中共中央关于深化文化体制改革、推动社会主义文化大发展大繁荣若干重大问题的决定》明确提出的要"发挥首都全国文化中心示范作用"。近年来，北京市已经意识到这种缺憾，并在2012年开始成立了包括首都出版发行联盟等在内的五个联盟，试图打通北京市与中央出版传媒企业之间的关联，但因这个联盟具有民间色彩，运作能力有限，难以有效打通和充分激活中央文化企业的文化资源。

第二，在产业集聚上，北京没有形成一个出版产业集聚区。无论是北京市属的出版文化企业，还是中央级别的文化企业，普遍存在区域分布过散，横贯东南西北，没有形成一个类似金融街那样的产业集聚区，难以形成洼地效应和产业集聚效应，也难以有效整合文化资源。虽然在德胜门建立了一个小型的出版创意产业园区，但总体格局和规模偏小，难以发挥产业集聚作用，难以对建设国家文化中心起到重要支撑作用。

第三，在政策倾斜上，北京市属的出版文化企业和中央级的出版文化企业享受各自不同的行政隶属关系下的优惠政策。北京市的专项资金和财税金融优惠政策并没有普惠性地支持在京的中央文化企业，中央级的财政专项资金和财税金融优惠政策也没有向北京市属的出版文化企业予以过多倾斜，因此总体上难以形成一种政策合力。

第四，文化空间资源总量偏少。可以从几个硬指标的对比中发现北京与纽约、伦敦的差距。书店数量：北京127家，纽约498家，伦敦927家；电影院数量：北京65家，纽约264家，伦敦105家；音乐厅数量：北京4家，纽约12家，伦敦8家；城市公共图书馆数量：北京25家，纽约255家，伦敦495家。显然，较之于公认的国家文化中心，北京市的文化空间数量仍然偏少，力量仍显薄弱。

三

国家文化中心作为一个国家层面的战略，出版业应当大有作为，也可以大有作为。国家文化中心建设要与当前出版业特别是北京市的出版业互联互通、协调互动起来。为此，还要从以下四方面完善政策措施，进一步发挥出版业在国家文化中心建设、增强国家文化软实力中的战略引擎作用。

第一，加强顶层设计，建立部级协调机构。国家文化中心建设绝非北京市自身的产业力量可以独立完成，而是需要纳入国家层面的文化产业发展规划。因此，在文化部、国家新闻出版广电总局的产业发展规划中，要进一步明确北京出版业在国家文化中心建设中的地位与作用。为此，北京市与文化部、新闻出版广电总局之间应建立一个部级协调机构，加强政策的顶层设计与实际操作上的部际联动。

第二，要加大有关政策支持力度。一方面，北京市要对在京的中央出版传媒企业制定实施一系列优惠政策，在财政专项资金、新闻出版项目库、税收优惠、用地优惠等方面予以倾斜；另一方面，国家有关管理部门和中央财政管理部门要加大对在京的中央出版传媒企业的专项资金、税收优惠等方面的支持力度，鼓励它们在北京集中连片开发重大出版基础设施项目，打造具有国家示范意义的数字产业基地、现代出版物流基地和内容生产基地。

第三，要加快建设出版产业园区集聚区，遴选比较合适的地区建立中央出版传媒企业总部基地或数字出版产业园区基地，吸纳一批优秀的中央级出版传媒集团入驻，吸引一批在海内外声名卓著的品牌出版社入驻，引导一批具有高度成长性和文化创造活力的民营文化企业和数字技术公司入驻，并完善产业园区的相关配套措施，逐渐形成一个现代出版产业核心地带，形成资源集聚效应、知识溢出效应和文化品牌效应。

第四，要加强北京实体书店、图书馆、影院等文化地标的专项支持力度。十八届三中全会通过的《中共中央关于全面深化改革若干重大问题的决定》指出，建立公共文化服务体系建设协调机制，推动文化惠民项目与群众文化需求有效对接。2012年上海出台了保护包括民营书店在内的实体书店的有关措施，并拿出一定的财政专项资金予以补助。日前，2013年的中央财政资金开始支持上海市的四家著名的实体书店，帮助其支付房租、基本设备等费用，保护上海的文化地标。北京市也应出台保护实体书店、图书馆、影院等建设的基本办法，设立专项资金予以支持，将文化惠民政策覆盖更多主流人群，将空间文化资源分享给更多读者和市民。

北京文化走出去
亟须确立"全球细分战略"

盖 琪[*]

党的十七届六中全会《中共中央关于深化文化体制改革、推动社会主义文化大发展大繁荣若干重大问题的决定》再次突出强调了"推动中华文化走向世界"的总体目标和重要意义。该"决定"指出:"开展多渠道、多形式、多层次对外文化交流,广泛参与世界文明对话,促进文化相互借鉴,增强中华文化在世界上的感召力和影响力,共同维护文化多样性。创新对外宣传方式方法,增强国际话语权,妥善回应外部关切,增进国际社会对我国基本国情、价值观念、发展道路、内外政策的了解和认识,展现我国文明、民主、开放、进步的形象。"[①]

在这一宏观方针的指引下,北京市作为国家文化中心,兼具传统文化的深厚积淀和当代多元文化的丰富储备等特点,理应更加充分地立足区位优势,积极开展北京文化"走出去"的理念建设和路径探索,切实朝着建设有中国特色世界城市的发展方向迈进。但现实情况是:北京的对外文化传播总体上还处于一种比较"粗放"的状态,还没有能够树立起针对不同文化背景、不同职业、不同年龄的受众进行"差异化传播"的理念,更没有形成相应的传播实践体系,这在很大程度上

---

[*] 盖琪,首都师范大学文化研究院副研究员。本文为2012年度文化部文化艺术科学研究项目"全球化语境中影视艺术的地域化生存策略"的阶段性成果。
[①] 《中国共产党第十七届中央委员会第六次全体会议文件汇编》,人民出版社,2011,第42页。

限制了国际受众对北京文化多样性和现代性的理解，限制了北京进一步在世界上增强其文化感召力和影响力。

一　问题分析：北京对外文化传播的"粗放型"现状

当前，就全局而言，北京文化"走出去"的一个突出问题在于：无论理念还是操作都停留在比较"粗放"的阶段，即只是笼统地提"文化走出去"，对于"走到哪里去"这个更加具体的问题却往往带有一定的盲目性和随机性，而对于"走出去之后如何应对不同的接受群体"则更是缺乏具有针对性的顶层设计和步步为营的政策引导。突出表现为：对外文化交流的手段和对外文化贸易的产品都带有高度的同质化倾向，远未能树立根据不同民族受众的文化传统和文化心理进行差异化传播的重要观念，这其实已经在很大程度上成为制约北京进一步提升其国际文化关注度和美誉度的瓶颈因素。

众所周知，我们生活在一个充满文化多样性的世界，不同国家、民族和地区之间的文化传统和文化心理千差万别，复杂的地缘政治经济格局更是无时无刻不在影响着各国文化娱乐市场的风向，因此，仅仅用一个简单的"海外市场"来加以描述，或者仅仅用一套无差别的对外文化传播方案来加以应对，无疑是粗糙笼统、挂一漏万的。但是，迄今为止，在具体的对外文化传播实践中，我们对不同国家、不同民族、不同地域的受众调研和市场分析严重不足；结果是：针对美国、欧洲、亚太地区、阿拉伯地区和非洲地区输出的文化产品往往十分相似，甚少体现明确的目标差异性，更不用说针对某一具体地区的某一具体年龄段或某一具体职业的人群制订具体详细的规划了。这导致我们的文化产品难以在海外形成切实的市场竞争力，一般只能在很小的范围内引发短暂的"文化惊奇"，而不具备真正走进其他不同民族日常生活的渗透力，从而也就无法在国外民众的内心激发长效的价值认同。

例如，从媒体的相关报道中，我们就能发现，近年来北京面向海外不同国家推出的以传播北京文化形象为宗旨的大型文化展演，主要还是以京剧、昆曲、杂技、武术为演出形态，以胡同、四合院、巨龙和大红灯笼等为核心文化元素。当然，这些艺术形式和符号也可以在国际上树立起北京颇具东方风情的文化形象，其已经获得的成绩也值得肯定；但是客观地说，它们无法真正成为世界其他国家人民日常生活的有机组成部分。北京，作为一个矢志建立21世纪"世界城市"和中国"首善之都"的现代化大都市，当前在国际上最缺少的不是传统文化、高雅文化、精英文化的能见度，而恰恰是大众文化、流行文化、世俗文化的话语权，是能够为全世界普通民众所广泛喜爱和效仿的"当代北京范儿"。

以这一视角来审视就会发现，有关北京的影视艺术作品也存在同样的问题。影视作为具有较高国际传播能力的传媒艺术形态，在塑造当代城市形象（尤其是空间形象和与此相关的价值想象）方面起着不可小觑的作用。但是，在我们有能力走出国门的影视作品中，仍然是传统的老北京元素居多，如故宫、天坛、北海和四合院等古典建筑几乎构成了外国人对北京空间的全部认知，由此，北京在国际上的价值想象也就难以脱离古典的、皇权的、高度政治化和前现代化的范畴。虽然2008年奥运会通过大众传媒向国际上展示了新北京的空间形象——诸如鸟巢、水立方、国家大剧院、央视新楼等华丽壮观的当代建筑，但是问题在于：所有上述地标仍然是贵族化的、精英化的、超出普通市民日常生活状态的符号，因此它们其实无法在国际受众心目中建构起对当代北京世俗生活的清晰认知。而真正能够展示当代北京市民空间、展示当代北京普通人生活状态的影视艺术作品，在国际上还十分缺乏辨识度和影响力。

事实上，就传播规律而言，引发文化惊奇只能满足对外文化传播初级阶段的需求，而要维持国际受众更持久的文化接受热情，则必须推动文化惊奇向文化认同转化——前者是展示"我和你看起来有什么不同点"，后者是传达"我和你实际上有什么共同点"。因此，北京的对外文化传播如果一直停留在传统的、古典的、强政治意味的文化框架下，而不是致力于寻找自身与目标地区/国家之间的情感共鸣、价值共鸣的话，就难以真正从表层的文化惊奇走向深层的文化认同。

相比之下，美国、英国、日本和韩国这些在对外文化传播方面取得较大成绩的国家,则都已在多年之前就树立起了明确的、具有日常渗透力的"全球细分战略"理念,他们的战略往往不仅能够具体到某一特定地区、国家或民族,甚至能够具体到某一国家的某一年龄段或某一特定阶层的人群,然后有针对性地制造容易引发"同理心"的文化产品。总体而言,美、英、日、韩的对外文化传播早已从注重引发"文化惊奇"的初级阶段进入注重营造"文化共鸣"和培养"文化认同"的高级阶段,即更加注重使本国的文化产品与他国受众的日常生活建立紧密关联,成为他国受众常态文化消费内容里的重要选项。

我们来看几个例子。首先,在最有国际文化野心的发达国家如美国,差异化和细分化的营销战略早已是被普遍奉行的商业理念。例如畅销世界的人像玩偶芭比娃娃的生产商美国美泰儿公司,早在1970年代就开始注重开发不同种族、不同民族的人物形象,以适应其高度细分化的国际营销战略。迄今为止,芭比娃娃总销售额已经超过10亿美元,伴随着150多个国家的孩子度过重要的童年时光。而在影视领域,好莱坞更是长期利用美国多种族、多民族、多元文化交融的优势,有意识地生产专门针对不同地区/国家的影视文化产品。具体策略包括选用与目标地区/国家人种肤色、外形相似的演艺明星,聘请具有目标地区/国家文化背景的主创人员或顾问,选取目标地区/国家的标志性景点作为外景地等。所有这些策略都保证了好莱坞的影视产品从外到内,从美学形式到深层文化品位都能很好地迎合目标地区/国家的审美文化取向,从而也保证了美国主流价值观能够在潜移默化中得到广泛传播。

再如亚洲的大众文化新秀韩国,在流行音乐领域更是将差异化做到了"深谋远虑"的程度。以韩国的年轻男子歌唱组合 Super Junior 为例,由于该组合中的13名成员每人都能用不止一种语言进行演唱,所以他们能够根据演出对象国组合成不同的"小分队"——在中国是用中文演唱的"Super Junior-M";在日本则是用日语演唱的"Super Junior-J";在韩国则内部重组为用韩语演唱的"Super Junior-K"。这些因地制宜的"小分队"保证了该歌唱组合几乎可以在整个亚洲进行地缘针对性演出。事实上,韩国 Super Junior 的类似举措并非个案,而是一种政府授意下的、具有长远规划的国家行为。① 近十年来，韩国针对亚太地区的受众进行了深入细致的调研，确立了以亚太地区的少女受众为主要突破口的音乐和影视传播战略。目前，经过近十年的文化渗透与受众培养，韩国的各类"花美男"已经在中国和日本等亚太国家拥有了绝对强势的文化影响力；单就中国而言，甚至可以说已经在相当大的程度上主导了10~25岁年龄段的中国少女文化。从受众心理来讲，一个人成长阶段所接受的文化熏陶往往具有持续终生的情感认同力量，因此不难预见，韩国流行文化的细分战略已然为其在亚太市场长期占据优势地位奠定了坚实基础。而且，无论是日本还是韩国，都将此类文化战略作为其能够在整个亚洲地区拥有长期经济和政治利益的基础性投资——无论是日本动漫还是韩国电视剧，都是这种典型的文化软实力工具。

其他如老牌的资本主义国家英国，其在对外文化传播方面的成绩曾经一度落后于美国和日本，但是近年来，英国逐渐意识到国际文化软实力优势所隐含的巨大经济价值和政治价值，因而奋起直追，已经称得上是后来居上。英国通过输出哈利·波特（畅销小说主人公）、辣妹（流行音乐组合）、雷迪·嘎嘎（流行音乐偶像）、新一代福尔摩斯"卷福"（精品电视剧主人公）等当代大众文化形象，早已将自身沉闷、无趣的国际刻板印象一扫而空，而是变身为先锋、个性、充满想象力而又不失优雅品位的世界时尚文化领军者。而英国首都伦敦也已经在很大程度上超越纽约、巴黎和东京，成为21世纪国际流行文化和青年文化的"耶路撒冷"。仅在中国，一个十分明显的流行文化现象是：近年，"英伦风"已经在服饰文化领域超越"日韩风"成为大量中国都市青少年的学习样板，英国大众文化在中国感召力和影响力的迅速上升态势由此可见一斑。

就城市形象的影视传播而言，台北是非常值得北京学习的榜样。近年来，台北加大力度扶持青春题材电影和电视剧的制作和发行，以

---

① 〔法〕弗雷德里克·马特尔：《主流——谁将打赢全球文化战争》，刘成富译，商务印书馆，2012，第217页。

"青春影像叙事"作为占领东南亚乃至世界市场的文化品牌。总的来说，台北着意通过影视产品的国际行销，将自身塑造成为一个温馨纯净、精致亲和、充满爱情梦幻、注重人情之美、相信激情与理想的年轻化城市，一个完美融合东方伦理与西方现代化生活情趣的特色都会。正如受邀为2010年上海世博会拍摄台北宣传片的导演侯孝贤所说：他眼中台北的动人之处主要在于，台北是个"很有生活味道"的地方。相较于许多国外城市，台北的生活机能十分方便，居民也很友善，没有现代化发展所带来的冷漠，也跳脱公民社会建构阶段对拿捏公私领域的青涩，台北难得地"就像在光谱的中间点，呈现出没有那么冷漠，却又懂得尊重的热情"。

由此，在2010年的两部典型的城市行销电影《一页台北》和《第36个故事》中，台北注重"生活之美""很有生活味道"的定位得到了准确张扬。两部电影均有台北市政府专项宣传资金扶持的背景。前者以一对普通青年男女的小小奇遇为核心，讲述在一个夜晚的时间里发生在台北许多普通人身上的趣事，挖掘隐藏于台北大街小巷间的浪漫，以及淡淡的幽默气质；后者则聚焦一个可以以物易物的小咖啡店，探询每个普通人心中秘而不宣但又不能割舍的美妙愿望，观照当代都市中对于"价值"的个性化、多元化界定。在两部电影中，台北都自然地流露出一种其他现代都市难得一见的亲和魅力，而其中作为重点文化元素向世界推广的，是书店、夜市、过街天桥、公园、咖啡店、面馆等小而精致、小而亲切、小而甜蜜的空间；是水饺、豆花、香皂、手指泡芙、旅行漫画、老式连续剧等平凡的日常生活物什。相比之下，北京通过影视产品所对外传播的代表性文化元素和故事就仍然显得过于宏大、沉重、老气，缺乏生活质感。这种现状应该从政府层面得到充分重视、引导和调整。

二 对策建议：北京需要对全球文化市场进行细分，制定差异性战略，打造针对性产品

要改变北京文化"走出去"的"粗放型"发展现状，就要从根本

上更新传播理念和操作方法。由此,笔者认为,北京应该在文化"走出去"的过程中变"传者中心"导向为"受众中心"导向,针对不同国家、不同民族、不同地区制定出具有差异性的文化传播战略,据此对相关文化企事业单位做出政策性引导,而不能总是指望用同质化的、一成不变的文化产品或文化符号"走遍天下"。就此,北京市政府相关部门应该组织专门的调研力量,深入研究分析不同国家、民族和地区的受众文化心理、审美取向和当下流行趋势,在此基础上确立全球范围内的几大文化传播重点区域,分别制订出不同的文化传播方案,并打造出各具针对性的文化产品和文化形象,从而争取用五年到十年的时间,建立起一个全方位、多层次、有步骤、有侧重的"全球细分战略"体系。

在此,笔者融合北京与全国文化"走出去"的现实症结,初步提出建立"全球细分战略"的四个要点,以供参考。

要点一,"全球细分战略"应该体现出针对不同文化语境的策略差异性。简要地说,一是针对不同文化语境的文化产品在价值取向和尺度上应该有所差别,比如针对欧美国家的文化产品和针对亚洲儒家文化圈国家的文化产品,以及针对穆斯林地区的文化产品就应该在深层价值观念上体现出较大的差异性处理;二是针对不同文化语境的文化产品在美学形式上应该有所不同,尤其可以考虑适当地引入目标地区/国家的美学元素或地域元素,而不是仅仅停留在北京或中国人自身习惯的美学修辞上;三是针对不同文化语境的文化产品在类型上也可以有所区分,比如就影视产品而言,伦理类的叙事可能更适合亚洲受众的口味,而悬疑类、奇观化的叙事则可能更有利于跨越东西方的文化语境沟壑,等等。

要点二,"全球细分战略"应该体现出地缘上的层次与侧重。客观地讲,美国、英国这样的西方发达国家文化创意经济十分发达,其国内生产出的文化产品质量和普通民众对于本国文化产品的认同度都很高。在这种形势下,北京的文化产品要想在"走出去"的起步阶段就打入这些国家,尤其是想在纽约、伦敦这样的一线大城市立稳脚跟,显然是困难重重。因此,北京文化"走出去"首先应该理性分析自身的优势和劣势,力争在更大范围内巧妙布局,扬长避短。例如,我们可以发挥

"农村包围城市"的思维和操作方式,不"强攻"文化产品选择极为丰富、文化竞争极为激烈的大城市,不非以走进百老汇或金色大厅作为衡量"走出去"成效的标准,而是将眼光更多地投向国外那些文化生活相对单调、文化竞争相对温和的二三线城市甚至小城镇;更多地投向那些因为严重经济危机而陷入文化生产低谷、文化心理出现振荡、文化趣味亟待重整的国家和地区;更多地投向广大的亚洲、非洲和拉丁美洲的发展中国家和地区。惟其如此,北京这样的新兴国际都市才能更多地体现出文化品位上的优势,才能更从容地在愈演愈烈的全球文化竞争中谋得成长空间。例如,仅就最后一个层面而言,最新的海关数据业已向我们证明,亚非拉地区对于中国文化产品的需求增速迅猛:仅2012年前三个季度,我国对亚洲、拉丁美洲和非洲的文化产品出口同比增速就已分别达到23%、62.1%和120%,合计出口比重已经占总出口比重的40%以上。其中,北京作为中国文化生产的领军地区,理应在今后的亚非拉文化市场的开拓上发挥更明显的主导作用。

要点三,"全球细分战略"应该对国外的受众进行年龄、阶层、文化程度上的细分,要有耐心、有步骤地培养国际受众,要有对外传播的五年计划、十年计划,不能总是"眉毛胡子一把抓"。如前所述,韩国对于以中国、日本为主的亚洲少女受众的培养就已布局近十年。而美国电视剧也是用了大概十年的时间,逐渐从一种"小众文化"成长为统领中国大城市白领-精英阶层视觉叙事口味的"都市大众文化"。因此,我们的文化产品也应该树立这种培养受众的耐心和信念,尤其要重视对国际年轻受众甚至儿童的争取。就此而言,北京在青年文化方面资源丰富,拥有大量能够与世界接轨的文化空间、设施、人才和创意,比中国的大多数城市更有能力唤起世界性的共鸣与认同,所以,北京尤其应该以青年文化作为文化"走出去"的突破口,以争取国际青年受众的喜爱为战略侧重点。

为达到这一目的,一方面,北京应该大力挖掘各文化领域中具有国际知名潜力的青年佼佼者,用打造国际明星的全新理念,打造能够在国际上代表北京的青年文化形象大使;另一方面,北京应该深入研究国际青年受众的心理和口味,生产在形式与内容上富于时代感的流行文化产品。因此，北京的国际形象不能总是停留在长城、故宫、大栅栏、胡同、四合院、京剧、武术和大鼓书的传统文化符号框架下，而是必须自觉建构更当代、更时尚、更亲和的"年轻北京"形象，推出能够反映当代北京年轻人生活方式和价值取向的国际文化产品。即使是传统的文化空间和文化形象，也要努力发掘和建构其现代化、时尚化的表达形式。

要点四，"全球细分战略"要重视当代大众文化，尤其是后现代视觉文化产品的传播能量，同时更要重视新媒体平台的建设，学会更多地利用新的文化传播媒介走向世界。最近十年来，随着互联网的发展，传统的点对面的大众传播格局逐渐发生了质的变化，以微博为代表的社交媒体的兴盛，使得一种介于大众传播与人际传播之间的"散点"传播格局初见雏形。

在这种新的情势下，文化"走出去"工作也必须紧跟时代，更新观念，重视利用新媒体平台的"再人际传播"形态，力争在"虚拟地球"上率先实现文化传播的重大突围。可以预见，下一个十年的国际竞争的要点之一必将是在虚拟地理空间上的"开疆拓土"；而下一个十年的国际文化主题也必将是如何利用新媒体技术促成地域文化的全球共享。这就要求我们不能再仅仅把目光盯在电影商业院线和主流电视台等传统的媒介平台上，也不能仅仅把注意力局限于剧院、展览馆、博物馆、美术馆等现实建筑空间里，而是要把视野拓展到超越现实地理界限的全球社交媒体平台上去。既可以考虑以西方盛行的社交媒体平台（如 Facebook、Twitter、YouTube 等）作为对外传播的突破口，更要加大力度扶植中国自主研发的社交媒体平台（如腾讯微信、WE LIVE IN BEIJING、豆瓣等）进一步占领国际市场。从短期来看，我们的目标应该是利用微电影、微视频、网络 MV 等多种新媒体艺术形式，收获在现实地理中依靠重金投入都未必能收获的"核爆式""病毒式"传播效果；从长远来看，我们的目标则应该是在"虚拟地球"的"跑马占荒"时代把握住历史机遇，力争在未来的国际化网络空间中拥有更大的能见度、影响力和话语权。

在这方面，火爆全球的韩国网络 MV 作品《江南 Style》就是很好的例子。这部简单、快乐的音乐作品于 2012 年 7 月 15 日在 YouTube 网站上发布，在没有任何专业炒作的情况下，仅仅在 76 天后其点阅率就突破了 3 亿人次大关，成为 YouTube 历史上最受网友喜欢的歌曲。与此同时，该曲还一举登上英国单曲排行榜榜首，并连续数周蝉联美国 Billboard 金曲排行榜第二位，创下了来自东亚的非英语歌曲在欧美传播的最佳纪录。更值得赞叹的是，由演唱者朴载相（PSY）在该 MV 中表演的滑稽搞笑的"骑马舞"更是跨越了文化界限，为全世界各国的文化名人和普通民众所学习和模仿。这也充分证明，当前能够最迅速跨越文化沟壑的，往往是具有后现代文化精神、勇于反讽和调侃的大众文化产品，而不是故作高雅和玄妙姿态的所谓"精品"。可以说，一首《江南 style》，对于韩国文化软实力的贡献和对于首尔国际美誉度的提升都具有历史性的意义。这应该成为全球化时代利用新媒体成功进行国家和城市对外文化传播的经典案例。

"转到幕后看问题"
——冯小宁导演专访

盖 琪[*]

2013年2月下旬的一个下午，春节假期刚过，《文化决策参考》记者就对我国著名电影导演冯小宁进行了一次专访。在专访过程中，冯小宁导演从一个专业实践者的角度，对当前中国电影行业所存在的突出问题，以及当下中国文化发展存在的核心症结等发表了独到的观点。以下是记者（以下简称"记"）与冯小宁导演（以下简称"冯"）的对话实录。

一 "中国电影现在有一些大的方向和原则性的东西是没有搞清楚的"

记：冯导，您好，今天采访您，主要是想请您从一个电影艺术家的角度，谈谈在当前全力倡导文化大发展、大繁荣的时代语境下，如何处理好政治、市场、艺术和社会的关系问题。您可以从您最熟悉的中国电影领域谈起，谈一些您意识到的、亟须解决的问题。

冯：可以。其实现有的问题是在中国电影实现市场化之后自然而然地出现的。电影的发展有自己的规律，在世界范围内，电影发展都是市场、艺术和社会发展的综合作用的结果。公正地说，中国电影现阶段的

---

[*] 盖琪，首都师范大学文化研究院副研究员。

所有问题都是正常的。所以我今天绝不是为中国电影界发牢骚,而是从实践者的角度,想让好多不知道电影是怎么回事的人知道一些电影幕后的真实情况。

我认为,中国电影现在有一些大的方向和原则性的东西是没有搞清楚的。你看近十几年来中国电影最大的收获,是开始被迫而后来又相当主动地融入了市场。虽然我们的电影市场还不像西方电影市场那么规范,但是制作发行这一块几乎就已经进入了一种纯市场化的状态。而这种纯市场化的发展带来的最大收益,是中国电影已经有了市场运作的经验——很多电影会赚钱了,会玩市场了。但是在这个过程中,带来的自然也有负面的东西,其中很重要的一个就是我们国家的电影市场这些年有大量的、不健康和不安全的东西存在,就像我们中国的其他商品市场,比如说食品市场,有大量不健康、不安全的东西存在是一个道理。简单说就是,我们全社会普遍存在的问题在我们电影市场中同样存在,而且相当严重,却不被注意。尤其是在媒体监督环节上,如今社会媒体大量地监督着我们的食品、交通安全、房地产,或者贪腐现象,但是相对来说,有关影视业的媒体声音绝大多数都被控制在一种商业手段里,也就是说,影视业的一些商业行为在操纵着我们的相关媒体报道,所以媒体的传播往往就成了对这些影视业既得利益者的吹捧和炒作。

举个例子来说,我们可以在中国媒体上看到很多食品广告,但是今天观众的受影响程度相对来说并不大。比如说广告吹嘘一个食品怎么怎么保健,怎么怎么长寿,我相信真正信的人相当少。但当我们的媒体宣传炒作一个明星的时候,它对受众来说是相当有效的。换句话说,我们的媒体能迅速地在电影受众中建立起巨大的信任。电影最大的特性之一,是以20岁左右的年轻人作为主力观众群;所以当媒体炒作一个电影明星怎么怎么一夜爆红到身价上千万的时候,这些孩子们就会迅速地在脑海中形成对这个明星的认知度,继而形成市场对他们的控制力,这就是追星。所以,追星现象绝不是一个简单的文化现象,它是被市场操纵的商业行为。可以说,天下所有的影视明星几乎全是炒作出来的,全是一种商业的推销行为,所以它里面的安全性和可信度其实和食品宣传是一样的，都是应该被打上很多问号的。

但是在文化领域内，我们又有多少媒体、专家、领导能够清醒地意识到这一点呢？既然电影同样是商品，那么我们为什么不能从商品的角度去思考它存在的问题呢？因为如果从商品的角度去看，就会很容易发现，在其他的很多其他行业存在的大量的商业欺骗行为——像地沟油、瘦肉精、毒奶粉这样的对公众和社会的欺骗行为，在电影圈里应该说是全都存在，甚至是更加严重，而公众却更容易受到欺骗。所以，当我们很多公众、媒体、领导在看影视圈的时候，更多的是被营造出来的热热闹闹的气氛和巨大的票房数据给糊住眼睛了。这在很大程度上应该归咎于我们的媒体，它们对影视圈的监督一直是相当的脆弱，甚至可以说是相当的淡漠，更多的媒体都是在被收买后，按影视商家需要进行炒作。当然，刚才我说了，票房数据是商业行为，是正常的；商业的明星包装炒作也是商业行为，也是正常的；美国也这样，也在拼命吹捧他们那些高票房的影片和明星，这是一个电影市场的正常规律。那么关键究竟在哪儿？最重要的是"角度"两个字，也就是观察电影圈的角度。电影圈以外的人如果能把角度移到我们看医药、食品行业一样的角度的时候，我们就完全会透过现象看到很多本质的东西。影视圈是个表演行业，它是有前台和后台的。作为一个待在后台的人，我只是希望大家转到后台去看看问题，就是"转到幕后去看问题"。

所有这些问题怎么解决？绝对不能挡。刚才我说了，这些都是正常的商业规律在起作用。所以首先要谈的是我们的媒体监督，你像奶粉问题、瘦肉精问题、地沟油问题等确实在媒体的监督和揭露下让公众看清了是和非，提起公众的警觉和防范意识。其次政府应该要打造一个平台，政府的功能就是打造平台，从而维护市场竞争尽可能的公平性。现在中国电影的问题是阶段性的，但不是电影主管部门这一层就能解决的。我们的电影主管部门很少有人为他们说话，好像一说起来就是批评他们，但是其实只有身在那个位置你才知道有多难。其实中国电影在政策上到现在为止，没有什么原则性的大问题，而是在实施过程中，我们的各级电影部门有受制约的地方，没法施展拳脚，没法放开手去做。为什么？因为只有我们国家最高端的领导，他们要清醒地意识到我刚才说的这个文化安全和文化健康问题的严重性,再加上和我们的媒体和我们的民众也都共同意识到这一点以后,共同努力,我们的电影主管部门这个层面他才可以施展拳脚去工作。

二 "电影业的政府主管部门应该更加有一种青少年意识"

记:您刚才特别强调了电影观众的年龄层问题,您觉得当前电影的商业性宣传炒作对青少年的负面影响尤其巨大吗?

冯:电影观众的年龄层的问题目前确实是一个值得关注的大问题。我觉得,电影业的政府主管部门应该更加有一种青少年意识。我们进行市场调查的话就可以知道,看电影的主力全是16岁到20多岁的孩子,19岁到20岁之间的数量最多,能占70%多,如果再扩大到27~28岁之间的话,那几乎占电影受众的95%。所以看电影实际上是个青少年专有消费行为。很少有高层领导意识到这个问题。在这一点上已经远不是我们上一代人的时候了。有个别的高票房电影,有一些年龄大的人到影院去看。那只是因为炒作得太大了,所以年龄大的人抽出时间去好奇一下,更多的是一个好奇心引发的偶然——中年人以上几乎不对电影票房产生实质性的影响。但是,年龄大的人偶然进电影院看完了以后出来,发出的声音你注意到了吗?普遍是摇头。也就是40岁、50岁、60岁这个年龄层,因为偶然的好奇心,在某个偶然的兴奋点上进入电影院以后,摇头为多。这说明什么问题?然后大家摇过头之后往往又去忙自己的事,又忘了非常重要的一点,上一辈人要对下一辈人负责,对文化负责!本来这是一次好机会,本来是你们可以看到"号称这么好的电影,怎么我看了之后不是那么回子事呢?"这个问号在所有40岁往上的人的脑子里都有。那么当你们的孩子们天天在消费着这些不是那么很精彩和优秀的作品,就像你们的孩子们在喝着那些没有安全性的奶粉一样,而你自己偶然喝了一次觉得不对味儿,你怎么就没赶紧停下来去管理它和关注它呢?

所以,我今天说的问题不仅是说给某几个领导听的,而且是说给社会公众听的,说给我们整个社会听的。我们整个社会这些年来忽视了电影市场行为里的很多问题，而这些问题对我们的下一代有潜在的危险。这个潜在危险有两个：第一个是在与西方文化交流过程中，年轻人对西方文化潜移默化的认同。这一点一方面是正常的，因为文化本来就应该是相互交融的，我也愿意接受西方的好多健康的东西；但是另一方面就在于，我们决不放弃我们自己民族几千年传下来的健康的、优秀的文化。我们担心或者说已经出现的是，年轻人在对西方文化大量地认同和接受的同时，丢弃了中国传统文化中优秀的东西。第二个是来自内部的很多不健康的文化毒素的负面影响。我们的电影主管部门应该对这些文化毒素进行一定的管理和审查。当然，说到电影审查制度，反感的人很多，但是这种类似的管理其实即使在美国也同样存在。

记：可是我们好像看到，美国的很多文艺作品也在批判政府。

冯：对！你注意到了这个问题了。但是关键在于，在美国，在看完每一部对美国政府进行批评的电影之后，民众都会大涨对美国意识形态和美国精神的信任和勇气，这才是最根本的。而中国的某些作品往往发一些牢骚，对现实进行批判完了之后也没有一种健康向前的力量给人，问题在这儿。所以拍这样的作品其实很难在中国生存，也没办法获得公众的认同。再有一个我们也要看到，美国电影近千部的年产量里头，烂片占将近80%。在这一点上我相信，再过十年，中国观众对美国大片的迷信会被逐渐打破。美国电影20%确实是相当出色，又有文化品位，又有精良制作，而且有强大的商业炒作和市场营销，这都是非常完美的，但是有80%都是烂片。

记：可能是因为我们进口限额就那么几部，看到的都是好的。

冯：对。所以我一直认为，现在被逼着要更大地解放市场了，要把美国大片更多地引进来了，倒也可能是好事。因为可能会让中国观众逐渐明白，老虎原来是纸糊的，不是那么值得崇拜的。

三 "国家要给中国电影打造一个健康底线"

记：但是我们国家在影视这方面一旦出现什么问题往往就采取堵的措施，比如说穿越剧在老百姓中可能产生了一些不太好的反响，比如说篡改历史、误导青少年，等等，穿越剧立即就受到很大限制。这样就感觉好像创作上范围越来越狭窄。这个问题您怎么看呢？

冯：我觉得呢它是市场调节性的。有些事情应该按照市场规律做。国家要在文化大发展、大繁荣的前提下制定一个稳步的战略方针。灵活多变是需要的，但文化发展的总方向要特别清楚。影视管理上也要先打造一个健康底线，在这个底线之上说事。像穿越剧篡改历史，戏说甚至胡说八道，已经在触及健康底线了，国家进行管理这是正常的。就像我前面说了，如果你在美国的电影创作中有对美国民族的侮辱，照样给你禁了，或者它的电影院就给你禁了，不放你的作品。所以，我觉得在我们中国，不是说对影视的管理就是不对的，但是我们要清楚地把这个健康底线捋清楚，而且更重要的要让民众知道，让市场自然去调节。所以文化大发展、大繁荣，千万注意要使"什么文化"大发展、大繁荣，不是是文化就好。

中国的文化大概每十年一个台阶地向前推进，越来越宽松，越来越开放，越来越包容，但是问题也就出来了。如果把电影看作一个人的话，那么票房数额和电影产量就是电影的一条腿，没有这条腿的发展，中国电影可能已经死掉了。但是问题在于我们最近的这十来年，太偏重这一条腿了。造成我们现在的情况可能更多的是一条腿健壮，另一条腿虚弱地往前蹦。另外一条腿是什么？就是思想、艺术、社会效益。所以说今天最重要的是文化健康问题。健康是国家对一个行业的商品最底线的管理。进嘴的，进脑子的，都要建立健康底线。国家要给中国电影打造一个健康底线。

四 "在中国推行电影分级制度条件还不成熟"

记：那说到这个审查制度，您对电影分级制度这个事情怎么看？

冯：我一直认为电影分级制度是一个发展的前景，全世界的电影都是有分级制度的，它是电影市场的一个规律；但是，我想说，中国的发展是有中国特色的。世界都有分级制度，但是我们中国的历史原因造成它必须有一个阶段，只能是有中国特色的，所以在这个阶段分级制度不能完全照搬。因为它不是治疗现在电影市场病症的良药，电影市场的根本问题不在这儿。

假如我们国家如果推行了分级制，一些影院可以放映一些比如说开膛破肚啊，鬼怪吃人啊，甚至黄色影片，那么它对市场不用说，最起码在现在这个阶段会非常有票房。而美国的三级片在市场上其实没有多少票房，为什么？差距在哪儿？其实是公众的文化水平的问题。客观地说，美国公众整体的文化水平比我们高一大块，绝大多数美国观众是不会以看这些三级片为乐的。而我们中国如果要分级，出现了大批的色情和暴力的影片，它可能会在早期形成高票房，为什么？新鲜，刺激。而且分级制在美国、欧洲实行得比较有效，还因为全体民众对于制度和法规的绝对自觉遵守，它们有法制社会的严谨。而我们中国要是在某一天推行三级片，虽然有制度限制，有保安在门口守着，照样会有很多年龄不符的青少年能进去，是不是这个道理？这一点明白了以后，你才能明白，在中国推行分级制还不成熟。它现在的效果是弊大于利。它的利在哪儿呢？更多的只是对电影市场产生一定的经济效益。中国现在缺的是经济效益吗？在电影市场和电影文化这个领域，更缺的是文化安全和文化健康。

五 现在的影视圈收入"两极分化非常非常巨大"

记：您上次在一个会上曾经说到现在的明星片酬畸高问题。您当时说现在一个电影剧组里的收入能拉到上千上万倍，真的有这么悬殊吗？

冯：千万级的明星这两天在报纸上又点出了一大批人，就是一部片子的片酬达到一千多万元人民币，甚至上不封顶。而我们的剧组，以八十人来说，这八十人中明星只不过五个，上千万级的明星只不过一个而已。其他大部分都是每天早上五点起来跟着我辛劳奔波一天，在无人区那样的艰苦环境下吃一包方便面，熬到晚上两点的人——这样的人在影视圈比比皆是，以几十万计。他们是我的下属同时也是我的朋友。民工不是我的朋友吗？我就是一个民工啊！影视界工作人员的主体就是民工啊！那么，这些人他们和明星的收入差距有多大呢？怎么叫上千上万倍呢？你听我给你算，我们拍摄一部片子的周期比如说两个多月，那么明星进一个剧组的时间往往不过五六天，断断续续也超不过十天。他的片酬就能达到一千多万元，而一个普通的民工在一部片子将近三个月的拍摄时间里，从头跟到尾，还拿不到一万块钱，甚至几千块钱，你再平均到十天的收入上就更是少得可怜。所以说，如果我们的社会、我们最高端的领导都很关注我们社会的两极分化，那么他们难道能不关注两极分化非常非常巨大的影视业吗？

现在影视圈给社会——尤其是电影给20岁的孩子——带来的印象是可以一夜暴富，可以不经过艰苦努力去获得最大利益。这对社会的稳定不利，使社会更加浮躁，生活艰苦的人会更加不愿意在这种艰苦的道路上去奋进。我们的影视炒作中有大量的吹嘘明星有多么多么高的片酬的成分，这种成分对业内起到的是一种巨大的欺骗作用，就是说你看我谁谁谁多高的片酬，你要想用我那得出大价钱。这是明星背后的经纪公司的一种营销手段。而它对社会的巨大的欺骗性在于，大量无知的青少年认为人是可以一夜成名、一夜成星的，每一个年轻人都做着这种明星梦。一个社会的年轻人如果都这样做明星梦的话，这个民族的希望是值得忧虑的。

六 "文化应该是毛毛雨"，"绝不是一哄而上的政绩行为"

记：超出电影圈的范围，您觉得当前中国文化发展最大的症结是什么？

冯：最高层的领导要真正重视文化发展的特点问题。那你说把文化大发展、大繁荣都作为党的一个工作重点了，还不够重视吗？但是关键在于，不要让文化大发展、大繁荣变成房地产商圈地的一个新的机会。这句话可能要得罪人。但是将来多少年后咱们再回头看：是不是大量的资产通过了文化产业发展的这一个渠道进入房地产市场？受益的到底是谁？借着各种各样的文化产业项目，中国又圈出来多少地？前些年中国有多少文化娱乐的基础设施不断地变迁，最终还不是变成了房地产的商品和市场?所以我说,不要把文化当成运动来搞,不宜搞工程性的东西。水利可以搞工程,南水北调、三峡,都可以搞工程,我国的军事工业、航天工业,也都可以搞工程。而文化应该是毛毛雨,是要几代人默默无闻地去坚守着祖先的精神传承,通过几十年甚至近百年的积累才能使一个民族的文化基础强大起来,绝不是一哄而上的政绩行为。

而我们现在的文化市场,你看和我刚才说的这个"毛毛雨"的观点能有一点儿吻合吗?浮躁,连续十几年甚至二十年的浮躁,然后再加上没有媒体和社会的有力监督和监管,国家相应的市场政策又没有健全起来,再加上美国大片等强势文化的挤压,现在变得非常扭曲。那种稳稳地存在于社会每一个细胞中的健康文化滋长几乎很少,被压抑得很厉害。你比如浮在电影圈里的就全是那种超新星爆炸式的炒作和过眼烟云性质的娱乐作品,而坚持真正有益于历史、有益于民族的、润物细无声的创作是相当艰难的。但是只有后者才是文化发展的正确方式,不是工程性的,不是一哄而上的,不是突然一个什么什么片多少多少票房式的。

八 "中国要逐步建立一个文化发展的战略方针"

记:您有什么关于文化发展的总体性建议和愿望吗?

冯:我们中国要逐步建立一个文化发展的战略方针,它应该不受政府换届的影响,是一个稳步的战略方向。即使暂时受到了其他因素的影响,回到主干的时候还是能照着那个方向走。这一点俄罗斯就有,俄罗斯的文化主干特别清楚。我在苏联解体后最混乱的时段去过俄罗斯,当时很多人家穷到连面包都没有,每天只能靠一个土豆来维持生存,但是人家照样穿着礼服去看《天鹅湖》。在俄罗斯的大的美术馆里,照样有白发苍苍的老人带着刚刚学会走路的孩子在那里,老人慢慢地一幅画一幅画地给孩子讲解——这是我们俄罗斯的什么什么英雄,这是我们历史上的什么什么事件——我亲眼在那里见到这些,当时我很震惊。所以,我们中国要向俄罗斯,向其他西方国家学习,就是它们有一个不受政府变更和政策变化的、相对独立的文化战略发展方向，而我们国家至今没有。前若干年文化的发展是处于延安文化座谈会精神引导下的，是文化为政治服务的一种战略方针，当然那个也是战略方针，而且几代人为之付出过。在进入市场化之后，有"三个代表""八荣八耻"等理论提出，但问题是它能否被社会真正潜移默化地接受。它起到的实际效果又是不是原来所预想的？

另外我觉得，不要仅用一个政治的口号去概括我们的文化战略发展方针，而应该是有意识地建立一个能够让所有的民众在精神层面去自觉地追求的发展方向。这不是一个空的东西。你看俄罗斯无论怎么颠个儿，他那种对民族的崇仰是不变的。在世界上有两个对本民族有这样的精神自豪的民族，一个是美国，一个是俄罗斯。我去这两个国家的时候都有强烈的印象。我几次去过美国的珍珠港，看到每天来的游客中，有大量的美国民众，既有白发苍苍的老人，也有年轻人，很少有外国人。他们到那里以后，那样自觉地到那个沉没的战舰旁去转。哪像中国的一些地方，喧嚣吵闹，咋咋呼呼的。不是的，人家是静静地去转，而且我看到一些老人的眼里有泪水。还有俄罗斯红场的无名烈士墓，在我第一次去俄罗斯的时候就让我很惊讶，后来几次再去，每次都是如此，因为每次都有新婚的新娘新郎去那里献花，它已经成为一种自然而然的文化传统了。所以在无名烈士墓那里，永远都能看见白纱裙，这太厉害了。而到了我们的人民英雄纪念碑那里，只有我们国家庆典的时候，才鲜花遍野，少先队鼓乐齐鸣。

记：这个就涉及我们国家的意识形态宣传好像和普通百姓的日常生活没有关系。

冯：我们国家的意识形态宣传太口号化。这是个大话题。全世界的发达国家，几乎都没有口号，最起码大街上、报纸上没有。而我们在国家的各个部门，从上一直到底下基层，全部是口号累积出来的，也就是各种行为和政策全部化为了口号。这是值得我们反思的。我们应该借鉴西方。全世界的民主国家都没有政治口号。所以口号就让中国的形象显得很傻。

记：您觉得口号的弊端在哪儿？

冯：口号这个东西是一个过时了的东西。中国的口号化来自革命时代，然后一直延续到"文革"，登峰造极。所以，清除"文革"遗毒的影响，很重要的要注意口号问题。比方说，能不能改变我们的口号思维和口号政治。这种口号的宣传方式带来的是逆反，已经是几代人的逆反。西方哪一个市的政府也没有在门口挂一个大口号的。而我们国家的这种方式现在已经渗透到"毛孔"，"毛孔"就是村嘛，村里到处是口号，真是铺天盖地，树上、石头上、墙上，涂满了口号。所以这是一个政府管理水平的问题，这一点可以说明我们管理上的低能，没有在实质上下功夫，全只在口号上传达。革命阶段可以喊着口号去冲锋，但是到了现代化的民主社会——这是我们现在的一个政治上的追求目标——它应该更多地靠公民自觉。如果是在街上弄点什么"禁止在公共场合吸烟"这样的提示，这就很不错，但这跟政治口号是两回事。

找准文化政策定位，构建特色城市文化
——公共文化服务的香港经验

蒋 璐[*]

近年来，我国开始重视公共文化建设，将公共文化服务作为政府工作的重要内容。党的"十七大"报告指出，要"提高国家文化软实力，使人民基本文化权益得到更好保障，使社会文化生活更加丰富多彩，使人民精神风貌更加昂扬向上"。报告要求增加公共文化服务体系的投入，提出"坚持把发展公益性文化事业作为保障人民基本文化权益的主要途径，加大投入力度，加强社区和乡村文化设施建设"。可见，完善公共文化服务体系，繁荣城市和乡村的文化，是地方政府的职责所在，也是建设公共服务型政府的重要途径。然而，落实到实践领域，如何合理分配地方文化资源以保障人民文化权益？如何构建有特色的地方公共文化服务体系，使其在长远发展上既有利于培育本地居民的文化素养，丰富他们的文化生活，同时又能有效推动地方经济的增长？解决这些问题的具体文化政策仍然需要进一步探索。

作为亚洲"四小龙"之一，香港于 20 世纪 90 年代跻身国际大都市之列，并形成了独具特色的城市文化。纵观香港的发展历程，伴随着经济的快速增长，香港政府的文化政策也经历了不断摸索的过程。本文将对香港的文化政策演变和公共文化服务现状加以介绍，随后，对香港构

---

[*] 蒋璐，首都师范大学文化研究院研究人员。

建城市文化的经验进行总结，以期对北京这样的国际大都市的文化发展提供参考。

一 香港的城市文化政策

在殖民地政府统治早期，香港几乎没有公共文化空间。承继英国传统，政府将文化艺术视为私人修养或社会教化问题，由地方议会、公益团体或学校来承担，政府则对公共文化生活关注甚少。这一时期，西方移民和本地精英组成的上流社会的精致文化代表了香港的文化特色。港英政府不从事公共文化建设，而是放任社会文化活动的两极分化。由于过度依赖舶来精英文化而缺乏本地文化关怀，当时的香港一度被称为"文化沙漠"，类似的评价在很大程度上影响了香港的国际形象，也打击了港人的文化自信。

直到20世纪六七十年代，香港的工业和金融服务业快速发展，造就了一批富裕的城市中产阶层，市民对公共文化的需求也与日俱增。这一时期港英政府意识到：要跻身国际大城市之列，基本的公共文化设施不可或缺；而新兴起的市民阶层尤其是青年群体，急需积极健康的文化生活的引导和充实，以避免他们被反政府文化所左右。政府开始推行面向本土居民、适应现代社会发展的公共文化服务。具体表现为：增加公共文化资源投入、兴建文化场馆、培养艺术团体、训练艺术人才，香港大会堂、天星码头、皇后码头等著名的公共文化活动空间都是在这一时期修建的。港英政府还颁布了首个成文的微观文化政策《艺术政策检讨咨询文件》，以加强公共文化领域的行政力度。

这一时期港英政府的公共文化政策有两个鲜明特色：其一是推崇西方文化，其二是偏重表演艺术。港英政府对西方文化的偏好来自英国的影响，同时也出于捍卫政权合法性的动机。政府把西方文化营造为高雅品位的象征，鼓励西方文化产品的推广。政府持续以巨额补贴引入国际知名的西方经典表演艺术，令香港有了国际城市的风貌，市民可以花很低的票价，观赏到世界一流的演出。港英政府对表演艺术的偏好则来自"以行政吸纳政治"的殖民地政府传统，即建立有效管制的责任政府，以行政技术细节化解意识形态争议。政府在从事公共文化服务建设的过程中，刻意回避容易引起政治争议的文学、视觉艺术、艺术评论、艺术教育、艺术政策等，而致力于康乐事业建设，建立精细、成熟的演艺管理体系。

回归前后，香港面临自身的文化定位问题，政府的文化政策成为热点。批评观点认为，港府花费大量经费引入西方节目，既缺乏本地性格，回应不了本地关怀，也无法照顾各阶层的欣赏需要，无法吸引民众，不能形成稳固而又有活力的艺术观众群体。而过度重视表演艺术的政策，则致使公共文化空洞和低俗，不能启发民众的深刻思考和创造。在此类建议的推动下，香港政府开始致力于解决殖民地时期的弊端，包括鼓励本地文化产品的创作，照顾各阶层的文化需要及扩展政府资助的文化领域等。

经过长期的探索和实践，香港政府终于摸索出了适应本地需要的文化政策定位。其文化政策的愿景在于，使香港成为国际文化大都会，既植根于中国传统又融合多元文化，文化艺术元素丰富市民的生活，创意成为推动社会持续发展的原动力。文化政策的目标在于：提供广泛参与文化艺术的机会，让有潜质的人有机会发展他们的艺术才华，创造一个有利于文化艺术多元及均衡发展的环境，支持保存及弘扬我们的传统文化，同时鼓励艺术创作和创新，使香港成为国际文化交流的重要枢纽。文化政策的基本原则有：一是以人为本，鼓励市民参与文化艺术，发挥个人在文化艺术方面的潜能；二是多元发展，促进充满活力的多元文化的发展；三是尊重表达自由，尊重艺术自由，加强保护知识产权；四是全方位推动，社会各界共同参与，缔造一个有利于文化艺术蓬勃发展的环境，各政府部门携手合作，推动艺术文化发展；五是建立伙伴关系，在政府、商界及文化界建立伙伴关系。

二 香港的公共文化服务体系

1. 政府投入

在确立文化政策核心定位的基础上，香港政府构建了一整套公共文化服务体系，并投入大量资源用于公共文化领域的建设。2012年到2013年，香港政府在文化艺术方面的总开支逾30.9亿元（其中不包括基本建设工程开支）。这些资源主要用于为艺术活动提供场地支援，资助艺术团体、艺术教育，以及支付相关的行政费用。目前，全港有16个不同规模的表演场地，遍布多个交通便利的地点。政府同时管理14所公共博物馆、香港电影资料馆、两所文物中心及艺术推广办事处。除此之外，政府还掌管由67个固定图书馆和10个流动图书馆组成的公共图书馆系统。

2007年9月，香港政府推出西九文化区大型文化场地兴建计划。政府向西九文化区管理处提供一笔高达216亿元港币的拨款，用于把一个40公顷的优质临海地段打造成具备世界级设施的综合文化艺术枢纽——西九文化区。西九文化区计划是政府为配合香港长远文化艺术发展的需要而做出一项策略性投资，目标是促进文化产业有机发展，凸显香港富有文化艺术气息的国际大都会形象。为配合各种艺术形式的发展，不同类型的文化艺术设施将从2015年起分阶段完成。西九文化区将分阶段提供15个不同类型和规模的表演艺术场地，包括大型表演场地、音乐中心、戏曲中心、当代表演中心、音乐剧院、演艺剧场、大剧场、中型剧场和自由空间。此外，西九文化区还将兴建一所视觉文化博物馆及优先作艺术相关用途的展览中心。

2. 行政机构

香港从事公共文化服务的行政机构集中在民政事务局，其下属的康乐及文化事务署（简称"康文署"）主管有关文化和体育方面的事务，是最重要的公共文化服务管理机构，下辖多个办事处，负责公共文化服务的具体行政工作。

文化节目组是康文署辖下负责执行推广文化艺术活动的部门，致力于培育文化艺术的发展，提高普罗大众的文化水平，令文化艺术成为市民生活的一部分，以达至一个更融合、更美善及更具竞争力的社会。每年在康文署辖下的表演场地举办的各式各样的节目约1000项，包括星光熠熠的国际巨星、本地团体及青年艺术家的演出，有一半为艺术欣赏节目，以提升观众的艺术欣赏能力，部分专为学生及小区人士而设。

文化节目组的工作目标定位在以下几个方面。（1）服务大众，优化生活：呈现来自世界各地的多元化、高质素的文化节目，迎合市民大众的不同品味需求，使他们紧贴国际文化潮流，促使生活更丰盛美好。（2）拓展艺术，培养创意：在小区和学校各层面，举办艺术教育及观众拓展项目，以巩固、提高及培养普罗大众对文化艺术的兴趣和欣赏能力，鼓励年轻人积极参与文化艺术活动，培养创意及面对挑战的魄力。（3）扶植人才，追求卓越：积极推动本地文化演艺团体的发展，尽力为他们提供表演机会，让他们有足够的发展空间，追求卓越成就。（4）发扬国粹，推广传统：致力于邀请更多内地及其他地区的优秀中国文化艺术团体到港演出，以介绍、保存、推广有深厚根基的传统中国文化艺术及其在当代的繁衍艺术。（5）联系世界，促进交流：积极与世界各地的文化机构及团体合作，以促进文化交流及共识，增进相互了解。

娱乐节目办事处负责策划两大类别的娱乐节目，即全港节庆活动及在全港18区举办的地区免费文娱节目。全港节庆活动用于庆祝年内的主要传统节日，包括元宵彩灯会、中秋彩灯会及除夕倒数嘉年华，由本港及访港艺人演出各式各样精彩的大型观赏性及观众参与性节目。此外还举办嘉年华会形式的节目，包括夏日狂欢大派对、小区专题嘉年华及青年乐队马拉松，以及与本地机构合办户外节目，包括菲岛乐悠扬、亚裔艺采及日航空中畅游。娱乐节目办事处获区议会拨款，在全港18区按月举办免费文娱节目，每年约600场。这些节目或在户外或在室内场地举行，例如公园、游乐场、屋苑平台、广场、小区文娱中心及小区会堂。节目内容多元化，以迎合市民不同的兴趣，包括文化节目（古典及传统的中西节目兼备）及流行节目（如综合表演、流行音乐会及魔术表演等较普及的节目）。这些节庆节目的规模和参与人数都很可观，是市民文化生活中非常重要的部分。

艺术节办事处每年主办两个艺术节，安排节目及活动在康文署辖下的主要表演场地举行。一个系列是在夏季举行的"国际综艺合家欢"，致力于国际文化交流；另一个系列是在秋季举行的专题艺术节，致力于最新文化创意产业的推广。

电影节目办事处定期筹办各类电影艺术活动，包括在香港各文娱场地举办的电影放映节目、研讨会及其他艺术欣赏活动。办事处主要以"主办""合办"或"赞助"的形式举办节目。就"主办节目"而言，康乐及文化事务署负责支付所有费用，门票收入则拨归署方所有；"合办节目"则由署方支付部分制作费用，票房收益由署方及合办机构摊分。至于"赞助节目"，署方主要提供场地和售票服务，并协助宣传；有关的文化、电影机构则负责制作费用，门票收入亦归其所有。除了定期的电影节目以外，办事处还经常参与策划有关电影的专题节目，如赞助香港艺术中心举办香港独立短片及录像比赛，旨在推介高质素的非商业性短片及音像作品，并鼓励本地的独立电影创作。

音乐事务处的宗旨是通过器乐训练、乐团训练和各类音乐活动，提高市民大众尤其是青少年对音乐的认识和欣赏能力，从而培养新一代的音乐观众。他们推行三大训练项目：器乐训练计划、乐团及合唱团训练、外展音乐短期课程，每年受训人数超过 8000 名。此外，该处还举办国际青年音乐交流活动、香港青年音乐营、青年音乐会演及多元化的音乐推广节目，对象遍及学校及小区各个层面，每年参与人次约 17 万。

3. 特色计划

香港政府还通过项目式管理并制订特色计划来提高资源利用效率，改善公共文化服务的水平。这些项目通常由中短期的政府项目资金支持，通过项目计划的制订、执行和评估，达到明确的政策目标。以下介绍香港政府近年执行的三个特色计划。

（1）场地伙伴计划。

这一项目旨在鼓励场地与演艺团体、机构建立伙伴关系，从而提升场地及伙伴团体的艺术形象和特色，扩大观众面，充分利用现有设施，制定适当的市场策略，寻求企业、私人赞助，鼓励社会各界参与艺术发展，推动表演艺术在小区的发展。为期三年的首轮计划于 2009 年到 2010 年全面实行，而第二轮计划从 2012 年 4 月至 2015 年 3 月实行。场地伙伴可优先订租场地设施，减免各种费用。场地伙伴的活动包括不同形式的舞台演出、教育和观众拓展活动。场地伙伴计划委员会于 2006 年 11 月成立，就推行伙伴计划向康文署提供意见。具体的工作包括为伙伴计划制订周详的方案，评审建议书和甄选场地伙伴，评估和监察场地伙伴在计划期间的表现，以及检验伙伴计划的成效。此计划实行后全港的场地平均利用率可达90%以上。

(2) 小区文化大使计划。

香港政府每年公开邀请本地表演艺术家或艺术团出任小区文化大使，筹办针对特定社群或小区的活动，通过各类教育与趣味并重的表演艺术外展活动，例如工作坊、示范讲座、展览及演出等，向市民大众或不同社群推广表演艺术，激发他们对表演艺术的兴趣，丰富他们的艺术经验，提高他们对艺术的欣赏能力，促进小区艺术的发展。此外，还提供机会让本地表演艺术家或艺术团与市民接触，培养新的观众，进一步发挥他们的创意与才能。计划推行至今，曾经获选出任小区文化大使的本地艺术家或艺术团已超过89个。

(3) 学校艺术教育计划。

这是一项将公共文化服务与学校教育相结合的计划。学生是未来社会的栋梁，协助他们培养独立思考和分析能力，发挥创意思维，扩展文化视野，不仅有助于他们提升个人修养，对社会发展亦有莫大裨益。康文署每年筹办多项艺术教育活动，包括学校文化日计划、学校艺术培训计划、演艺新力量培训计划、高中生艺术新体验计划、高中生艺评启导计划及戏棚粤剧齐齐赏，为学生提供课堂以外的多元化学习机会，以期达到个人发展的目标。

三 构建城市公共文化服务体系的经验

公共文化服务是立足于普通市民，致力于普及文化知识、丰富文化生活的政府行为。公共文化服务在一定程度上具有非竞争性、非营利性和公益性，除了政府提供此类服务外，企业和个人可能没有动力提供。从这个意义上讲，公共文化服务是一种公共物品，是政府的必要职能。政府提供公共文化服务有以下几个特点：一是服务对象的差别性。与其他诸如交通、医疗等公共服务相比，公共文化服务的对象有很大的差别性。这与市民的受教育程度和文化鉴赏力有很大关系。二是民众诉求的被动性。在政府提供的其他公共服务中,公众有比较明确的诉求及满意与否的评价。而在公共文化领域,公众提出的意见比较少,公众可能不知道自身的文化需求在何处。三是政府的价值主导性。由于文化传播的特性,公众可以受到政府提倡的文化价值观的引导,进而形成社会的主流价值观。四是服务质量评价的困难性。文化作为"软实力",确定标准化的政策效果衡量指标非常困难。

这些特点都决定了政府的文化政策需要有明确的定位。只有明确的、长远的政策指导,才能保证一个城市或一个国家在文化政策方面有正确的方向,否则将很难保证资源利用的有效性;从长期来看,不当的公共文化服务还会对社会文化风貌造成负面的影响。从香港的实践经验来看,实现城市文化发展,构建完善的公共文化服务体系需要坚持四个结合。

1. 全球化潮流与城市文化特色相结合

到目前为止,我国已经有多个城市在经济发展、城市建设方面达到了国际大都市水平,在公共文化服务方面,模仿国际大都市建设大型文化基础设施的潮流方兴未艾。但是,一味跟随全球化、城市化的潮流将导致城市丧失自身特色,影响市民的城市认同。千篇一律的国际大都市形象更无法为城市带来国际文化声誉。反观香港,1990年代初期的城市文化认同危机就是缘于全球化潮流的影响;近年来,香港市民更是兴起"保育运动",以维护地方城市文化遗产。政府在推动公共文化服务建设的过程中,不仅要推广西方文化和现代艺术,更应从传统文化中挖掘元素,树立城市文化特色。

2. 高雅文化推广与多阶层需求相结合

不同阶层文化品位的差异是普遍存在的现象,政府的公共文化服务应该关注不同阶层的文化需要。早期香港政府实行的西方高雅文化推广政策,仅仅吸引了有限的观众群,也未能培养市民的认同意识。反而是后期的本土意识、关注基层的政策取向,既保障了公民的文化权益,又促进了公众文化活动的繁荣,形成了中西合璧的特色城市文化。内地城市的阶层分布和居民流动情况更为复杂,政府的文化政策应关注不同社会群体的文化需要,整合各阶层的价值观,推动各阶层的文成长。

3. 民间经营与政府规划管理相结合

公共文化服务提供主体的多元化，可以有效缓解政府资源的短缺，促进文化繁荣。香港作为自由经济传统悠久的地区，有大量民间资本参与公共文化服务。然而，过度私有化也会令公共文化领域受到市场经济的侵蚀。其表现为，公有的文化机构过少，无法在公共领域有效贯彻政府的文化政策理念；而私营的文化机构受经济利益驱动，无限制地向公众兜售文化消费品，低俗流行文化在香港盛行就是典型的例证。商界、社会界、文化界对公共文化服务的支持，可以实现多元参与，回应社会需求。但与此同时，政府也需要对民间文化服务实行规管，以保证其社会效益。

4. 长远政策规划与短期行政目标相结合

与其他公共服务领域不同，公共文化服务涉及更多价值层面的内容，很难用具体的数字明确政策目标。公共文化服务不但涉及个人成长与社会发展的关系、政府与社会的合作关系，还涉及权利公平与机会均等、继承传统与弘扬创新等社会的基本价值理念。这些都决定了顶层设计的重要性。政府必须制定宏观的文化政策规划，明确价值理念和文化发展定位。所有的公共文化服务工作都应围绕这一宏观规划开展，避免价值取向的偏离。而短期行政目标的益处在于节省资源，提高效率。文化政策的效果评估非常困难，短期的行政目标内容明确，易于评价，可以根据政策执行中出现的问题随时调整。香港政府以项目管理模式执行的特色计划是非常有益的经验。

综上所述，城市文化发展的关键在于合理的文化政策。构建城市公共文化服务体系应该充分发挥政府的引导作用，确立核心价值目标，体现城市特色，关注市民成长，由政府调动社会资源共同促进城市文化繁荣。

文化产业：新型城镇化的动力源

范 周[*]

当前，资源约束趋紧、环境污染严重、生态系统退化成为人类不得不面对的问题，"高消耗、高污染"的传统老路显然已经不能适应人类可持续性发展的需求。国际上，经历了长期城镇化的发展，人口又逐渐从城市流向农村，在城市郊区逐步形成了新的聚合型生活群落。这种群落既高度融合了工业文明的科技精华，又体现绿色环保和可持续生活理念，完全不同于工业进程中的城镇化过程，被称为文化时代的第二次城镇化。

城镇化，是指农村人口不断向城镇转移，第二、第三产业不断向城镇聚集，引起城镇数量增加、规模扩大的历史过程。城镇化不仅是指城镇人口数量和用地规模扩大的过程，而且是包含经济社会结构和功能的转变过程。党的"十六大"第一次明确提出统筹城乡经济社会发展的方略；"十七大"进一步提出形成城乡经济社会发展一体化的新格局；十七届三中全会再次强调，要始终把着力构建新型工农、城乡关系作为加快推进现代化的重大战略。党的"十八大"则把城乡发展提升到了新高度，提出要坚持走中国特色的新型工业化、信息化、城镇化、农业现代化道路，推动信息化和工业化深度融合、工业化和城镇化良性互动、城镇化和农业现代化相互协调，促进工业化、信息化、城镇化、

---

[*] 范周，中国传媒大学文化发展研究院院长、首席专家。

农业现代化同步发展。这进一步说明,经济体制改革的目标是依靠非公有制经济推动中国经济转型,消除城镇内部的二元结构;城镇化要和促进创新和升级、提升工业生产效率、为服务业发展打开空间同步进行。这为文化产业的发展提供了良好的机缘,同时,以文化产业等战略性新兴产业为代表的现代服务业,也成为城镇化的动力源。

如果说第一次城镇化是以"工业科技"为特征的话,那么,第二次城镇化则体现迥然不同的特色。它是一种更加绿色、更加文明、更加文化的新的发展历程,文化科技成为其典型特点。也正是这种智能化、信息化、人本化的特征,使人类第二次城镇化以其全息生态的风格成为各国城市发展所追逐的焦点,更为文化产业的"城市包围农村"搭建了载体和桥梁。

当前的中国,正在感受着这一历史变化,党和国家也敏锐地感觉到了这一发展趋势。不久前,国家高层在中央经济工作会议上明确提出要走"集约、智能、生态、低碳"的新型城镇化道路。对于文化产业而言,这一发展思路的提出是一次难得的历史机遇。文化产业以"高产值、低能耗、绿色无污染"的特点成为新型城镇化的重要渠道,为中国新型城镇化的发展提供了动力源。这一产业的特殊性契合了新型城镇化的发展要义,同时也与中央关于建设"美丽中国"的目标高度一致。

一 两次城镇化的融合发展

中国幅员辽阔,东西经济差异较大。当东部发达地区已经进入新一轮智慧型城镇化发展阶段的时候,中西部还有大片区域尚在经历着工业时代的第一次城市化进程。相关数据表明:到 2025 年,中国将有近 2/3 的人口居住在城市,从而进入城市社会。根据国际经验,城镇化率达到 70% 才会稳定下来。然而,目前我国城镇化率在 51% 左右,与发达国家 80% 左右的城镇化率相比,还有不小差距。据有关方面预测,到 2030 年中国城镇化率将达到 65% 左右,这就意味着将有 3 亿农村人口进入城镇工作和生活,城市新增人口将会深刻影响整体消费需求和规模,带来城镇消费群体和内需的迅速扩大。中国城镇化的发展开始进入快车道，带来的是人力与资源的急速聚合与调整：一是转变增长方式的创新突破；二是产业集聚升级和结构调整；三是扩大与创新消费需求。城镇化的发展还将推动工业与科技的创新前行，同时，也会给现有的城市基础建设带来巨大的压力。

因此，在城镇化发展的双刃剑下，要实现人与城市的和谐发展，就必须坚定不移地走新型城镇化道路，充分借鉴第二轮城镇化的发展模式，少走弯路，实现"农转非"的跨越式发展。这一过程的核心在于"集约、智能、生态、人文"，其载体是大力发展文化产业，其突破口在于加速文化与科技的融合。

新型城镇化是以城乡统筹、城乡一体、产城互动、节约集约、生态宜居、和谐发展为基本特征的城镇化；是大中小城市、小城镇、新型农村社区协调发展、互促共进的城镇化。走"集约、智能、生态、低碳"的新型城镇化道路对于文化产业而言，是一次难得的历史机遇。文化产业的特殊性，符合新型城镇化、智慧城市建设的要求，符合我国经济发展与调整的大趋势。

二 新型城镇化与文化产业的关系

新型城镇化的发展带来的是产业和人口的集聚与整合。文化产业本身是创意驱动、知识密集、技术整合的产业类型，是经济、文化、技术等相互融合的产业类型，是多学科交叉、产业高度相关的产业类型，有助于实现产业的集约化发展。文化嫁接科技，可以增加文化产品的时效性，提升其传播能力，降低其生产管理、传播、销售成本，可以有效整合资金流、物流、信息流，破除区域壁垒，消解边界局限，真正实现跨区域发展。目前我国文化产业的发展中还存在粗放生产的问题，要通过进一步的创新、创造、创意，升级信息网络技术、云媒体、物联网等交流服务平台，推动创意经济与技术革新、人力资源与产业资源的进一步整合，从而降低成本，提高效率，实现协同创新和集约发展。

1. 以人文生态为发展内涵

"生态文明是一种自然-人类-社会复合生态系统协调和谐、共生共荣、共同发展的社会文明形式。生态文明既不同于以牺牲环境来维持发展的工业文明，也不同于以牺牲人的发展来维持人与自然关系的早期文明，它追求的是人与自然的发展自觉与文化自觉。"从历史发展的维度看，生态文明是继农业文明和工业文明之后，符合社会发展方向和人类财富增长方向的发展方式和发展理念，是一种在保护自然、保护文明、延续文脉和传承文化的前提下，提高利用自然、改造自然效率的发展方式。生态文明作为一种全新的社会形态，不仅将为人类社会带来全方位的变化，也将为城镇化注入全新的发展思路和发展方式。无数案例已经证明，文化产业是转变经济发展方式，调整产业结构的重要途径。与工业、农业相比，文化产业作为知识密集、智力密集、技术密集、创意密集的产业类型，以人们的创意为核心竞争力，以文化创意资源为依托，有助于降低耗能，有助于减轻资源短缺与环境的压力，进一步助推生态文明建设，为打造美丽中国、美丽城市做出贡献。

2. 以人的发展为核心诉求

城镇化的核心是人的城镇化。党的"十八大"报告指出，要积极稳妥地推进城镇化，增强城镇综合承载能力，提高土地节约集约利用水平，有序推进农业转移与人口市民化。衡量城镇化进程的一个最主要指标，就是"农转非"，即由农民转变为市民的规模。近十年来，中国城镇化进程明显加快，城镇化率每年大约提高一个百分点，并在2011年首次超过50%。专家据此预计，到2020年，中国城镇化率将超过60%。城镇化带来的是相对聚合的人文环境和氛围，是社会传统、文化风俗、信仰、价值观的进一步融合，是文化氛围的进一步提升，是人本关怀的进一步体现。以人为本，是人的消费潜能的释放和创造潜能的突破。从这个意义上讲，新型城镇化不仅要进行户籍制度改革、财税政策调整，还要关注文化民生，重视公共文化服务的均等化、普遍化、大众化。文化产业具有社会效益和经济效益的双重属性，文化企业成为社会主义市场经济的主体，需要寻求经济效益与社会效益的最佳结合点，实现社会效益和经济效益的统一，为文化建设服务。将事业单位性质与公益性服务硬性结合的想法是片面的。越来越多的企业不再只是以营利为目的，而是积极投身到公共文化服务的建设中。演艺集团的文化下乡慰问演出、农村电影放映、出版企业的农家书屋建设等都体现了企业的公益性服务。例如，深圳华侨城股份有限公司在打造欢乐谷、世界之窗、中国民俗文化村等产业化运行的营利项目的同时，还积极筹建完全公益性的艺术场馆，举办各类公益性的文化艺术活动，让文化产业的成果真正惠及社会大众。

3. 以智慧增长为发展路径

在集约、生态的产业需求背景下，城市的经营者们要思考如何加强城镇的高效管理和调控能力，提升城镇功能、调整结构、整合资源。文化建设成为城市发展的新方向，以智能化、信息化、生态化为特征的智慧城市建设成为城市发展转型的新方向。通过技术手段加强虚拟与实体的协同创新，是城市政府管理、商业运行与公共服务的重要走向，是卫生、医疗、教育、环保、交通的智能化、电子化、信息化与创意化。与国外智慧城市对单体智能项目的关注不同，中国特色的智慧城市是对城镇的生产与服务的协作机制的架构，是城市的整体信息化与智能化。有关数据显示，截至目前，国内明确提出创建智慧城市行动计划及发展战略的城市已有近50个，有200多个智慧城市项目已经提出或正在实施当中。基础性、应用性信息技术系统逐步完善，关键性、创新性信息技术正在转型升级，对数字内容、交互传媒、互联网信息服务等文化产业门类的转型升级需求扩大，传统文化企业开始转向文化科技类企业，关键性技术、自主核心技术的拥有量和含金量、专利的拥有量已成为文化科技企业的核心竞争力。

在我国城镇化进入升级与转型的新历史阶段，文化产业也日趋成为经济社会发展的重要增长点，文化消费成为社会发展中日趋活跃的领域。在新的发展契机下，综合运用法律、行政、市场等手段，处理好经济、社会、文化、生态之间的关系，将城镇化建设与文化产业的发展相融合，以文化发展驱动社会发展，进而探寻中国新型城镇化发展道路，以文化产业的包容式增长破解城市规划不合理、公共资源短缺、城市运行效率低下、环境污染严重等城市病，已经被证明是一条区域升级转型的有效路径。

三 文化产业推动新型城镇化发展的核心路径

当前，我国城市化步伐不断加快，每年有1500万人口进入城市，第一次城镇化与新型城镇化的发展相互交融，我们既要尊重城市和社会发展的客观规律，通过传统的城镇化推动农民向产业工人的转化，加速中国工业化进程；同时，也要善于借鉴和利用新型城镇化发展路径，实现文化产业发展与新型城镇化的双螺旋交替上升，既要善于建设大城市，也要善于发展文化产业，通过走集约、高效、创新的发展道路，以县域文化产业为突破口建设一批新型小城镇，走出一条富有中国特色的大中小城市和小城镇并举的可持续发展之路。

1. 发展以人为第一资源的文化产业是新型城镇化的发展动力

当前，世界经济政治格局出现新变化，国际金融危机影响深远，世界经济增长速度减缓，全球需求结构出现明显变化，围绕市场、资源、人才、技术、标准等的竞争更加激烈。我国工业化、信息化、城镇化、市场化、国际化深入发展，人均国民收入稳步增加，经济结构转型加快，市场需求潜力巨大。但不可避免的是，发展中不平衡、不协调、不可持续问题依然突出，经济增长的资源环境约束强化、投资和消费关系失衡、收入分配差距较大、科技创新能力不强、产业结构不合理等问题依然是中国经济社会发展中普遍存在的问题。文化产业的发展，成为许多地区破解发展瓶颈，缓解经济压力的战略选择。欧盟委员会发布的云战略路线图表明，到2020年，云计算将在欧盟地区产生大约9000亿欧元的收入，同时将带来380万个工作岗位。以文化产业为核心驱动力的新型城镇化建设，不仅有效提供了城市转型的路径，而且切中了城镇化的核心要义——人的城镇化。联合国教科文组织对"创意城市"的研究表明，创意在城市中扮演了重要角色，艺术和文化培育了城市的宜居性、社会凝聚力和文化特色。创意部门对城市经济活力的贡献可以根据其在产出、增加值、收入和就业机会等方面的直接贡献，以及由此引发的间接效果来衡量。版权产业将"独创性"作为核心竞争力，强调创意阶层的智力成果。正如理查德·弗罗里达对"创意阶层"概念的提炼一样,"创意可以来自任何一个用创新方法解决问题的人,可以是一个社会工作者、一个商人、一个工程师、一个科学家或一位公务员。城市是一个联合团队,集合了不同见解的人,激发出最有趣的观念和计划。这也意味着创意城市既有富于创造性的政府,也有创新的个人、组织、学校等。公共、个人和社会领域通过鼓励创意并合法运用想象力,将极大地丰富解决城市问题的可能和潜在方案的智库"。创意阶层以或固定或灵活的方式实现了就业。世界上版权产业经济贡献率较高、创意氛围较好的城市或地区,都云集着大量的创意阶层,版权产业以原创为核心,以智力为引擎,拉动了城市就业,推动了城市升级。随着要素市场改革成为新型动力,新型劳动力成为人力资本市场的重要组成部分,创意、经营、管理人才规模扩大,以云媒体、物联网为代表的新型产业环境正在逐步形成。

2. 发展以生态文明为核心诉求的文化产业是新型城镇化可持续进行的保障

改革开放 30 多年来,中国经济取得了巨大的成就,从数据上看,中国在改革开放以来的快速发展中,劳动的贡献占 25%,资本的贡献占接近 60%,而技术的贡献不足 20%,是典型的粗放型增长方式,这一生产方式对生态环境造成了极大破坏。格罗庇乌斯在《新建筑与包豪斯》中写道:"随着空间的发展,从天空俯瞰屋顶,未来城市将会呈现一片无尽的空中花园景色。"他预见了城市空间绿化的未来发展趋势,也表达了对未来城市生态建设与城市建设一体化发展的展望。文化产业是绿色、无污染、低耗能的战略性新兴产业,绿色是文化产业发展的主题和基调。以生态文明为核心诉求,以环境生态和人文生态为双轮驱动的城镇化发展思路,既是新型城镇化建设秉承的基本原则,也是城镇化建设实现可持续发展和包容式增长的基本出发点。就目前中国文化产业的发展而言,更多的发展方式是资源依赖型,即依托现有的资源形态,进行简单的包装设计和单一的营销方式,实施低文化附加值的产品开发,在整体上处于产业链的中下游环节,其高速增长在很大程度上依赖中国较低的劳动成本、不计后果的环境成本和较高的资源消耗成本,这也使文化产业的发展空间受到严重挑战。随着新型城镇化建设的推进以及以生态文明为核心诉求的发展理念融入经济社会发展中，文化产业的发展将着力破解城镇化过程中对文化资源过度依赖的症结，以加大文化产品附加值的方式实现集约式、创意性、智造型城市发展的方式，驱动新型城镇化，为新型区域格局的特色化发展提供新的思路。

3. 发展以城市群为单位的文化产业空间布局是新型城镇化建设的重要载体

改革开放以来，中国经济高速增长，"共同贫困"的局面早已消失，但"共同富裕"还只是一张蓝图。随着新型城镇化建设的加快，未来文化产业在县域地区尤其是农村地区的发展，将成为实现文化富民的重要途径，对于国家经济发展的总体平衡将起到重要的推动作用。而就目前文化产业的发展模式而言，主要是大城市引领，大企业带动。在中国大多数地区，文化产业的发展仍集中在城市，城市汇集了文化产业发展所必需的人才、创意、资本等核心要素，城市拥有文化产业的市场主体，文化企业和战略投资者往往将目光积聚在中心城市。这也使得都市圈、城市群的文化产业发展，依托区域中心城市呈现涟漪状分布。但是，未来文化产业的集体式崛起必须破解文化产业发展的城市依赖症，使广大县域地区、乡村地区通过文化产业的发展实现经济的跨越发展。新型城镇化为文化产业破解空间布局的制约性瓶颈，寻求新的发展空间，实现第一、第二、第三产业融合发展提供了前所未有的契机。随着新型城镇化建设的推进，核心城市和周边城市之间的关系，将因为文化产业的纽带作用而更加紧密，文化产业将有机统领城市群发展。此外，随着文化与科技融合的加速，可以预见，以城市信息化、智能化、数字化系统为架构的智慧城市建设将成为下一个阶段城镇化发展的重要手段，有助于进一步推动三产的集约和生态建设。

4. 发展以民营经济为市场手段的文化产业是新型城镇化建设的必要渠道

新型城镇化建设将迎来新一轮公共交通、工程设施、公用环境的建设期，而文化方面的公共服务项目与工程的建设将掀起新的浪潮。公共文化服务的建设将更具规模，形式不断创新，文化真正走进街道，走入社区，彰显生活美学。以往，公共文化服务的主体是政府，政府主导和全额财政拨款是公共文化服务的主要方式。随着新型城镇化建设的推进，大量的公共文化服务设施、基础建设将迎来前所未有的集中建设期，单纯依靠政府力量难以全面进行。因此，充分激发和释放文化发展活力，依托民营经济投入城镇化的基础建设部分，充分运用市场手段推进新型城镇化过程中的软环境建设，是破解城镇化建设中人文环境力度不足的有效方式。2011 年民营企业就业人口是国有企业就业人数的近 4 倍。民营企业的 GDP 贡献占总体 GDP 的 50%～60%。民营企业（含个体户）提供的就业岗位达到 2.354 亿个，占城乡总就业人口的 30.8%。但是，在目前文化市场的不断开放过程中，存在着市场开放程度低、融资难、融资方式单一和市场调整失灵等问题，使得民营资本很难进入，且投资一哄而起。目前，改变文化投资领域这种混乱无序局面的有效手段之一，是充分吸收民营资本，丰富文化产业市场参与主体。鉴于文化产业的特殊性，在吸引民营资本进入文化产业市场领域时，应充分尊重社会主义市场经济规律，在国家宏观调控层面对其进行科学规范和合理引导，要明确民营资本进入文化产业的政策及文化市场规律的特性，遵循市场经济规律，充分培育文化产业基础市场体系，同时区别对待、分类指导、循序渐进、逐步推开。以新型城镇化建设为导向，以人文环境建设为主体，以民营经济在适当领域的适度介入为手段，进一步开放文化市场，降低进入文化市场的门槛，简化程序，规范和引导民营资本形成以资产为纽带，通过投资、参股、控股、兼并、收购、承包、租赁和托管等多种形式和途径，按市场规律整合文化资源，多层次、多渠道地参与新型城镇化建设，参与公共文化服务设施的建设，使未来的城镇空间更具活力和市场竞争力，形成重点突出、特色鲜明、文化资源丰富、文化底蕴浓厚、文化环境良好、文化生态优美、文化产业发达、文化事业繁荣的文化旅游小集镇，成为我国新型城镇化建设的排头兵。

2013中国文化产业发展指数报告

胡惠林　王　婧　付　缦[*]

《2013：中国文化产业发展指数报告（CCIDI）》（以下简称《报告》）是在2012年发布的同名报告基础上产生的，采用了与后者大致相同的"表征与内涵双重复合"的指标体系和理论分析框架（简称"上海交大指数"）。本年度的研究成果主要体现在以下几个方面。

（一）我国文化产业发展整体态势基本平稳，政策时效递减性效应开始显现，积极发挥市场在资源配置中的作用压力增大，提高我国文化产业发展内生创新能力成为我国文化产业持续平稳发展的关键

《报告》显示：通过延展"十一五"时期中国文化产业发展综合指数至2011年，可以发现我国文化产业发展在2006～2011年间总体上处于上升态势。除2009年外，其余各年的CCIDCI（中国文化产业发展综合指数）值均>100，这表明，我国每年的文化产业发展总体水平均好于上一年。尽管如此，2011年的CCIDCI指数值比上年略有下滑，造成下滑的主要原因是内涵发展指数下滑了7.11。这一方面表明，大力发展文化产业的政策效应仍处于释放期；另一方面也表明，创新动能不足正在影响我

---

[*] 胡惠林，上海交通大学教授，国家文化产业创新与发展研究基地首席专家，《中国文化产业评论》主编；王婧，上海交通大学媒体与设计学院助理研究员；付缦，上海交通大学媒体与设计学院博士生。

国文化产业发展的整体走势。如何积极发挥市场在资源配置中的积极作用，防止政策红利释放殆尽后可能出现的整体性大幅下滑，大力提升我国文化产业的内生创新动力，进一步营造良好的文化产业发展内环境，内外兼修，将成为保证我国文化产业长期稳定发展的重要因素。

（二）我国文化产业发展形成"新十强"，三大梯队格局出现分化重组态势，省区市文化产业竞争明显增强，东部地区稳定占据文化产业发展十强，东、中部地区仍然是我国文化产业发展的主要增长区

《报告》显示，2011年全国31个省区市"新十强"依次为：北京、广东、浙江、江苏、山东、上海、天津、湖南、福建、辽宁。2009~2011年间，排名前十的地区相对稳定，其中8个省市区连续三年占据全国十强的位置，分别是北京、辽宁、上海、浙江、江苏、山东、湖南、广东，它们均属东部区域，并涵盖了长三角和珠三角区域，与我国经济增长极基本保持一致。这表明，经济增长速度与文化产业发展水平存在内在关联。

（三）首次对中国大城市文化产业发展状况进行分析评估，并给出了发展排名

鉴于数据难以获得的现状，本报告仅公布了2009年20个大城市的文化产业发展指数排名，它们是北京、上海、天津、重庆4个直辖市，深圳、宁波、青岛、厦门、大连5个计划单列市，以及沈阳、西安、郑州、武汉、长沙、广州、南京、合肥、太原、济南、杭州11个省会城市。通过对这20个大城市文化产业发展的数据进行分析发现，北京和上海分别以88.54和62.96排在前两位。

此外还可以发现，大多数城市表征指数和内涵指数的排名相对均衡，只有长沙、太原、厦门、青岛、南京、宁波、合肥7个城市的位次差距超过了5。另外13个城市（占所有被评估城市的65%）的表征指数和内涵指数位次差距较小。这表明，这些城市文化产业的内在运行机理基本支撑了其文化产业发展的外在表征，文化产业的内在系统与外在特征发展均衡，形成了良好的互动。但从我国大城市文化产业整体发展不平衡的情况来看，系统性地提高大城市文化产业发展能力，将成为整体性提高我国文化产业核心竞争力的战略关键。

（四）我国文化资本市场（A股）发展迅速，结构日趋合理，成长空间广阔，国有文化企业仍是文化市场主力，但民营文化企业的资金利用效率更高；文化资产质量和资产效率有待提高

据不完全统计，截止2012年，国内上市文化公司已经达到了100多家。但在国内A股市场上市的与文化内容密切相关的文化企业只有37家，其中，国有文化企业29家，民营文化企业8家。

从行业结构看，新闻出版发行、文化信息传输是上市文化企业集中的主要行业，二者占总上市文化企业的63%。其中，新闻出版发行服务有14家，占34%；文化信息传输服务有12家，占29%；广播电影电视服务有6家，占15%；文化创意和设计服务有5家，占12%；文化休闲娱乐服务和综合传媒类相对较少，各有2家，各占5%。

从地域分布来看，A股市场文化上市企业的分布也有一定的地域性，同地区经济发展水平有极大的关联性。其中，北京以8家上市文化公司高居榜首，广东、上海、浙江分别以7家、5家、4家紧跟其后，安徽、湖北、四川各有2家，海南、河南、江苏、江西、吉林、辽宁、陕西各有1家。从整体上看，我国上市文化公司呈现东多西少、南多北少的特点。

从企业性质结构看，以上市文化企业公布的年度财务报表为依据，综合分析我国A股市场上市文化企业总体营利能力情况，可以发现国有控股上市文化公司和民营上市文化公司在营利能力上的区别。国有控股企业上市早期利润率良好，但总体上呈逐年下降的趋势，年均下降1.5%。从2009年开始，民营企业后来居上，利润率超过了国有控股企业，并呈总体上升趋势，年均上升2.05%。

从经济规模看，国有控股企业总数居多，国有企业在整个市场上贡献了绝大多数的主营收入额，目前仍是我国文化产业资本市场的主力军，但总体营利能力不强和规模不大。

（五）我国 A 股上市文化企业发展指数及 10 强排名

通过对 2006~2012 年间 A 股市场上市文化企业发展指数进行综合分析和排名，华侨城始终处于第一名，且领先第二名的优势在逐年增大。同时，它与东方明珠、电广传媒和华闻传媒 4 家企业连续 7 年位列 10 强，它们均是国有文化企业，进行文化内容生产和服务。分析构成文化企业发展指数的三个指标，即主营业务收入、净利润和资产收益率，可以发现如下结果。

1. 主营收入分析

从主营收入基准的排名情况可见，连续五年排名前 10 位的企业是：华侨城、时代出版、电广传媒、东方明珠、华闻传媒；另外，出版传媒 2008~2011 年主营收入都排前 10 位，2012 年才滑出前 10 位，排名第 12 位；北巴传媒 2008~2010 年主营收入连续居前 10 位，2011 年和 2012 年位居第 11 位。以上提到的 7 家营业收入稳居前列的公司除了华闻传媒是民营企业外，其他都是国有控股，因此，从经济规模上看，国有控股企业占优势。

2. 营利能力分析

综合考量，营利能力持续良好的企业有宋城股份（全名为杭州宋城旅游发展公司，民营，文化艺术类，公司主营业务为主题公园和旅游文化演艺的投资、开发和经营，即文化旅游服务）；华策影视（国有控股，主营影视剧、电影制作与发行）；光线传媒和华谊兄弟（民营，主营影视剧、电影制作与发行、艺人经纪）；百视通（国有控股，新媒体）；乐视网（民营，新媒体、网络信息服务）。观察分析发现：营利能力与主营收入五年排序情况不同，连续五年效益稳定的企业很少。营利能力好的公司从所有制来看，民营更有优势，并呈现上升势头。

对照连续五年民营和国有控股的主营收入和净利率的总览表可以看出，国有控股和民营在经济规模和营利能力上呈现不同的状况。市场上比较成规模的大企业基本都是转企改制的国有控股企业，尤其是新闻出版和广播影视两类；而营利能力、经营效益相对较好的却是民营所有制和新兴业态。

值得注意的是，与民营文化企业营利能力逐年增长的情况相反，国有控股文化企业呈明显下滑态势（如华侨城、出版传媒、北巴传媒、时代出版）。如何通过增加净利润以提升资产利用效率、增加经营效益，成为国有文化控股上市公司面临的战略性问题。

3. 资产收益率分析

资产收益率排名10强的企业名录最不稳定，仅博瑞传播（四川）连续七年位列十强。但它仍呈现如下特点：（1）从资产获利效率看，民营企业逐渐凸显优势；（2）新闻出版行业的资产获利能力相对降低，而新兴文化企业的资产获利能力提升明显，在资产获利十强中，行业分布更加多样化。

此外，我们还可以发现一个现象：由于房地产业在多年前的快速发展，主营业务中包括房地产业的文化企业均能获得较大规模的主营业务收入和较高的净利润，但是随着房地产业暴利时代的结束、我国产业结构调整及经济增长方式的转变，以文化内容生产为主的企业正迎头赶上。

（六）2007～2012年我国对外文化贸易发展状况分析

"对外文化贸易"是内涵指数体系中10个一级指标之一，由"文化出口品牌"和"文化相关贸易"两个二级指标组成。在2009～2011年间，各地对外文化贸易指数的排名相对稳定，有8个地区持续位于前十名，分别是：北京、上海、天津、江苏、浙江、广东、安徽、山东。

1. 国家文化出口重点企业更加倾向新兴文化产业

动漫科技类新兴文化产业成为国家支持出口的主要对象，在2007～2012年国家文化出口重点企业名录中，从原来的11.51%增加到23.38%，提高了11.87个百分点。

2. 不同行业的对外出口优秀企业具有地域特色

新闻出版业中，北京第一，江苏、广东和安徽紧随其后。广播影视业中，北京最多，上海其次，浙江第三，2011～2012年分别占总数的48%、32%、18%。四川在文化艺术出口方面拥有较大优势，2007～2008年有3家企业入选，2011～2012年已有12家，主要集中在歌舞杂技、自贡灯展等方面。

3. 国家文化出口重点项目凸显多行业融合趋势

国家文化出口型项目的支持区域覆盖更广。2011~2012年，安徽等6个地区实现从无到有的突破，与企业变化基本保持一致。综合类国家文化出口重点项目比例增加较为明显，2007~2012年平均增长率为2.3%。更多的地区通过促进多功能的产业融合来开拓海外市场，取得良好的效果。

（七）文化产业发展指数测评中的问题与建议

1. 统计口径"扩张虚化"现象

在多年的文化产业发展指数测评中，北京始终处于第一梯队，这除了北京市发展文化产业的自身努力外，也有其统计口径偏宽的原因。近年来，我国经济发展中存在的片面追求GDP的倾向也渗透到了文化产业领域，很多地方政府为了使当地的文化产业取得比较好看的成果，而采用了宽泛的"文化创意产业"统计概念，与国家统计局先后颁布的《文化及相关产业分类（2004）》和《文化及相关产业分类（2012）》均不一致。包含"软件业"在内的"文化创意产业"统计概念不仅使其获得排名靠前的表象特征，而且给其他地区带来了不好的示范作用。如山东省2011年公布的文化创意产业增加值为2300亿元，相比2010年山东省按"文化产业"统计口径所得增加值的1260亿元近乎翻了一番，从而在2011年进入了全国第五名。根据《山东新闻联播》报道，今后山东省文化产业增加值将按照新口径进行统计，工业设计等一批新行业被纳入统计范围，统称文化创意产业。

这种文化产业统计上的"北京、山东"现象不仅使得国家统计局颁布的统计标准丧失应有效力，也助长了地区间由于统计虚化而产生的不公平竞争。同时，更为重要的是，它还模糊了文化产业的本质，即文化内容的生产和服务，从而易产生另一种统计上的"泡沫经济"的投机行为。

2. 文化产业链被人为割裂

不同的产品有着不同的产业价值链，但大致来说，完善的文化创意产业链应主要包括四个环节：研发创作环节、生产制作环节、营销推广环节、版权贸易环节。目前，我国文化管理部门主要有文化部、新闻出版广电总局、工信部及国家旅游局等四个系统，各管一摊，这种不合理的管理格局与长期以来形成的官办合一体制相结合，造成了文化领域内的部门、行业垄断和地区封锁现象严重，文化市场零散分割，流通渠道不畅，难以形成统一的市场体系。

显然，如何有效整合资源，形成完整高效的产业链条，将其对经济发展的升级效应、经济增长效应、产业的关联效应、就业效应充分挖掘出来，将是未来中国文化产业发展的关键。

3. 民营文化企业实力亟待提高

民营文化企业发育不够成熟是由我国文化产业投资体制决定的。在我国文化产业的投资结构中，国家投资居于主导地位。同时，政府对文化产业实行严格的市场准入限制。目前，只有演艺业、广告业和文化娱乐业的市场准入条件相对较低，允许私人资本设立私营企业。而在出版、音像、传媒和影视业，私人资本只能有限进入。2009 年，三家入围中国民营企业 500 强的文化企业无一例外皆是造纸、印刷和文具业，属于文化用品的制造业，并不具备真正的文化精神内涵。

中国资本市场发育晚，企业直接融资渠道很不畅通，这也是导致民营文化企业发展不够强劲的一个原因。根据文化部 2010 年对我国 300 家民营文化企业的专题调研结果，56.7% 的企业认为融资困难，超过 80% 的企业主要依赖自身积累，融资方式极为单一。[①] 2004 年中小企业板在深圳交易所上市，为中小文化企业提供了直接融资的渠道，但由于历史太短，上市量非常小，目前在中小企业板上市的企业共有 700 家，其中文化企业寥寥无几。

4. 居民文化消费总量过低，地区结构不平衡

多种原因造成了我国居民整体文化教育娱乐消费水平偏低，而消费能力有限无疑是其中一个重要的制约因素。在国民收入分配结构中，政府所占比例过高，而居民所占比例过低；再分配过程中对居民之间的收入状况调整的力度也不大，造成目前我国居民在整体收入水平较低的同时，收入差距还过大，严重制约了居民的消费需求。同时，重生产

---

① 《求解融资难题文化企业欲加速迈向资本市场》，《中国证券报》2010 年 3 月 30 日。

性投资和基础设施建设、轻社会保障制度建设一直是中国经济发展中存在的痼疾，居民不得不将储蓄作为进行自我保障的基本方式，从而抑制了原本就增长很缓慢的消费。可见，在拉动中国经济增长的"三驾马车"中，投资、净出口和消费之间相互失衡的矛盾十分突出，中国经济增长过度依赖出口和投资，消费拉动乏力。作为一种文化体验、情感享受和对自身发展、社会关系、地位的追求，文化消费水平显然也受到消费群体文化背景、消费观念、消费习惯和价值取向的支配。

需要说明的是，文化消费通常是指人们根据自己的主观意愿，选择文化产品和服务来满足精神需要的消费活动。而我国现有的统计体系并未能明确区分教育消费和文化娱乐消费，由于当前中国教育实际上是一个垄断行业，教育价格自20世纪80年代末开始就一直呈持续增长的态势，因此，当前文化教育娱乐支出中所包含的教育消费支出很难说是消费者自主选择的结果。显然，对文化教育娱乐消费支出水平的考察，还须要进一步深入分析其消费结构。

5. 文化产业表象特征虽然连续两年提升，但文化产业的就业吸纳能力和民众参与程度增长缓慢

在2012年出版的《2012：中国文化产业发展指数报告（CCIDI）》中，我们已经利用国家统计局的官方数据和《中国统计年鉴》中的"文化、体育和娱乐从业人数"数据表明，文化产业的就业吸纳能力有待提高。从文资网得到的最新数据再次佐证了这一点。相关数据表明，文化产业对我国总体就业贡献微乎其微，在2006～2011年间，文化产业从业人员占社会就业人员的比例仅增长了0.18%，而同期我国第二、第三产业占社会就业人员的比重分别增长了4.2%和3.5%；这与文化产业劳务密集、知识密集、技术密集的特点并不吻合，相对于文化产业对GDP 3.5%左右的贡献率也有较大差距。此外，文化产业的民众参与程度也很难度量和体现。无论从艺术表演场馆的观众人次，还是从图书馆的流通人次、博物馆的参观人次等指标来看，2011年的民众参与程度都低于2010年。而力图实现文化产业成为国民经济的支柱产业不仅是一个经济目标，而且是丰富百姓文化生活的社会目标，因此，提升文化产业吸纳就业能力和民众参与度极为必要。

6. 建立以文化内容为主要价值取向的文化企业评价标准

本报告分析认为：盲目追求打造"文化航母"和"大集团"不适合中国文化企业的现状。当务之急是找出各文化行业、文化企业的核心竞争力（core competency），并针对目标和自身情况制定"分步走"战略，找到增长壮大的驱动因素（driving force）作为核心因子，作为评价优秀文化企业的标准，使其更能代表中国文化企业的发展情况及方向。具体而言，现阶段，如前文提出并论证的建议，在现有的经济规模类指标基础上增加体现营利能力和经营效益的比率性指标；同时，增加民营和国有两种所有制的分项指标。根据两组两类指标数据，对两个分群体的经济规模和营利能力进行对比；深入研究公司报表并进行实地调查，把产业价值链和企业治理等公司层面的内容确定为中国上市文化企业十强评选的价值导向，从而真正培育和形成以国家战略型核心文化企业为依托的中国文化产业核心竞争力。

7. 推进文化类统计年鉴、统计指标发布的科学化管理

在2006~2011年连续六年的CCIDI指数测评过程中，课题组除了借助官方网站、期刊和报纸等资料和数据的收集外，统计年鉴是非常重要的一手数据来源。然而，在连续六年的数据收集过程中，发现我国整体文化产业类数据统计来源较少，而且同一本年鉴的指标不连贯现象也比较普遍，这对通过数据观察我国文化产业发展态势是十分不利的。例如，"中国各地版权输出情况"指标为了解我国对外文化产业状况提供了十分重要的数据，然而从2012年开始，《中国知识产权年鉴》不再公布该项指标数据，并且无任何说明。《中国统计年鉴》公布了2010年及以前各地区的分行业就业人员数，但2011年后，该指标数据便不再公布。这样的现象在各地方年鉴和专题年鉴中更是如此。

距国家统计局首次发布《文化及相关产业分类（2004）》已近10年，但目前仍无各地区文化产业增加值及就业人员数据的官方统一口径的统计数值，这不能不说是一种文化产业整体制度建设上的滞后。因此，积极推进我国文化统计发布的科学化管理，对于规范我国文化产业发展统计的科学性和竞争的公平性至关重要。

文化创意产业"北京模式"与"昆士兰模式"比较研究

李庆本　王　曦　陈小龙[*]

所谓文化创意产业模式是指在某一个国家和地区的文化创意产业发展中形成并可以供其他国家和地区学习和借鉴的一种模式,它主要涉及政府政策、企业发展、人才资源等因素,是以上因素的组成方式。可以说,政府政策、企业发展、人才资源等因素的不同组合就会形成不同的文化创意产业模式。它具体体现在文化创意产业的集聚区模式、发展模式、政策模式等方面。

一　北京与昆士兰文化创意产业集聚区模式比较研究

"昆士兰模式"这个概念是由澳大利亚学者约翰·哈特利等人撰写的《昆士兰模式:创意产业园区链接生产企业、教育、研发、文化生产和会展》中提出来的,文章指出昆士兰的文化创意产业的起源和发展缘于2001年昆士兰科技大学的一项教育振兴工程和"智慧之州"规划。在此二者的作用下,最终形成了昆士兰科技大学高科技教育与

---

[*] 李庆本,北京语言大学比较文学研究所所长、教授;王曦,北京语言大学国际商学院讲师;陈小龙,北京外国语大学校长办公室实习研究员。本文为北京市哲学社会科学规划项目"文化创意产业'北京模式'与'昆士兰模式'比较研究"的结项成果。

创业产业园区，其中包括 Kelvin Grove 都市村庄，并于 2004 年 5 月正式启用。"创意产业园区是一个产业、政府和高等教育与研究机构相互依存的网络，他们共同营造了一个支持创新、支持创造性、支持企业和就业的快速成长环境。政府、产业界和昆士兰科技大学共同合作来开创这样的环境，建立起一个创意产业发展的合作模式。"① 这一园区是各种企业，特别是文化创意企业的集聚中心，肩负着文化创意产业的教学和科研任务，是一个完全的"创意复合体"。这种发展模式被称为"昆士兰模式"，也可以称为昆士兰创意产业园的"政、产、商、学、研一体化"的集聚模式，而其最显著的特点是"对教育和研究的强调"。② 值得注意的是，澳大利亚"昆士兰模式"的理论阐发者和研究者也将目光投向中国。像昆士兰科技大学创意产业学院的金迈克著有《创意在中国》，并长期关注北京创意产业集聚区的发展。

在国内的研究中对文化创意产业"北京模式"已有所阐发，但由于研究者立论的角度不同、侧重点不同，因此对于"北京模式"的界定多种多样，并没有形成共识，而将"北京模式"置于国际学术环境中加以审视的研究成果也不多见。这跟北京作为一个"文化中心城市"和"国际化大都市"的地位是不相称的。目前亟须采用跨文化比较的视野对文化创意产业"北京模式"进行深入研究。

相比昆士兰创意产业园区，北京文化创意产业集聚区的发展时间稍晚，但发展规模要比昆士兰创意产业园区大得多。目前，北京市共有 30 个市级文化创意产业集聚区。其中包括 2006 年 12 月认定的第一批 10 个文化创意产业集聚区，2008 年 3 月认定的 11 个文化创意产业集聚区，以及 2010 年认定的 9 个文化创意产业集聚区。

根据文化地理学理论，合理的空间布局是文化创意产业集聚区

---

① 〔澳〕约翰·哈特利、金迈克、斯图亚特·坎宁安：《昆士兰模式：创意产业园区链接生产企业、教育、研发、文化生产和会展》，载张晓明、胡慧林、章建刚主编《2007 年：中国文化产业发展报告》，社会科学文献出版社，2007，第 359 页。

② 〔澳〕约翰·哈特利、金迈克、斯图亚特·坎宁安：《昆士兰模式：创意产业园区链接生产企业、教育、研发、文化生产和会展》，载张晓明、胡慧林、章建刚主编《2007 年：中国文化产业发展报告》，第 361 页。

发展的生命线。按照北京历史与现代文化资源结构，北京市文化创意产业的布局与规划要形成以中轴线为主线、左右翼合理发展的总体格局。中轴线是北京历史文化区，以历史文化旅游为特色；北端以奥运体育、演展文化为重点；南端为国家新媒体产业基地，以影视、动漫游戏、网络出版原创为基础。左翼是中关村科技教育创新中心和石景山数字娱乐体验中心；右翼是以大山子为中心的现代艺术区和国际传媒贸易中心。从空间布局看，目前30个集聚区分布全市16个区县，与北京市城市整体规划和区域功能定位基本一致。应该说，北京市文化创意产业集聚区已经形成了空间布局合理的集聚效应和发展规模，这对促进北京市文化创意产业的进一步发展奠定了良好的基础。

总体上看，北京市文化创意产业集聚区在发展中已经形成了自己独特的生成模式。亦有学者将这种模式概括为：资源聚集自发形成模式、原有资源改造利用模式、依托原有资源提升模式、全新规划建设模式；[①] 其管理运行模式具体包括：政府主导、政企合作、企业主导三种模式。[②]

与"昆士兰模式"相比，北京文化创意产业集聚模式的不足主要在于对教育资源利用不足。文化创意产业是智力密集型产业，需要一大批优秀人才资源作为支撑。目前，社会上亟须培养文化创意产业两大类人才，即内容创意人才和擅长将这些作品进行产业化和市场化的人才。没有相应的大学、科研机构、研究基地的智力支持，就不可能有一流的创意产业集聚区。昆士兰创意产业区是昆士兰科技大学孵化出来的，与大学教育科研机构有着天然的密切联系；而北京文化创意产业的发展存在产、学、研相脱节的现象，这必将阻碍北京文化创意产业的进一步快速发展。

而实际上，北京市拥有众多的高等院校和教育科研机构，具备比昆

---

① 刘牧雨主编《北京文化创意产业发展理论与实践探索》，中国经济出版社，2007，第24~29页。
② 牛维麟、彭翊主编《北京市文化创意产业集聚区发展研究报告》，中国人民大学出版社，2009，第102页。

士兰更优越的创意资源。因此我们认为,在今后北京文化创意产业集聚区发展中,应该重视发挥驻京高校的"智库"作用,加强政府、企业与高校的合作,依托高等院校培养创意型人才,实现产、学、研相结合,促进政、产、商、学、研一体化发展;应该重新思考文化创意产业人才培养的定位和层次,整合现有资源,加强各高校之间合作,加强文化创意产业人才实践能力的培养,寻求培养模式的突破;应该明确政府主管部门的职责和功能,加快政企分开的进程,推进政府职能的转变,真正实现由"政府主导"向"政府引导"的转变。此外,还应该加快完善集聚区的管理组织,加强文化创意产业行业协会的建设,扶持和培育出一批有国际竞争力的文化创意公司、文化经纪公司、制作公司、票务公司、演出公司,等等。

二 北京与昆士兰文化创意产业发展模式的对比研究

刘牧雨主编的《北京文化创意产业发展理论与实践探索》曾将北京文化创意产业发展总结归纳为以下五种模式:龙头企业带动发展模式,产业关联发展模式,科技支撑发展模式,体制转型发展模式和公共平台支撑发展模式。[①] 如果说"政府引导、市场主导、企业主体"是北京文化创意产业发展的总体模式的话,那么这五种模式无疑是北京文化创意产业发展的具体模式。与此相比,昆士兰创意产业发展模式则表现为:金融扶持企业发展模式,教育和科技支持企业发展模式,创新联结企业和大学发展模式,采购帮助企业发展模式,营销促进企业产品升级发展模式。[②] 而这五种模式之间是环环相扣的联动模式,相互之间首尾相接,构成一个整体。

通过比较北京和昆士兰两地文化创意产业发展模式(见表1),我们会发现,尽管昆士兰创意产业发展速度、规模、就业人数等方

---

① 刘牧雨主编《北京文化创意产业发展理论与实践探索》,第 16~22 页。
② State Development and Innovation, *Creativity Is Big Business—A Framework for the Future*, Brisbane: Queensland Government, 2005.

面远不如北京，但昆士兰发展模式的一个重要特点是，创意产业发展的五个环节（金融、教育和科技、创新、采购、营销）彼此之间是相互连接并构成一体的，这可以为北京文化创意产业发展模式提供一定的借鉴和启示。而目前北京文化创意产业发展所面临的问题如下。

表1 北京与昆士兰文化创意产业发展模式比较表

昆士兰创意产业发展模式	北京文化创意产业发展模式
金融扶持企业发展模式	龙头企业带动发展模式
教育和科技支持企业发展模式	产业关联发展模式
创新联结企业和大学发展模式	科技支撑发展模式
采购帮助企业发展模式	体制转型发展模式
营销促进企业产品升级发展模式	公共平台支撑发展模式

（1）在北京创意产业内部以中小企业为主，与外部产业之间没有形成完整联系体系，行业间关联度低。北京两万多家创意企业，员工数在两万人以下的企业超过70%，大部分企业处于产业链的低端，产业内部未能实现原创产品、关联产品和衍生产品之间的互动发展，严重制约了文化创意产业的规模化效应。

（2）融资渠道不畅通，中小企业抗风险能力较低，企业在融资方面存在困难，资金问题成为制约企业发展的重要因素。尤其对于产业链长、投资回收期长、启动资金多、风险大的行业，民间资本和金融机构资本为规避风险而较少介入。

（3）北京文化创意产业尚未形成完善的产业链。就打造产业链而言，创意、技术、营销、渠道经营、管理、研究领域的人才必不可少。但北京文化创意产业还没有形成完整的人才体系，占据产业链前端的创意人才和末端的经营人才是产业链上最为薄弱的两个环节。作品的原创性是产业链的核心环节，创意产业链主要增值部分体现在原创知识含量中，但目前北京文化创意产业内部具有民族性、特色型的原创产品严重不足，文化资源尚未有效地转化为文化资本。

为了解决这些问题，我们建议，北京在文化创意产业发展过程中，要发挥产业的关联效应,积极拓展产业链,加强产品的研发、运营、销售及周边服务之间的紧密联系,形成创意、制作、专业销售代理、版权转让、开发衍生产品及产品销售一条龙的循环系统。

三 北京与昆士兰文化创意产业政策模式的对比研究

加拿大文化经济学家哈瑞·希尔曼·查特兰德(Harry Hillman Chartrand)和克莱尔·麦考吉(Claire McCaughey)在比较分析"二战"以后欧美各国政府文化政策的基础上提出了四种文化政策模式:提供便利型(facilitator),庇护者型(patron)、建筑师型(architect)和工程师型(engineer)。① 2007年,澳大利亚学者詹妮弗·克雷克(Jennifer Craik)在这四种文化政策模式的基础上又增加了第五种模式即培育精英型(elite nurturer),并认为澳大利亚的文化政策模式是庇护者型模式和培育精英型模式的混合体:其目标是追求卓越,促进精英发展,力争国际水平;其资助机制和途径主要是"一臂间隔"原则,贵族趣味在确立资助对象方面起着很大的作用;这种模式的优点是优秀者可以确保得到资助,缺点则是不利于大众文化的发展。②

而中国文化政策在改革开放前长期实行的是工程师模式,文化政策的目标是为政治服务,文化被当作一项政府事业,而不是产业。但改革开放以后,中国的文化政策做出重大调整。2000年10月,中共中央十五届五中全会通过的《中共中央关于制定国民经济和社会发展第十个五年计划的建议》,提出要"完善文化产业政策,加强文化市场建设和管理,推动有关文化产业发展"。2001年3月,这一建议为九届人大

---

① Harry Hilman-Chartrand and Claire McCaughey, "The Arm's Length Principle and the Arts: An International Perspective—Past, Present and Future," in Milton C. Cummings, Jr. and J. Mark Davidson Schuster, *Who's to Pay for the Arts?* New York: ACA Books, 1989.

② Jennifer Craik, *Models of Cultural Policy, Re-Visioning Arts and Cultural Policy: Current Impasses and Future Direction*, ANU E Press, 2007, Appendix C.

四次会议采纳,并被正式纳入全国"十五"纲要。于是,"文化产业"第一次进入了党和国家政策性、法规性文件,发展文化产业成为中国国民经济和社会发展战略的重要组成部分。

与澳大利亚的文化政策相比,中国的文化政策有着自己鲜明的特点,主要表现在由于社会政治制度的不同,两国文化政策的根本目标、实施手段等存在根本差异。中国文化政策的目标是为社会主义服务、为人民服务,追求文化的民族化、科学化、大众化,这就跟澳大利亚的精英化立场存在根本区别;但这并不妨碍在一些具体政策措施方面,两国可以互相学习和借鉴。特别是澳大利亚政府(包括昆士兰州政府)在促进文化产业发展方面并没有完全交给市场的做法的确值得我们认真研究。

在概念内涵上,澳大利亚昆士兰州基本采用了英国在国家政策层面上对创意产业的定义,即缘于个人创造性、技能与才干,通过开发和运用知识产权,具有创造财富和增加就业潜力的产业。但在产业分类方面,有所不同。英国将创意产业部门分为13类:广告、建筑、艺术和古玩、工艺、设计、时尚设计、电影、互动休闲软件、音乐、电视和广播、表演艺术、出版、软件。澳大利亚昆士兰州则采用《澳大利亚文化和娱乐分类》(ACLC)。这一分类方法将创意产业分为遗产类、艺术类、体育和健身休闲类、其他文化休闲类四大类。其中遗产类包括博物馆、古董和收藏品、环境遗产、图书馆和档案馆。艺术类包括文学和印刷媒体、表演艺术、音乐创作与出版、视觉艺术和手工艺、设计、广播、电子传媒和电影及其他艺术。体育和健身休闲类包括赛马和赛狗、体育和健身休闲场所、体育和健身服务、体育和健身休闲产品的制作和销售。其他文化休闲类包括赌博、娱乐行业、饭店、户外娱乐、社区和社会组织、其他文化和娱乐服务,以及文化和娱乐设备的建设与其他文化和娱乐产品的制造和销售。

与昆士兰采用"创意产业"不同,北京市则采用"文化创意产业"这一概念。北京市统计局出台的《北京市文化创意产业分类标准》是这样来定义文化创意产业的:"以创作、创造、创新为根本手段,以文化内容和创意成果为核心价值,以知识产权实现或消费为交易特征,为社会公众提供文化体验的具有内在联系的行业集群。"它具体包括9个行业大类27个中类88个小类。其中9个行业大类为：文化艺术、新闻出版、广播电视电影、软件网络及计算机服务、广告会展、艺术品交易、设计服务、旅游休闲娱乐，以及其他辅助服务。

北京市文化创意产业的定义注重个人创造力，强调个人创造力和文化的产业化过程，把个人创造力作为这个过程中最重要的环节；注重个人的消费和社会公众的文化体验。文化创意产业是创意产业和文化产业的融合，它更为全面地涵盖了文化经济活动，也排除了关于产业名称争论的困扰。所以，将创意产业和文化产业融合，能更加有力地挖掘北京市文化创意的潜在实力，在更深广的层次上实现城市的发展与进步。采用这一定义符合北京市自身对文化创意产业的定位，能够更加明白地理顺北京市文化创意产业的内涵、外延与北京市出台相关产业政策、城市规划等之间的关系，深入挖掘北京市文化创意产业的发展潜能。总体上看，北京市自2005年开始采用这一概念，经过几年的发展，已经被越来越多的人所认同。

与昆士兰相比，北京市文化创意产业发展的政策环境具有自身的优势。2005年12月市委九届十一次全会做出大力发展文化创意产业的战略决策，成立北京市文化创意产业领导小组，制定出台了《北京市促进文化创意产业发展的若干政策》《北京市"十一五"时期文化创意产业发展规划》等，初步形成了北京市文化创意产业发展的政策体系。但由于发展时间较短，在政策落实方面还有许多不尽如人意之处。

北京市文化创意产业在今后的政策导向中要着力解决以下几个问题：一是金融机构融资门槛高，中小企业融资困难的问题；二是企业、政府、金融机构角色错位的问题；三是行业之间融资成果差别较大的问题。要保证北京市文化创意产业的快速稳定发展，需要建立政府、金融机构、风险投资的共同作用机制，建立文化创意产业科学的产权评估机制，推动企业提高自身融资能力，拓宽文化创意产业的融资渠道，加大对中小文化企业的政策支持力度。

四 北京文化创意产业发展的 SWOT 分析

SWOT 分析法，也称态势分析法。最先由美国学者安德鲁斯（Andrews）于 20 世纪 60 年代提出。1971 年，安德鲁斯在《公司战略概念》(*The Concept of Corporate Strategy*) 一书中提出，用组织所处环境的机会和威胁评价组织的优缺点。该研究方法的研究目的在于对企业的综合情况进行客观公正的评价和概括，以识别各种优势（strengths）因素、劣势（weaknesses）因素、机会（opportunities）因素和威胁（threats）因素。其中 T、O 代表的是潜在的外部威胁和外部机遇，S、W 代表潜在的内部优势和内部劣势。作为传统战略管理学派的研究方法，它也逐渐被引入经济或产业研究领域。20 世纪 80 年代初美国旧金山大学的管理学教授韦里克又在此基础上提出了 SWOT 分析模型，通过分析对象自身的实力及不足，挖掘外部机会与内部劣势威胁，发挥优势因素，克服弱点因素，利用机会因素，化解威胁因素，提出四种发展战略，即 S-O 战略、W-O 战略、S-T 战略和 W-T 战略。进而通过分析确定最适合的发展战略。将安德鲁斯的 SWOT 分析法和韦里克的 SWOT 分析模型二者结合起来，就可以更加明晰地对北京市文化创意产业进行战略分析，找准其发展方向。

采用 SWOT 分析法，研究发现北京市文化创意产业发展的内部优势（S）是：丰厚的历史文化遗产，良好的区位优势，深远的奥运效应。北京市文化创意产业发展的内部劣势（W）是：缺乏高素质的文化创意产业人才，缺乏具有国际竞争力的品牌，产业内部发展不平衡，区域发展不平衡，文化产业化利用率低。北京市文化创意产业发展的外部机会（O）是：政府部门重视首都发展，文化市场需求增加，国际经济转型的好时机，"绿色"消费观的盛行。北京市文化创意产业发展的外部威胁（T）是：知识产权保护不到位，产业结构改革不到位，文化贸易逆差依然较大，国外创意产业竞争力优势明显。

按照"对北京市文化产业有着直接影响的、重要的、迫切的因素排在前，对北京市文化创意产业有着间接影响的、次要的、缓和的因素排在后"的标准，SWOT矩阵分析主要通过分析其内部优势、内部劣势和外部机遇、外部威胁四个方面，发现北京市文化创意产业目前"能够做的"（内部条件）和"可能做的"（外部环境）两个方面的因素，提出北京市文化创意产业发展可能选择的四种战略：S-O战略、W-O战略、S-T战略和W-T战略，如表2。

表2 北京市文化创意产业SWOT分析矩阵图

		内部条件	
		优势（S） 历史文化遗产丰厚 良好的区位优势 深远的奥运效应	劣势（W） 缺乏高素质的文化创意产业人才 缺乏具有国际竞争力的品牌 产业内部发展不平衡 区域发展不均衡 文化产业化利用率低
外部环境	机会（O） 政府重视首都发展 文化市场需求增加 国际经济转型 "绿色"消费盛行	S-O战略 依托内部优势 利用外部机会	W-O战略 利用外部机会 回避内部劣势
	威胁（T） 知识产权保护不到位 产业结构改革不到位 文化贸易逆差较大 国外创意产业竞争力强	S-T战略 利用内部优势 回避外部威胁	W-T战略 减少内部劣势 回避外部威胁

通过以上对内部条件因素和外部机会因素的对比分析发现，内部劣势排在内部优势前（否定S-O战略、S-T战略），外部劣势排在外部机会前（否定W-O战略）。据此我们可得出最终结论：北京市文化创意产业的发展应该采用W-T战略：减少内部劣势，回避外部威胁。具体而言，北京市文化创意产业发展的W-T战略应该是：必须要以人才培养为根本，以完善知识产权保护为保障，以产业结构调整为手段，以文化创意产业理论创新为指导。该战略包括的具体因素和内容见表3。

表 3　北京市文化创意产业 W-T 战略图

W-T 战略
减少内部劣势　　回避外部威胁
以人才培养为根本，以完善知识产权保护为保障，
以产业结构调整为手段，以文化创意产业理论创新为指导

外部威胁（T）	内部劣势（W）
知识产权保护不到位	缺乏高素质的文化创意产业人才
产业结构改革不到位	缺乏具有国际竞争力的品牌
文化贸易逆差较大	产业内部发展不平衡
国外创意产业竞争力强	区域发展不平衡；
	文化产业化利用率低

北京市委、市政府全面落实科学发展观，致力于实施"首都创新战略"，努力把北京建设成为"创新型城市"。体现在文化创意产业、文化经济和文化建设上，就是要在文化创意产业、文化经济和文化建设与发展中实施首都创新战略，通过"创新"推动首都文化创意产业的发展，实现首都产业结构的转换，推动北京社会经济文化的跨越式发展。在这样的背景下，文化创意产业成为首都经济发展的新增长点。北京市文化创意产业蓬勃兴起，但仍是一个新生事物，在发展的理论和实践都不成熟的情况下，如何科学把握北京市文化创意产业的发展方向和发展战略，并制定针对性的政策措施，成为当前一个亟待解决的难题。解决这一难题，就必须借鉴国外文化创意产业发展的先进模式，借鉴发达国家先进的实践经验，跟踪研究发达国家文化创意产业的发展轨迹和发展模式，探讨其应用于北京市的可能性与可行性，从而使北京市文化创意产业的发展少走弯路，分阶段、有重点地健康发展。

中国艺术市场诚信估价体系的建立
——我们需要 AAC 吗?

宁 强[*]

近年来,随着中国艺术市场的蓬勃发展,长期以来没有理顺的结构性问题开始集中呈现,特别是对艺术品的鉴定估价出现多起重大丑闻,严重影响到艺术市场的健康有序成长。在以私家小店为主的古玩城时代,价格体系不透明、以个人经验和信誉来做艺术品定价的标准还有存在的土壤。当现代化的公司拍卖和集团化大规模艺术品投资以及艺术品金融理财时代来临时,我们不得不面对一个没有诚信管控、结构混乱的艺术品定价体系,欺骗性定价和金融诈骗时有发生,这对艺术市场和国家经济的总体发展都会产生不利影响。本文要探讨的主要问题是,在当代经济、社会体制下,中国艺术市场如何建立诚信估价体系。

在改革开放的大背景下,中国于1990年代初开始引进西方通行的艺术品拍卖经营方式,并在北京、上海、深圳、广州等主要城市开展业务,开启了中国艺术市场的现代化进程。令人遗憾的是,在引进西方通行的艺术品拍卖经营方式的同时,中国并没有把与之配套的诚信估价体系引入,而是沿用了旧古玩市场时代形成的不透明、凭个人经验和好

---

[*] 宁强,首都师范大学特聘教授、哈佛大学艺术学博士、北京市"海聚计划"引进的高级专家。本文为首都师范大学文化研究院重大研究项目"北京艺术市场研究"的阶段性成果。

恶来估定艺术品价格的方式。这种"西式拍卖"与"中式估价"的矛盾一开始并不突出,但随着拍卖规模的扩大和金融业务的展开,这一矛盾变得越来越尖锐,欺骗性估价和随意性定价引发的丑闻接连发生,中国艺术市场的诚信受到社会的广泛质疑。这个矛盾该如何解决?欧美艺术市场的 AAA(Appraiser's Association of America)体系是否可以借鉴?我们是否必须要有自己的 AAC(Appraiser's Association of China)?新一代的估价师该如何培养?国家的统一标准如何确立?与工商、税务、保险、银行如何对接?这些问题将是本文讨论的重心。

一 艺术市场的诚信危机

中国艺术市场在 2011 年达到一个前所未有的规模,成为全球最大的艺术品交易大国,交易总额达到 2108 亿元。然而也就在这一年,中国艺术市场接连爆发多件重大丑闻,显示出严重的诚信危机。

一幅由徐悲鸿之子徐伯阳鉴定为其父真迹的《蒋碧薇》油画(图1),以 7280 万拍出后,一群 30 年前中央美院学生愤然指出,这是他们当年的习作之一,画的也并非蒋碧薇,而是一农妇。面对指责,拍卖公司保持沉默,卖家保持沉默,买家也不退货。拍卖公司的诚信、画家家属的诚信,在利益面前荡然无存。

华尔森集团总裁谢根荣找人用零散的玉片串成"金缕玉衣"(图2),并通过相关人的介绍,找到故宫博物院原副院长杨伯达、史树青等五位中国最为权威的鉴定专家来做鉴定,专家们给出评估价 24 亿元。以这件"金缕玉衣"做担保,谢根荣向银行前后骗贷 10 亿余元。据说,杨伯达等人拿了几十万元鉴定费后,就联名签署了一份该物品价值 24 亿元人民币的证书。犯罪分子以此为依据,骗取 10 亿元银行贷款,造成银行近 6 亿元的损失。

在北京中嘉国际拍卖有限公司举办的"2011 年古代玉器专场拍卖会"上,一件"汉代青黄玉龙凤纹化妆台(含坐凳)"以 1.8 亿元起拍,最终以 2.2 亿元成交。据悉,它创下了新的玉器拍卖纪录,同时它也是 2011 年中国艺术品拍卖市场的最贵玉器(图3)。而实际上,这件

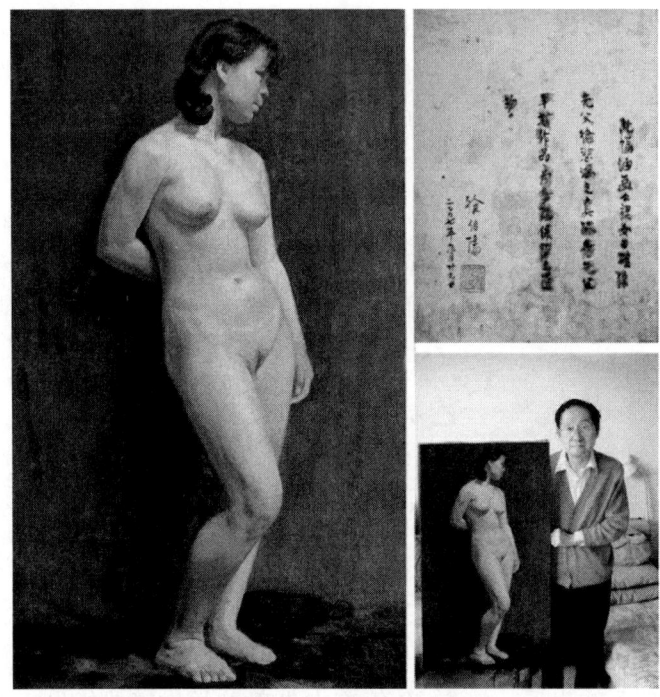

图1 假油画《蒋碧薇》及虚假证明

图2 假文物"金缕玉衣"

被专家鉴定为真品精品的汉代文物，明显是当代人模仿明清时期高背座椅制作的工艺美术品，实际价值不到20万元。

图3　假冒汉代"玉椅"

以上事例表明，当今的中国艺术品鉴定估价方式仍然延续着清末民初以来的老传统，即靠鉴定人的个人声望、经验作为判断基础，这就为谋求私利者留下巨大的操作空间，在重大利益驱动下，所谓"专家""权威"的个人道德很难保持高标准，从而导致艺术市场在国家总体经济高速发展的背景下，基本上处于无序、混乱的状态，中国艺术市场正面临着严重的诚信危机。

二 "西式拍卖"与"中式估价"

当中国的改革开放取得巨大成就，市场经济成为国民经济发展的主体时，旧有的管理体制和行业规范变得不再适应新的发展状况。特别是艺术市场的发展，更面临巨大的挑战，长期以来没有理顺的结构性问题开始集中呈现，不仅引发公众强烈质疑，而且对艺术市场的发展产生巨大影响。2011年的诸多丑闻爆发后，2012年的艺术品交易额大幅下滑了约40%。这种大起大落的现象反映了中国艺术市场的混乱和严重的不确定性。

随着中国改革开放的深入推进,艺术品拍卖交易作为对外贸易的手段之一被引进。1992年初,深圳举办了尝试性的小型"中国书画专场拍卖会"。北京作为国家首都,于1992年10月11日在北京二十一世纪饭店将北京市文物商店和中国文物商店总店的2188件文物艺术品推上了新中国第一场大型艺术品拍卖会。这场拍卖会的主办单位有:北京广告公司、北京市拍卖市场、北京文物对外交流中心、荷兰国际贸易咨询公司。1994年7月,国家文物局下发《关于文物拍卖试点问题的通知》和《文物境内拍卖试点暂行管理办法》,经由北京翰海拍卖有限公司(简称"北京翰海")、中国嘉德国际拍卖有限公司(简称"中国嘉德")、四川翰雅拍卖有限公司(简称"四川翰雅")、北京荣宝拍卖有限公司(简称"北京荣宝")、上海朵云轩拍卖有限公司(简称"上海朵云轩")、中商盛佳广东国际拍卖有限公司(后改名中贸圣佳国际拍卖有限公司)(简称"中商盛佳"和"中贸圣佳")等拍卖公司试点,然后全国推广。而这六家文物艺术品拍卖公司的"拍卖规则"几乎完全照抄欧美国家通用的拍卖规则,只是把公司名称、身份证件等替换掉而已。可以说,就交易规则而言,中国的艺术品拍卖其实是照搬过来的"西式拍卖"。

虽然中国当代的艺术市场引进照搬了欧美通行的"西式拍卖",但没有引进与这种拍卖方式相配套的艺术品鉴定估价体系,而是沿用了传统古董市场以直觉、经验和个人信誉作担保的有很强随意性的鉴定估价方式,从而形成了"西式拍卖"与"中式估价"并行的"跛脚"结构。西式的以法律规则为准绳的贸易方式与中式的以个人好恶确定价格的贸易方式形成了难以解决的矛盾冲突。这种矛盾冲突在交易量较小、参与人不多的情况下,并不突出。而艺术市场的"不透明"运作方式,也在一定程度上掩盖了这种矛盾。

随着艺术市场的规模不断增大,参与艺术品贸易的人越来越多。特别是艺术品市场与金融资本开始对接之后,各方对艺术市场"透明度"的要求越来越高,对以个人好恶定价的贸易方式越来越排斥。国有艺术资产的评定和交易,更难容忍个人因素决定价格。中国艺术市场的发展,正面临着"瓶颈"。

三 他山之石，可以攻玉

现有的以个人好恶定价的传统方式已经明显不适应当代大规模、金融化的艺术品交易方式。我们需要建立一套现代化的行之有效而诚信可靠的鉴定估价体系。那么，中国艺术市场应该建立怎样的鉴定估价体系？欧美国家艺术市场通用的以美国鉴定估价师协会 AAA（Appraiser's Association of America）为基础的估价体系是否可以借鉴，又应如何借鉴？

美国鉴定估价师协会成立于 1949 年，是全球历史最为悠久、影响力最大的个人资产估价行业非营利性组织，目前在美国、加拿大、欧洲和亚洲拥有 700 多名会员。该协会有如下特点值得我们借鉴。

（1）从业资格认证考核（会员制）：入会资格审查非常严格，申请入会者必须具备相关领域的课程学习、从业实践经验，并通过专门的资格考试，获得从业资格证书。严格的入会条件，限制了投机取巧、鱼目混珠者进入这个行业。

（2）行业标准制定（政策法规与违法成本）：AAA 与获得国会授权的估价基金会（Appraisal Foundation）密切合作，制定统一的行业规范标准，这份文件的名称是"专业估价实践统一标准"（The Uniform Standards of Professional Appraisal Practice），简称 USPAP。这份文件是规范鉴定估价师行为的标准，所有鉴定估价师必须严格执行。如果违反规定，鉴定估价师将被取消资格、开除会籍，故意欺诈行为则将受到法律制裁。

（3）人才培养保障（课程学习与实践经验）：AAA 与纽约大学合作，建立"美国鉴定估价研究所"（Appraisal Institute of America），为培养专业的鉴定估价师建立现代化正规渠道。

（4）与盖缔基金会合作，建立信息化的艺术品分类识别系统（Object ID），不仅为鉴定估价提供重要参考，而且为联邦调查局（FBI）和其他法律机构提供破案线索和判案依据。

四 规范北京艺术市场的几点建议

北京艺术市场是中国最大的艺术市场,大型拍卖行和艺术品投资、交易场所云集,如果对北京艺术市场,特别是鉴定估价体系进行标准化、规范化管理,将对全国的艺术市场产生重大而深远的影响。在参考欧美通行的鉴定估价协会制度 AAA 系统基础上,我提出如下几点建议。

(1) 成立北京市鉴定估价师协会(Appraisers Association of Beijing,简称 AAB)。采用国际通行的资格审查考核标准,对现有鉴定估价师进行考核登记,合格者将被授予正式的资格证书,并成为首批 AAB 会员。

(2) 参照国际通行的"专业估价实践统一标准"(USPAP),制定"北京市艺术品鉴定估价行业标准",作为规范北京地区鉴定估价师行为的标准,所有鉴定估价师必须严格执行。如果违反规定,鉴定估价师将被取消资格、开除 AAB 会籍,严重欺诈行为则应受到法律制裁。

(3) 在首都师范大学建立北京鉴定估价研究所(Appraisal Institute of Beijing),为培养专业的鉴定估价师提供正规的教育培训。建议与美国鉴定估价研究所(Appraisal Institute of America)合作,培养熟悉国际标准、具备国际认可资格的鉴定估价师。

(4) 建立中国版的"Object ID"系统,分类储存所有进入正规交易渠道的艺术品,不仅为鉴定估价实践提供重要参考,而且为公共安全机构和其他法律机构提供破案线索和判案依据。建议与全球最大的艺术品分类储存识别系统——美国盖缔艺术品信息分类识别系统联网,形成信息资源共享,为中国艺术市场的国际化提供信息支持。

二十年来中国拍卖市场的症结与突破

刘金库[*]

国际拍卖业两大寡头苏富比（Sotheby's）和佳士得（Christie's）分别成立于1741年和1766年，这两家拍卖公司及其驻各地的分公司，曾在150多年的时间里掌控着全球90%以上的文物艺术品拍卖份额。在这两家拍卖公司成功运营200多年后，20世纪90年代初，中国大陆的文物艺术品拍卖才开始出现。在过去20年中，中国拍卖市场曾经历过彷徨，也曾出现过辉煌。

作为中国艺术市场的主要风向标、学界划定为二级市场的拍卖行业，在中国大地上已经存在了整整20年，学者与专家对它的关注也有了20年。目前，我们能够见到的多是总结性的溢美之词，对于其存在的症结与问题及相应的解决方案，却少有人提及，更没有人进行有效的学术性分析。

20年来，中国拍卖行业成绩斐然，其主要贡献主要体现在以下两个方面。一是它的隐性功德。通过拍卖，使我们更了解自己的民族文化和历史；各种媒体对拍卖的宣传力度空前，数以百万计的拍卖图录出版，使拍卖的影响力不断扩大；同时，它也使我国博物馆得到了少量的藏品补充，民营（私家）博物馆得到了大量的补充，社会公益事业得到发展。二是它的社会性功德。《中华人民共和国拍卖法》《中华人民

---

[*] 刘金库，天津美术学院教授。

共和国文物保护法》《文物拍卖管理暂行规定》等一系列法律法规的建立，为文物艺术品拍卖业的发展奠定了坚实的基础，使中国拍卖业一度在 2011~2012 年成为艺术品的最大交易国，堪称世界艺术品交易中心。

《芭莎艺术》全球战略合作伙伴 Artprice 的数据显示，2011 年中国艺术品拍卖市场总额超过 1000 亿元，位列全球第一，超过了英国和美国。然而，到了 2012 年底，又退回到第二位，落后于美国。中国拍卖业在 2012 年遭遇了寒流，古董市场收缩了四分之一，书画市场收缩了三分之一，美国重新夺回了世界第一的传统地位。2012 年，中国拍卖业遭遇了戏剧性的下滑，在一年内下滑 24%。中国艺术市场为何仅仅保持了一年的领头羊地位？[1] 它存在什么样的问题？其症结何在？我们如何能够找到解决问题的突破口？本文试就这些问题进行探讨。

一　中国拍卖市场的症结与问题

中国拍卖行业从起步开始，就存在诸多的不足与问题。

（一）中国拍卖行业的先天不足[2]

中国拍卖行业在出现了短短的几十年后，就经历了夭折，到 1958 年，中国大地上根本就不存在拍卖行业了。此外，新中国各地出现的 77 家文物商店将大量的文物与艺术品以换取"外汇券"的形式卖出，造成中国艺术品源大量流失海外，这是继中国百年屈辱史后的另一次浩劫，也是后来文物艺术品回流的主要资源之一。如天津文物店 28 垛文物（每垛 10 万元人民币）已经将国内文物店和东南亚地区填得盆满钵满。再如今天在市场上见到北京文物店、上海文物店、山东省文物店

---

[1] 2011 年，中国首次成为世界艺术品与古董市场的主力，销售份额猛增至全球的 30%，但是，艺术品市场在欧洲、亚洲萎缩 7% 的 2012 年，美国市场增长 4%，全球艺术品市场开始又一次洗牌。中国艺术品的拍卖，美国占 33%，回到第一位，中国占 25%，降到第二位，英国居第三位。

[2] 光绪末年，北京崇文门大街上也出现了由外国人经营的鲁麟洋行，这是北京地区最早的拍卖公司，主要从事文物、家具等二手物品的拍卖。新中国成立后的 1958 年，旧中国遗留下来的最后一家拍卖行在天津关闭。

等旧藏的藏品,都是众藏家争相购买的对象。

拍卖资源在国内是如此匮乏,然而,在国内又先后出现了数千家拍卖行,造成拍卖行数量的管理失控。[①] 据中国拍卖行业工作会议统计:截至 2012 年 9 月,中国共有拍卖企业 5781 家,注册资本总额 200 多亿元,2011 年全国拍卖成交总额为 6260.7 亿元。中国拍卖师超过一万人,其中从事艺术品拍卖的企业也有近 3000 家,且艺术品拍卖公司主要集中在北京和上海。我们不禁要问,在中国需要这么多的拍卖行吗?

短短 20 年里,拍卖行数量激增,形成恶性竞争,加上中小拍卖行缺乏有效的监管和市场的自我调节,难免会出现诸多的问题,根据目前情况来看,新增拍卖行大多以短期利益为目的,由此势必带来不守行规等诸多问题。其竞争的结果是,拍品资源和买家资源越来越向几个大的拍卖公司集中。

(二) 二级市场远远超过一级市场

从学术角度来说,一级市场是画廊、博览会等,二级市场是拍卖行业,三级市场是古玩城铺面。根据成熟的欧美市场经验,一级市场的稳定发展会为二级市场提供诸多的保障,如稳定的外部环境、成熟的学术研究、合理化的市场评估等。然而,在中国,拍卖行本来是属于艺术品二级市场,它反而比一级市场更重要,艺术品直接进入二级市场。一级市场的画廊、博览会等,在运营机制上缺乏管理与投入。二级拍卖市场的快速发展,扰乱了一级市场,甚至有取而代之的趋势。二级市场特别发达,对一级市场形成重大的影响,其结果是:作为艺术家,本不应该直接参与拍卖,然而,现在拍卖行经常直接与艺术家发生关联,绕过了画廊,其学术性减弱、投机性加大。国家应当在政策、运营方面出台一些管理措施,保障一级市场的学术性、研究性展览等。目前,拍卖市场主要还是投资、投机市场,泡沫比较集中。相比于西方一级市场的收藏、展览、永久性库存等特征,中国一级市场的投机倒把、临时库存等

---

① 从 1986 年在广州恢复成立了第一家拍卖机构——广州拍卖行,到 1995 年 12 月 15 日,国家文物局批准中国嘉德、北京翰海、北京荣宝、中商盛佳(后改名为中贸圣佳)、上海朵云轩和四川翰雅六家企业实行文物拍卖直管专营试点,这是中国拍卖初创时期的格局。

特征仍相当显著。

(三) 国家有关部门管理缺失

从 1992 年中国大陆首场文物艺术品拍卖会——北京国际拍卖会仅成交 300 万元,到 2010 年全国文物艺术品拍卖市场成交额高达 589 亿,增长了许多倍,使中国文物艺术品的成交额超过英国,排名世界第二。自 2009 年出现亿元拍品后,中国文物艺术品市场进入"亿元时代",截止 2011 年秋季,在中国大陆产生的超亿元的中国文物艺术品已经有 27 件之多,盛况空前。然而,国家相关部门的管理还很不到位,存在许多问题。

首先,国家相关部门宏观管理失控,使拍卖行总量激增至近 3000 家,拍卖公司带着原始的野性,迅速成长,甚至反超欧美等发达国家的拍卖行总数。20 年来,中国大陆拍卖行数量猛增,从北京到地方,存在数千家拍卖行,行业缺乏管理,国家发放营业执照太多。相关部门只发执照,不去管理,弊端丛生,十分混乱。

我们需要借鉴国际经验,苏富比、佳士得两大巨头早在 1973 年和 1986 年便入驻中国香港,又分别于 1992 年和 1993 年进入中国台湾,1996 年和 1993 年进入新加坡。今天,苏富比和佳士得两家公司早已撤出中国台湾和新加坡,在亚洲独守中国香港。苏富比和佳士得完成亚洲布局时,中国大陆尚不知拍卖为何物。

与此同时,拍卖行业本身就是为博物馆藏品提供来源的市场。在国际上,博物馆从拍卖市场购买文物,早已司空见惯,在中国却是举步维艰。其原因在于国家有关部门没有统一的集中管理。目前,国家级、省级博物馆,每年征集文物的经费,据不完全统计达 21 亿之多,许多省级博物馆每年的征集经费,因为买不到文物,多半在年底再回流到财政部门,文物局(处)等管理部门对此视而不见,没有积极寻求解决的途径。

其次,作为拍卖行业的管理部门——拍卖行业协会缺乏领导能力,20 年换届不换人,缺乏有效管理,行业协会的作用不大。如何解决行业自律的问题?如何加大管理的力度?在笔者看来,应该关、转、并、停一些拍卖行,对全国拍卖行的合理分布、有效管理等,要有统一规划。中国拍卖行的数量太多,拍卖行要有自然淘汰的过程,有些拍卖资格要收回,实行末尾淘汰制,每年淘汰3~5家小型拍卖行。

再次,中国海关"无知"管理,2011年中国一度成为拍卖行业的全球领头羊,但很快就被扼杀。众所周知,大陆拍卖行三分之一左右的货源来自海外,一旦海关征收巨额关税款(约占34%),就会造成拍卖行业无法承担的后果,原因是拍卖行的佣金也只有10%~20%,赔本买卖他们是不可能做的。2012年,中国嘉德、北京保利国际拍卖有限公司(简称"北京保利")等大型拍卖公司被迫"出走香港"就是无奈之举,其主要原因就是海关征税太高。

二 解决的途径

上述诸多问题,不是没有办法解决,而是我们的有关部门不去进行有效的管理,只停留在收费管理的初级阶段。对此的具体建议如下。

(一)国家管理机构要发挥作用

首先,国家文物管理机关要有知识型专家来领导,而不是由政工干部任意管理,要做到像张葱玉、徐邦达时代一样。由国家统一征集符合一、二、三级文物的藏品,再由此专家领导统一分配藏品到各级博物馆。或者是制定相关法则:国家从市场优先购入一、二级文物,国家、省、市三级博物馆的征集经费支出,可根据存入"国家文物征集中心局"的多少排序分配。

其次,海关部门的"无法理根据"管理要取缔,具体建议:一是鼓励海外文物回流,不征收任何海关费用;二是建立备案放行制度。海关既没有鉴定能力,又无法理依据就征收海关税,这是人制,而不是法制。

关于文物与艺术品拍卖海关税收问题,世界各国,尤其是发达国家如美国、欧洲诸国,对于超过百年的文物与艺术品的进口,都免收进口税,对于市场交易也都有很多优惠政策,对于企业和个人从拍卖市场购买文物捐献给博物馆的，可以抵税或免税。而国家税务总局关于个人拍卖文物要缴纳 3% 的所得税、海外回流文物要缴纳 2% 的所得税并由拍卖单位代为收缴的规定，对于文物的回流和文物拍卖企业参与国际竞争都很不利。

再次，有些法规要删繁就简：2003 年 5 月 18 日公布的《中华人民共和国文物保护法实施条例》第五章第四十三条规定过于繁复，不好操作。特别是对于价值极其一般的文物，没有必要进行这么大量的工作，可改为拍卖企业拍卖的二级以上的文物，应当记录文物的名称、图录、来源、文物的出卖人、委托人和买受人的姓名或者名称、住所、有效身份证号码及成交价格，并报核准其销售、拍卖的文物行政主管部门备案。接受备案的文物行政主管部门应当依法为其保密，并将该记录保存 75 年。

最后，国家管理机构制定文物回流的奖励机制，出台一些法律法规，保障海外的文物回流，特别是高价位珍贵文物的回流。

（二）拍卖行业协会要发挥作用

拍卖行业协会十余年来换届不换人，建议修改拍卖行业协会章程，改为任期制、选举制。目的在于使拍卖行业协会能有效地与文物行政管理部门、税务部门协商沟通，真正起作用，而不是形同虚设。

拍卖行业协会的领导要由有诚信的大拍卖公司轮流担任，或者由专家来担任，形成集体决策的有效组织行为方式。拍卖行业协会要建立诚信指标，杜绝假拍、浮夸等，要有相关惩治措施、鼓励章程等具体实施办法。

另外，拍卖行业协会要设立奖励专家制度。比如，2009 年中国嘉德征集到一件宋人《瑞应图》手卷，开始定为价值 3 万元的"苏州片"，经过章津才、傅熹年先生鉴定，确定为珍贵的宋代书画，国家博物馆一级藏品，最后以 5824 万元成交，抢救了一件国宝。对于这些巨大贡献，国家应该给予褒奖。奖励办法可根据文物的级别（一、二、三级）设立十万元至百万元的奖励级差。

（三）取缔各地无序的鉴定机构

目前，全国各地的所谓鉴定机构多达数百家，骗子机构多如牛毛。建议组织专家学者进行研究，出台一些法律法规，进行有法可依的管理。建议全国各地设立有效的权威鉴定机构，责任到人，任务到人。各地文物局（处）要有这样的负责部门，实行免费鉴定、统一备案制度。

综上所述，经过 20 年的发展，中国拍卖行业目前正处于改革的关键时期，各种矛盾和问题都十分突出。如何对拍卖行业进行有效管理，确实是摆在政府面前的重大问题，希望有关部门能够及时进行改革，解决这些刻不容缓的问题。

全球艺术品市场与金融：
"中国机会"在哪里？

宁　强[*]

2013年，全球有多份综合性的艺术品交易状况行业性总结报告出炉，其中有三个报告值得关注，他们是：瑞士卢森堡的德勤会计师事务所（Deloitte Luxembourg）与一家名为"艺术策略"（ArtTactic）的艺术市场网站管理公司合作编撰的《2013艺术与金融年度报告》（Art and Finance Report 2013）（见图1）、美国纽约斯克特思艺术市场研究所发布的《2012艺术投资年度报告》（Skate's 2012 Annual Art Investment Report）、欧洲美术基金会委托克莱尔·麦克安德鲁博士编制的《2013全球艺术市场报告：以中国和巴西为重点》（The Global Art Market, with a Focus on China and Brazil）。此外，以地区性统计为中心的报告有中国文化部艺术市场司组织编制的《2012中国艺术品市场年度报告》、金斯顿·史密斯会计师事务所主编的《2013欧美艺术市场年度报告》（Kingston Smith, ed., US & European Art Market Report 2013）。这些报告从不同角度，详细搜集了全球艺术品交易的基本信息，并对其做了分类概括分析，使我们对全球艺术品市场的现状有了一个较为清晰的了解。本文在综合研究这些年度报告所提供的统计数据基础上，集中从金融

---

[*] 宁强，首都师范大学特聘教授、哈佛大学艺术学博士、北京市"海聚计划"引进的高级专家。本文为首都师范大学文化研究院重大研究项目"北京艺术市场研究"的阶段性成果。

与艺术市场的关系角度，对全球艺术市场的总体发展和中国艺术市场的特殊性做出分析，并取得了一些对艺术市场的发展可能产生重大影响的结论。

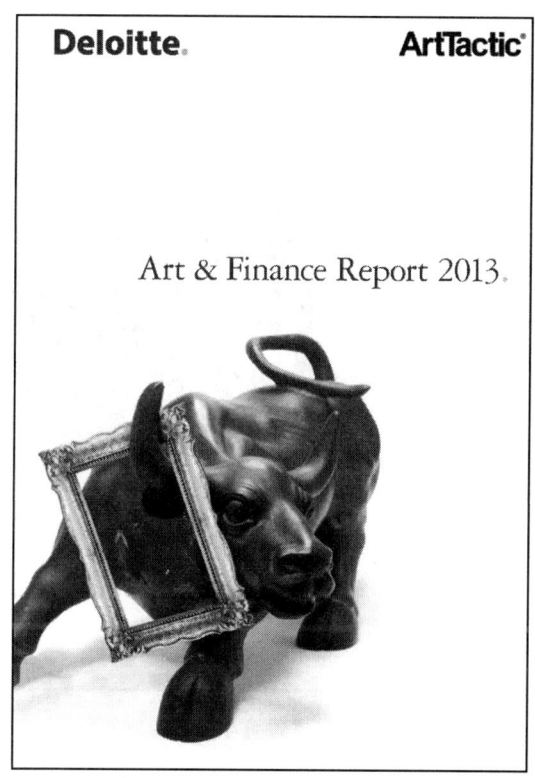

图1 《2013艺术与金融年度报告》封面

一 全球艺术品市场的交易规模

根据美国纽约斯克特思艺术市场研究所发布的《2012艺术投资年度报告》（图2）的统计，全球排名前100位的艺术市场经营单位（包括各大拍卖行、画廊、网上艺术品销售公司、艺术信息咨询公司、艺术出版业、艺术网络媒体、艺术品基金投资、收藏品管理、艺术保险、艺术活动管理、艺术教育、艺术法律等 13 个类别①）2012 年度销售额合计为 353 亿美元（按现在汇率计算大约为 2160 亿元人民币）。这 100 家公司的 882 个营业点共计雇用了 49600 人。②

图 2 《2012 艺术投资年度报告》封面

据斯克特思艺术市场研究所统计，全球艺术产业排名前 100 家公司合计销售额共计 353 亿美元，这个数字与其他行业比较起来实在不大，只相当于世界经济财富 100 强（Fortune 100）中 1 个企业的规模。正如该报告所指出的："这个艺术经济（数据）反映艺术品的重要文化价值

---

① 该报告宣称统计了 14 个类别，但其列出的细目表格中第 9 项和第 11 项为重复项，都是"收藏品管理"，而且统计的单位也完全相同为 4 个。这显然是重复计算的失误。见报告附一。
② 美国纽约斯克特思艺术市场研究所：《2012 艺术投资年度报告》，第 7 页。

和潜在的巨大市场需求与现在已有的艺术品商业经营规模之间的巨大差距。"① 换句话说，全球艺术品市场还存在巨大的发展空间，艺术产业值得投资经营。

我们比较斯克特思艺术市场研究所的报告和中国政府的统计，加上对德勤会计事务所报告的参考分析，认为斯克特思艺术市场研究所《2012艺术投资年度报告》统计的全球艺术品销售总额353亿美元（2160亿元人民币）是不够准确的，主要是对中国艺术市场的统计有明显遗漏。中国文化部艺术市场司组织编制的《2012中国艺术品市场年度报告》对中国大陆2012年度艺术品市场交易总额的统计是1784亿元人民币。如果我们假设斯克特思艺术市场研究所对全球艺术市场交易总额的统计2160亿元人民币是准确有效的，则中国大陆市场已经占了全球艺术市场总交易额的82.6%，这显然不是一个准确的数据。在斯克特思艺术市场研究所的报告中，对中国市场的统计和排名存在严重的缺失，只有保利和嘉德两个拍卖行进入斯克特思艺术市场研究所所列的艺术市场100强，而这个100强名单包括了规模很小的一些欧美艺术品交易公司。因此，我们需要对全球艺术市场的规模做进一步统计分析，以求得出一个相对准确的数据，作为把握市场总体风貌的基础。

欧洲美术基金会委托克莱尔·麦克安德鲁博士编制的《2013全球艺术市场报告：以中国和巴西为重点》（见图3）统计2012年全球艺术品交易总量为430亿欧元（大约是3550亿元人民币）。这个统计总量应该比斯克特思艺术市场研究所的统计更为准确。由于欧洲美术基金会与中国艺术市场研究专家有一定的交往，对中国的情况较为熟悉，因此他们的报告加大了对中国艺术品市场的统计力度。然而，克莱尔·麦克安德鲁博士编制的报告主要关注了中国艺术品拍卖市场和艺术品基金的运作，对中国市场其他类别的统计相对缺乏，所以还是低估了中国艺术市场的交易总量。

根据欧洲美术基金会报告统计，中国2012年艺术品交易总量是106亿欧元、美国是142亿欧元，其余地区（包括欧洲、拉丁美洲、印

---

① 美国纽约斯克特思艺术市场研究所：《2012艺术投资年度报告》，第6页。

度、中东地区等）合计 182 亿欧元。如果我们采用中国官方自己的统计 1784 亿元人民币，即 209 亿欧元，而非欧洲美术基金会报告统计的 106 亿欧元，那么 2012 年全球艺术品交易总量就能达到 533 亿欧元（4557 亿元人民币），其中中国占 39%，美国占 27%，中国艺术品交易总量虽然在 2012 年有明显下降，但仍然是全球最大的艺术品交易国。欧洲美术基金会报告还指出，艺术品拍卖只占了总交易量的 21%，其余都是画廊和交易商通过别的渠道完成的。

图 3 《2013 全球艺术市场报告：以中国和巴西为重点》封面

二 艺术品市场与金融界的关系

近年来，全球艺术品交易市场的起伏得失（见图 4），大多与金融资本的参与有关。德勤会计师事务所与"艺术策略"合作编撰的

《2013艺术与金融年度报告》估算，至2012年底，全球共有4万亿美元的"宝物资产"（Treasure Assets）①，也就是广泛意义上的"艺术资产"。正如该报告所指出的："如此大规模的财富，是值得引起私人财富管理界广泛重视的。"②

图4　艺术品拍卖现场

那么金融界在全球艺术市场究竟扮演着什么样的角色呢？首先，艺术已经被确认为一个独立的"资产类别"（Asset Class）。艺术品交易市场对专业的金融服务需求量也愈来愈大。③ 金融界介入艺术品交易最常见的方式主要有设立艺术投资基金（Art Investment Funds），其中包括艺术信托基金（Art Trust Fund）、有限合资基金（Limited Partnership Fund）、私募基金（Private Equity Fund）等（其中私募占比最大，约占45%）、艺术品抵押贷款业务、艺术财富管理（包括艺术品保险业务、保值增值业务、税务、遗产继承规划、艺术慈善等）。这些与艺术品相关的金融业务，在欧美发达国家已经有上百年的发展经验，也有相对成

---

① 德勤会计师事务所、"艺术策略"网站管理公司编撰《2013艺术与金融年度报告》，第10页。
② 同上书，第10页。
③ 同上书，第12页。

熟的政策法规，值得中国艺术市场借鉴。

根据对全球财富管理界的统计分析，2012年艺术金融业的信心指数比2011年上升了32%，原因是全球总体经济发展出现许多不确定因素，艺术投资相对安全，故持续升温，有71%的银行表示已经或者将要提供艺术品相关的服务。调查还注意到：银行愿意或者已经在直接做的艺术类业务包括赞助艺术活动，用艺术品或者组织艺术活动来拉近与客户的关系，举办艺术品收藏投资相关知识讲座（见图5）、研究班、会议，开展艺术品抵押贷款业务，做艺术慈善（ArtPhilanthropy）与捐赠，协助客户做艺术财富继承或转移规划，艺术品买卖咨询业务等。但艺术品的估价服务和艺术投资基金的发行则主要委托第三方完成。

图5　艺术品收藏投资相关知识讲座场景

艺术投资基金（Art Investment Funds）是金融业介入艺术品市场的重要途径。令人鼓舞的统计数据是，全球艺术投资基金市场在2012年约增长了69%，而且主要是中国艺术市场的巨大需求带动的成长。根据较为保守的估算，2012年度全球艺术品金融投资规模是16.2亿美元，比2011年的9.6亿美元约增长69%。现有的艺术投资基金获得了更多的资金注入，如英国的美术基金（Fine Art Fund）和美国的艺术收藏家基金（Art Collector's Fund）都成功吸引到了新的投资人，但是欧美地区2012年艺术投资基金的总量与2011年基本持平，没有明显增长。只有中国艺术投资基金市场持续增长中，2012年总量达到9.69亿美元。虽然中国市场2012年共筹集到3.67亿美元资金，比2011年度的5.06亿美元少了1.39亿美元，但总量的增长还是相当可观的，并因此带动了全球艺术投资基金市场的大幅增长，贡献是很大的。

值得注意的是：欧美2012年度艺术投资基金总量只有6.51亿美元（与2011年度持平），而中国则有9.69亿美元。全球总量为16.2亿美元，中国占60%，欧美占40%，其余地区基本可以被忽略不计。就艺术投资基金规模而论，中国已经是绝对的全球霸主。

三 艺术品市场的"中国机会"

根据德勤会计师事务所和"艺术策略"网站管理公司的联合调查，欧美的艺术品金融市场面临的问题或挑战主要有如下七个方面。

（1）欧美的艺术品金融市场规模太小，投资周期长，长时间无大的变化。

（2）资金的"流动性"很差。

（3）缺乏透明度高、可信度高、有记录可以查证的估价体系。

（4）艺术投资基金的"成活率"难以预测。

（5）艺术金融市场很不规范。

（6）缺乏独立的艺术投资管理机构。

（7）艺术品金融投资专业人才严重缺乏。

以上七个方面的问题或挑战，在中国高速成长的艺术金融市场同样存在，也严重制约着中国艺术市场的发展。但问题或挑战与机遇往往是并存的，那么，艺术金融市场的"中国机会"在哪里？

欧美艺术金融市场很大程度上是依赖所谓"高净值财富投资人"

(HNWIs),也就是真正有钱的人。欧美银行绝大多数的功夫是花在用艺术品或艺术活动来取悦大客户上,并非认真地来做艺术投资。这也是欧美艺术投资的规模长期得不到发展的主要原因之一。

中国的艺术投资市场较为特殊,与欧美发达国家相比,中国国内的投资渠道相对有限,新近富裕起来的中国人为了让财富保值、增值,近年来开始认真关注并积极参与艺术投资市场,使中国艺术品交易市场(特别是艺术品拍卖市场和艺术投资基金市场)迅速成长,使中国艺术品交易额率先超过美国,成为全球最大的市场。在艺术投资基金领域,中国也迅速占据了主导地位,2012 年已经有 60% 的份额。这一强劲增长势头,引起了全球广泛关注。中国艺术市场虽然已经发展到相对较大的规模,但仍然是发展空间广大的"新兴市场",也就是欧美专家定义的"nascent market",这个"新兴市场"充满了挑战和机遇,如何抓住这个艺术市场发展的"中国机会"(The China Opportunity),是值得大家思考的。

中国的艺术品产量巨大,种类繁多,艺术院校持续地大量培养出年轻艺术家,他们的作品,光靠"高净值财富投资人"(HNWIs)显然是无法消化的,必须有更多的流通渠道和消费者参与艺术市场,才有可能形成良性循环。艺术金融投资也必须创新,找出更多更好更安全的方式方法,促进中国艺术市场健康、有序、高效发展。就此,我提出如下建议。

(1)扩大艺术投资人数量,从而解决艺术投资规模太小、参与人群不足的问题。在积极争取"高净值财富投资人"(HNWIs)的基础上,引入广大的中等收入人群。近年来,中国艺术市场创造性地把高端艺术品拆分为小额股份进行交易,不仅使大量中等收入人群有机会参与艺术投资交易活动,而且使高端艺术品走出"高净值财富投资人"(HNWIs)的专属圈子,成为大众得以分享的文化产品,其社会意义与经济价值同等重要。但艺术金融市场的行为规范需要严格制定和执行,以确保投资人的利益和艺术市场的稳定发展。

(2)应该更多地采用"保值"的艺术投资方式,以确保艺术投资市场的稳定发展。金融产品中的"对冲基金"(hedge fund),最初就具备相对"保值"的功能。如果对用于交易的艺术品估价精准，可以作为"保值"的基础，借鉴对冲基金的运作方式，使艺术投资基金具备基本的保值功能是可以做到的。

（3）增强艺术品金融交易的透明度，使艺术品交易、投资及其收益成为可以计算、有记录可查的交易领域，降低"幕后交易"造成的风险，使银行和其他金融机构能够更有信心地加入艺术投资、交易的行列。

（4）破除艺术投资基金、艺术金融服务、艺术品保险、艺术品拍卖、艺术品收藏、艺术品销售中介、艺术家之间的壁垒，形成一个共同发展的成熟艺术品市场。

（5）加强国际合作，使全球艺术品市场走向国际化，在艺术品估价、交易、投资、收藏、保存、分享等各个领域，都有WTO似的全球组织与标准，使艺术成为人类财富形成、增长、共享的重要媒介。

中国艺术品投资基金的 SWOT 分析及对策研究

张 萍[*]

艺术品投资基金是伴随着房地产行业、股市的渐趋平静,以及国人对传统文化艺术的喜爱而兴起的新型投资方式。艺术品投资基金虽然日益为人们所接受,并成为艺术市场发展的重要动力,但因国内艺术品基金市场仍有待进一步规范、投资者对市场的预见能力也有较大差异,艺术品投资基金在高收益的同时伴随着很大的风险。目前,国内对艺术品基金的研究主要关注基金运作方式、基金种类、基金的收益与风险调查等方面,利用数学模型对艺术品基金投资环境做理论分析的研究还很少见。本文运用国际通行的 SWOT 分析工具来分析当前国内艺术品基金投资市场的优势与劣势、机遇与风险,探讨最佳艺术品投资组合方式,力图为中国艺术品投资基金的健康、稳定发展提供决策参考。

一 SWOT 分析简介

SWOT 的分析方法(态势分析法)最早是由美国旧金山大学的

---

[*] 张萍,首都师范大学美术学院博士研究生。本文为首都师范大学文化研究院 2013 年度重大研究项目"北京艺术市场研究"的阶段性成果。

管理学教授在20世纪80年代初提出的,是组织评估企业发展战略地位的一个简单而有效的工具。SWOT分析已被运用于不同的研究对象和研究目的中,如战略计划、市场对策、管理咨询等。SWOT分别代表优势(strengths)、劣势(weaknesses)、机会(opportunities)和威胁(threats),其中,优势与劣势属于内部因素,机会和威胁属于外部环境。

在SWOT分析过程中,将组织的内部因素与外部环境进行匹配,可以得出四种战略方案:S-O战略、W-O战略、S-T战略、W-T战略。S-O战略是内部优势与机会环境的组合,即发挥组织优势且利用机会的战略。W-O战略是劣势与机会的组合,即通过利用外部环境机会来弥补内部弱点的战略。S-T战略是优势与威胁的组合,即充分利用组织的优势来回避外部威胁的影响。W-T战略是劣势与威胁的组合,这是一种防御性战术,目的在于逐渐减少内部劣势同时回避外部环境威胁。在完成环境因素分析和SWOT矩阵的构造后,便可以制订出相应的行动计划。SWOT的分析方法实际上是通过对企业优势和劣势、面临的机会和威胁进行总结概括,分析内部因素及外部环境各方面内容,进而帮助企业充分发挥优势,避免劣势,积极利用有利的机会,并采取措施避免威胁的一种方法。

二 国内艺术品基金概况

艺术品基金是以投资艺术品为手段,进行艺术品买卖而获取收益的投资方式。其运作方式与其他基金具有相似性,即会聚投资人的资金,由专业的艺术经营机构来运作,研究艺术品的投资组合,把握投资方向,以获得最佳收益。

国内最早的艺术品基金肇始于以50万美元的价格购买了当代画家刘小东的《十八罗汉》组画的西安蓝玛克艺术品基金。2007年6月,中国民生银行成功推出了北京邦文当代艺术投资有限公司管理的第一只银行系艺术品基金——"非凡理财·艺术品投资计划1号",这意味着国内第一只真正意义上的艺术品基金诞生。之后,国内艺术品基金遍地开花，不断发展壮大。

目前国内的艺术品基金，根据结构模式可以分为有限合伙（LP）型、信托型两类。有限合伙型的艺术品基金都是投资型，而信托型基金又可以分为融资型、投资型两类。中艺达晨旗下的雅汇基金就是有限合伙型艺术品基金。一般来说，有限合伙人为多人，也有单人的，比如美国摩帝富艺术资产管理公司在中国大陆管理的艺术品基金。信托型则是由艺术品基金公司进行管理，但通过信托公司发行的艺术品基金。北京保利艺术投资管理有限公司发行了第一只艺术品信托——"盛世宝藏1号保利艺术品投资信托"就是与国投信托合作的。

三 艺术品基金投资的 SWOT 分析

（一）优势（strengths）

1. 艺术品投资基金投资门槛不高，风险小

虽然投资艺术品备受国人追捧，艺术品投资毕竟不能少了财富这张入场券，特别是高端艺术，目前还只是少数人的游戏。不仅要有雄厚的资金，而且要有相当的艺术鉴赏力。艺术品投资基金投资门槛不高，对于那些实力不够雄厚的个人投资者而言，或者对那些对艺术品还没有足够的投资经验，却热爱艺术品投资的人来说，买入艺术品投资基金是不错的选择。艺术品投资基金的管理人员不仅拥有丰富的管理经验，而且具有良好的艺术素养，又有专家顾问组成的咨询团队，由这些专业人士来管理艺术品投资基金，购买艺术品金融化产品——艺术品基金，就免去了艺术品真假鉴别的难题，可以大大降低运作成本和投资风险。

股票或者房地产投资，受经济形势、国家政策、通货膨胀的影响明显，风险巨大。而艺术品基金投资的艺术品具有稀缺性和不可再生性，因而具有极强的保值、增值功能，抗跌能力强，其价值不仅不会随时间的增长而减少，反而会因时间的增加而不断增加。投资者不必担心行情

突变带来的风险，较房地产、股票投资更安全。

2. 收益率高，有利于吸引投资者

一般来说，投资收益与投资风险成正比例。艺术品投资却与此不同，因其具有原创性、稀缺性、历史价值、不可再生性、保值增值性等特点。虽然其风险少，但投资潜在收益非常高，回报率远远超过其他投资领域的平均水平。2007年6月发售的国内第一只真正意义上的艺术品基金"非凡理财·艺术品投资计划1号"，2009年7月20日到期，其收益率高达12.75%。获取利润，是投资者的主要目标，艺术品基金较高的回报率，有利于吸引投资者注入资金，实现基金的可持续发展。

3. 投资标的越来越丰富，投资范围越来越广

首只艺术品基金"非凡理财·艺术品投资计划1号"主要以投资传统国画为主，随着市场的不断发展，艺术品投资基金自然不能满足于国画领域，于是把目光转向了油画。国内第一只民间艺术品投资私募基金——"泗海一号"，就是用于投资南方当代油画艺术品。随着艺术品基金的视野不断扩大，当代热点作品也成为投资目标，德美艺嘉艺术品基金是以2010年上海世博园主题馆参展作品为主要收藏对象的艺术品基金。

艺术品基金范围越来越广泛，不限于北京、上海等地，广东、四川等地的艺术品基金也方兴未艾。投资对象也不限于当代一流艺术家，年轻及二线艺术家也成为投资目标。四川的"名轩一号"基金，除了拥有方立钧、周春芽等著名当代艺术家的作品外，还把眼光放在了当代艺术的年轻市场，10%的基金和基金收益用于支持四川二线当代艺术家的艺术品投资管理和收藏。

4. 适应市场需求，策略模式不断创新

随着艺术品基金的快速发展，越来越多的基金公司加入艺术品基金投资中，其竞争也越来越激烈，艺术品基金公司如何扩大影响力，增加其在业内的公信力，打造自己的品牌，成了艺术品基金的主要课题。于是他们在经营模式上不断创新，国内第一只民间艺术品投资私募基金——"泗海一号"就是在一系列文化艺术活动中提高了知名度，以

文化艺术沙龙操作为平台,形成自己成熟的操作团队的。鼎艺基金也别出心裁,以投资艺术家为主要手段,真正挖掘艺术家的市场价值,为基金的长远发展服务。

(二)劣势(weaknesses)

1. 国内投资艺术品的意识还较淡薄

从海外的经验来看,当人均 GDP 超过 3000 美元的时候,收藏需求会出现增长趋势,达到 5000 美元的时候,便会大幅增长。而到 2011 年底,我国人均 GDP 已经超过 5450 美元,冲过 5000 美元大关,这表明收藏市场需求应快速增长,市场应有很大上升空间。目前,西方发达国家超级富豪有计划地购买艺术品的比例已经超过 60%,但在中国,排名前 100 名的超级富豪,购买艺术品比例不超过 10%,这说明虽然国内的人均收入已为艺术品投资提供了条件,但投资意识还是较淡薄。国内艺术品,特别是国画,即使与国外艺术品具有同样的价值,但拍卖价格差距很大,这也与国人投资意识淡薄有关。

2. 艺术品基金占整个市场的比值还是很小的,市场地位不高

尽管近年来国内艺术品市场出现了投资热、拍卖热的现象,但与股票与房地产的成交额相比,简直有着天壤之别。2011 年沪深两市累计股票成交额虽然较前期同比下降 22.85%,仍高达 420258.15 亿元,仅沪深两市股票日均成交额就达 761.32 亿元。2011 年中国地产开发投资总额达 61793 亿元;而 2011 艺术品市场,包括古玩古董、油画、玉器、书法、国画、装饰画、雕塑等交易总额为 2108 亿元,艺术品投资市场与股票、房地产的成交量相比较,还是有很大差距的。而作为艺术品市场的产品艺术品基金,更是沧海一粟。艺术品基金还只是少数人的游戏,大部分国人缺乏艺术品投资的理念。许多人喜欢收藏,但没有资金进行投资,有些人具有资金方面的实力,但对用于艺术品投资的艺术品基金了解甚少,没有进行长期投资的意识。艺术品投资离不开稳定的投资队伍及消费者群体;艺术品基金亦如此,艺术品基金的真正繁荣,需要更多的人参与,更需要不同层次的投资者来推动其发展,提高其地位,扩大其影响。

3. 拍卖市场缺乏秩序，不利于国内艺术品基金的发展

国内艺术品基金购入艺术品及退出市场时的主要渠道还是拍卖，因此拍卖市场的法律是否健全、监督是否有力与之关系重大。这意味着艺术品基金能否购入具有真实性、流动性、艺术价值高的艺术品，在退出时顺利卖出，获得可观利润，关系着艺术品投资基金的成败。而当今国内拍卖行的运行不够规范，没有有力的监督机制，拍品质量良莠不齐，"拍假"和"假拍"丑闻不断。如以天价成交的徐悲鸿的《裸女》，被质疑为学生作品。而香港苏富比春拍祁志龙《消费形象37号》更出现了被艺术家本人先质疑为赝品，后又承认非赝品的闹剧。如此的拍卖市场，给投资者带来极大的风险，影响着投资者的投资热情，也将制约与拍卖有着重大联系的艺术品基金的发展。

4. 艺术品真伪问题，困扰投资者

艺术品基金投资的风险，主要体现在赝品劣作风险、保存运输风险、通货膨胀风险等风险上，但保存运输风险是可控性风险，通货膨胀风险受大环境影响巨大，非人力可控，而且对于每一个投资者来说，是公平的环境，所以最大风险来自基金公司购买赝品劣作。真伪艺术品的价格差别巨大，如果投资者把赝品或伪作当作精品投资，其损失必然巨大，严重影响艺术品基金公司的正常发展。一方面，赝品劣作在市场上的大量出现主要缘于鉴定专家的匮乏，一个鉴定专家的成长需要很长的时间，并非专业院校几年教学教育能为之。况且当今社会，假专家横行，甚至为某些机构做"托"，严重损害了投资者的利益；另一方面，某些人、个别画廊或拍卖行为了获取一己之私，故意作伪作假，以欺骗消费者，这严重扰乱了市场秩序，困扰着投资者。

（三）机遇（opportunities）

1. 人们对于高雅艺术的追求，使艺术品投资成为一大热点

马斯洛的需求层次理论指出，人的需求是有层次的，从下到上依次分为：生理上的需求、安全上的需求、情感和归属的需求、尊重的需求、自我实现的需求。只有满足了基本层次的需要才能追求高一层次的需要。当国内物资匮乏，日常食品按计划供给时，满足基本温饱是人们

的基本需要。现在,随着人们收入的提高,物质逐渐丰富起来,人们满足了日常需要,开始关注更高的消费需求——精神愉悦的需求。在这样的背景下,艺术品就逐渐成为人们投资、追求的目标。它格调高雅,可以愉悦身心,又可以显示拥有者的财富地位、脱俗的品位,是身份地位的象征。我国艺术品收藏爱好者和投资者达7000万人,参与人员和成交额每年以10%~20%的速度递增。艺术品投资正成为与房地产投资、证券投资并驾齐驱的三大投资方式之一,成为一大投资热点,为艺术品基金提供了良好的发展环境。

2. 随着国人的收入越来越高,艺术品投资方面的支出越来越大

在市场中,人们有了一定的需求并不一定就能去购买,还要看消费者是否具备一定的购买力。19世纪德国统计学家恩格尔根据恩格尔系数(食物支出变动百分比÷总支出变动百分比×100%)即食物支出占家庭总支出的比率,提出一个家庭收入越少,用来购买食物的支出的费用所占比例就越大,用于其他精神消费方面的支出就越少;家庭收入越高,用来购买食物的费用的比例则会下降,用于其他消费,比如娱乐、文化等方面的消费就越大。推而广之,对一个国家来说,也是如此。目前中国经济快速发展,以上海、北京为例,2011年人均GDP已超过1万美元,人们用于食物方面的支出的费用所占比重下降,更多的用于文化和精神产品的消费,人们在艺术品方面的投资将越来越大,成为艺术品基金发展的重大机遇。

3. 艺术品基金的快速发展,成为艺术品市场上的一支重要力量

根据文化部文化市场司组织编撰的《2010中国艺术品市场年度报告》与《2011中国艺术品市场年度报告》,2010年我国艺术品市场交易总额达到1694亿元,比2009年增长41%。其中二级市场(拍卖市场)总成交金额达到589亿元,比2009年增长了177%。2011年我国艺术品市场交易总额达到2108亿元,位居世界第一,年增长率为24%。伴随着艺术品市场的飞速发展,中国的艺术品基金也在这两年内得到快速发展,并成为艺术品市场上的一支重要力量。根据有关部门的统计,截至2011年底,国内近30家艺术品基金公司已发行了超过70只艺术品基金,基金初始规模达57.7亿元。

4. 外资基金在国内市场的规模较小，给国内艺术品基金的发展留下了很大的发展空间

尽管许多外资基金对中国市场跃跃欲试，并通过上海艺博会来推广宣传，但收效甚微。当前进入国内市场的唯一外资基金是美国摩帝富艺术品基金在中国设立分公司的投资型艺术品基金。国内艺术市场的产品还是以中国古代、近现代书画为主，由于地域特点、风俗习惯决定的消费心理、审美特点、欣赏习惯，外国人很难读懂中国书画。因此国外的艺术品基金在国内的规模较小，其发展状态还处于初期。国内艺术品基金如果抓住了这一时机，不断发展壮大，提高其竞争力，伴随着市场的逐渐成熟，国外艺术品基金的进入将不再对国内艺术品基金构成威胁。

（四）威胁（threats）

1. 不遵循国际艺术品基金投资准则，无法与国际艺术品基金接轨

国外艺术品基金已成熟稳定，像英国铁路养老基金成立于19世纪70年代、法国熊皮基金成立于20世纪初。他们提供给国外艺术品基金100多年的历史经验，而国内艺术品基金始发于2005年，到目前为止，其历史不过8年，发展时间短，风险防控能力差，相对于国外艺术品基金的悠久历史有很大差距。在这种情况下，积极借鉴国外艺术品基金的经验，遵循国际规范，与国际艺术市场接轨是当务之急。但国内艺术品基金连接了诸如画廊、美术馆、基金、拍卖行，甚至银行融资的各个环节，一起纳入操作，不具有独立性。另外国内以艺术品基金信托为主，有很强的PE（私募股权投资）性质，艺术品基金公司代客理财时自己也作为投资人跟投，难以避免投手兼裁判的利益冲突。这些不符合国际规范的做法，使国内艺术品基金无法与国际接轨，使进入国内的国外艺术品基金很不适应，美国摩帝富艺术品基金在中国市场业务的"回撤"，就证实了这一点。

2. 国内人才配置无法适应当今艺术品基金投资市场

目前，国内开设艺术市场课程的院校寥寥无几，艺术品基金经理主要来自商学院工商管理专业，具有一定的团队合作的能力和管理水平，

但对于艺术史论知识的欠缺是他们的硬伤，在采购艺术品过程中，只能依靠外聘艺术顾问，投资成败取决于艺术顾问的鉴赏力、眼光和人品修养。如此一来，基金经理就无法对未来艺术品流行趋势进行判断与预测，无法发挥其决策未来的能力。个别院校开设的艺术管理、艺术市场的课程多设于美术学院，隶属于美术史论，对于市场发展规律、商业运作又不甚了解，更不懂银行业务，这严重制约了他们的发展。所以当今艺术品基金市场缺乏既具有艺术知识又具有商业运作能力的人才，艺术品基金管理人才的巨大短板，使快速发展的国内艺术品基金市场面临着行业危机。

3. 相关法律法规不健全，艺术品投资环境堪忧

目前艺术品基金交易中出现的种种问题亟待法律规范，北京邦文董事长黄宇杰巨额逃税而把民生银行品牌部前总经理何炬星拉下马，这起案件涉及国内多款艺术品信托产品，使艺术品信托产品陷入信用危机，因此对艺术品基金的法律规范提出了要求。健全、完善艺术市场的法律法规，可以从法律上规范艺术品基金交易市场，使交易各方和交易过程真正做到有法可依、违法必究。国内艺术品基金退出市场时的主要渠道拍卖，也因法律的漏洞颇为混乱，扰乱了市场秩序。这些都需要立法部门结合目前市场上出现的问题和矛盾，明确规定对这些违法行为的处罚方式，来进一步规范市场，并制定法律法规确定艺术品基金参与主体在市场上的行为准则和法律责任，为实现艺术品基金交易提供保障，使其有序发展。

四 艺术品投资的 SWOT 矩阵分析

根据以上的分析，我们对国内艺术品基金所处的各种环境因素，包括外部环境和内部因素，有了较为全面的了解。其中，外部环境包括机会因素和威胁因素，内部因素包括优势因素和劣势因素。将分析得出的各种因素根据轻重缓急或影响程度进行排序，构造出的 SWOT 矩阵图如下（见表1）。

表1　国内艺术品基金的SWOT矩阵

内部条件＼外部环境	优势（strengths） 1. 风险小、安全性高； 2. 收益率高，有利于吸引投资者； 3. 投资标的越来越丰富，投资范围越来越广； 4. 适应市场需求，策略模式不断创新。	劣势（weaknesses） 1. 国内投资艺术品的意识淡薄； 2. 艺术品基金市场地位不高； 3. 艺术品真伪问题，困扰投资者； 4. 拍卖市场缺乏秩序，不利于国内艺术品基金的发展。
机会（opportunities） 1. 人们对于高雅艺术的追求，艺术品投资成为一大热点； 2. 随着国人的收入越来越高，艺术品投资方面的支出越来越大； 3. 艺术产业的快速发展，成为艺术品市场上的一支重要力量； 4. 进入国内市场的外资艺术品基金规模较小，给国内艺术品基金的发展留下了很大的发展空间。	S-O 战略 增长型策略	W-O 战略 扭转型策略
威胁（threats） 1. 不遵循国际艺术品基金投资准则，无法与国际艺术品基金接轨； 2. 国内人才配置无法适应当今艺术品基金投资市场； 3. 相关法律法规不健全，使市场频现信用危机，艺术品投资环境堪忧。	S-T 战略 多种经营型战略	W-T 战略 防御型策略

从表1可以看出，通过S-O、W-O、S-T、W-T的战略组合，我们可以得出四种备选发展战略，下面具体分析各种战略。

第一，S-O战略（增长型策略）：随着国内艺术品市场的快速发展，我国已成为当今世界艺术品交易第一大国，作为艺术品衍生商品的艺术品基金，也已经登上艺术品交易舞台。艺术品的原创性、唯一性、具有保值增值的安全性，使艺术品基金较投资股票、房地产的风险小。同时，随着人们收入的提高，开始有了追求高雅艺术的诉求。艺术品基金可抓住这些机会，吸引大量的投资者，使其不断发展壮大。艺术品基金公司也要适应市场需求，不断创新经营策略，使其健康、稳定地发展。

第二，W-O战略（扭转型策略）：目前，国内艺术品基金面临着巨大的发展机会，但因其发展时间短，法律不完善，政府监督不力，基金公司信息透明度不高等原因，也面临着很多风险。在这种情况下，基金公司要实行扭转型策略，专业化经营，改善内部条件，以发挥外部环境优势。专业化经营是指企业通过从事符合自身资源条件与能力的某一领域的生产经营业务，来谋求企业的不断发展。所需的资金量相对较少，资金使用效率较高，同时比较容易集中精力制定合适的发展战略，提高企业声誉，实现更大效益。艺术品基金市场在资金有限、复合型人才不足的情况下，必须集中于专业领域，学习国外优秀的管理经验，形成核心竞争力从而最终实现促进行业发展的目的。

第三，S-T战略（多元化经营型战略）：多元化经营型战略的实施主要针对产品的生命周期处于从成熟走向衰退的过程中，为提高竞争力，依靠在市场中的原有知名度和地位，增加新的产品，实行多种经营，以巩固企业地位、抵制新的竞争策略。因此，对于处于行业初期发展的中国艺术品基金行业来说，多元化经营型战略并不是基金公司的一种较优的战略选择。

第四，W-T战略（防御型经营战略）：国内艺术品基金，确实面临一系列内部的不利因素与外部威胁，但毕竟有国家政策的支持、自身发展的需要，国内艺术品基金要不断发展壮大，不宜实现防御型经营战略。

通过对以上几种战略的对比，国内艺术品基金行业发展的战略组合应该是通过实施专业化经营的战略从而促进增长型战略的实现。

五 国内艺术品基金投资策略

经过对SWOT矩阵的分析，国内艺术品基金经过几年的发展，虽然成长快速，但依然存在大量内部的劣势和外部环境的威胁。因此，本节从国家政策、行业协会和经营理念等几个方面提出相应的发展对策，发挥优势因素、化解不利因素以促进国内艺术品基金的发展。

1. 进一步健全艺术品基金相关法律法规，优化艺术品基金运行环境

没有规矩不成方圆，艺术品投资基金的快速发展急需相关的法律

法规来予以规范、监督。目前没有明确的艺术品基金投资法,而《中华人民共和国证券投资基金法》没有明确基金从业人员违反受托义务应承担的责任,无法对基金公司受托人及实际控制人进行监管,特别是对于艺术品基金来说,其不可复制的特点使艺术品的保管、托运环节意义重大。艺术品是否保藏完好,影响着艺术品的品相及价格,所以更强调基金公司的应付责任、应承担的义务。但《中华人民共和国证券投资基金法》没有明确这一点,一旦出现损害投资人利益的情况,其处罚也仅仅是对基金公司进行管理层面整顿,这一做法操作性差,没有实际意义,根本无法真正保护投资人的利益。况且艺术品基金虽在操作方式上与证券基金没有差异,但因以投资艺术品做标的,艺术品的独创性、唯一性、不可复制性,与普通证券基金有很大区别。因此要健全艺术品基金市场,除了要明确《中华人民共和国证券投资基金法》规定的从业人员的责任、义务及违反法律法规的相应处罚外,还须出台针对艺术品基金的法律法规,以规范市场行为,优化投资环境。

2. 艺术市场参与主体自觉遵守法律法规

国家法律法规自然要逐渐完善,但它不可能一蹴而就。当艺术市场已快速发展,法律法规暂时无法跟上步伐时,产生的法律漏洞就会让部分不法分子有机可乘,因此艺术市场参与主体如画廊、拍卖行自觉遵守法律法规就成了当务之急。例如,中国拍卖行业协会发布的《中国文物艺术品拍卖企业自律公约》就是艺术市场参与主体自觉自律的典范。这一"自律公约"自2012年6月发布,截至9月1日,已有76家拍卖企业申请成为"自律公约"成员单位。虽然中国拍卖行业协会不是执法单位,但它是联系经营者与政府之间的桥梁和纽带,这一举措确必将引导艺术品市场行业协会建设,完善行业荣誉制度。

3. 与国际艺术品基金接轨,符合国际规范

国内艺术品基金投资要走上国际化,必将与国际艺术品基金接轨。国内艺术品基金要在收藏理念、投资理念等方面与国际接轨,增加艺术品价格的透明度。在政策层面,完善相关法律法规,增加艺术品基金管理的透明度,及时公布基金公司财务状况,加强信息披露的真实性、有效性,适应国内艺术品基金的发展需要。在操作层面上,努力完善操作

流程，加强对基金经理人的专业素质培养，提高专业艺术鉴定人员的修养，增强团队合作能力，消除不合国际规范的操作行为，努力与国际接轨，增加国外银行投资国内艺术品基金的信心，使国内的艺术品基金市场能够健康、可持续发展。

4. 借鉴国外的经验，吸引国外银行的参与

中国艺术品市场作为当前国际艺术市场的重要组成部分，吸引国际艺术品投资者，对国内艺术品投资市场产生了举足轻重的影响。而国内艺术品基金发展时间短、发展速度快，就更要求与国际艺术品基金接轨，让更多的国外银行投资国内艺术品基金。一方面，国外的成功经验可以为我们所借鉴，比如英国铁路养老基金、法国熊皮基金等，他们的投资理念、退出机制、回报率的预算等让他们在艺术品基金投资中叱咤风云，国外银行的参与必将给我们提供生动的实例；另一方面，我们可以认识到国内艺术品基金有操作程序缺陷及法律漏洞，在以后的发展中，应加以改进，不断发展。同时，外资的参与也将加大竞争，为国内艺术品基金市场带来活力。

5. 国内院校教育适应市场要求，培养具有高素质的艺术品基金管理人员

从事艺术品基金管理的经理良莠不齐，必将阻碍艺术品基金的长远发展。中国艺术品市场研究院副院长西沐表示："文化产业的经营人才将受到普遍重视，特别是既具有商业能力又精通文化产业商业模式的复合型人才，以及精通全媒体和全产业链经营的人才将存在较大的缺口，人才的培养和继续教育将成为文化产业市场竞争的核心要素。"当前艺术品基金经理多来自基层管理人员或商学院，并不懂艺术史论及艺术市场的规律，各大商学院要适应当前艺术市场发展需求，加大人才培养力度，开设艺术管理课程。而艺术院校的艺术管理专业也要顺应时代潮流，把握市场脉搏，普及艺术品投资与管理知识，增强学生进行合理的艺术品投资组合、准确预测艺术品未来走向的能力。同时进一步普及经济管理、会计、传统市场营销等课程以增强商业操作能力，培养高素质、复合型的艺术品基金管理人才。

当代中国内地艺术市场
从业人员构成状况分析
——以京沪两地艺术品经营机构创办人、
高层管理人员为中心

吴明娣 卢 展*

改革开放后，中国经济的快速增长，使艺术品投资收藏日趋兴盛，中国内地艺术市场得到迅猛发展，画廊、拍卖行、艺术博览会等艺术品经营机构相继在北京、上海落户。1991年澳大利亚人布朗·华莱士，在北京东便门角楼开办了红门画廊，标志着当代中国画廊业的诞生；1992年由北京市文物局举办的"92北京国际艺术品拍卖会"是改革开放后国内举办的首场艺术品拍卖会；1992年7月上海朵云轩拍卖有限公司（简称"上海朵云轩"）领到了国内第一张艺术品拍卖证书；1993年国字号拍卖行中国嘉德国际拍卖有限公司（简称"中国嘉德"）诞生，成为中国艺术品拍卖业起步的重要标志。而艺术博览会则发端于1993年的广州艺术博览会。此后，随着中国内地艺术市场的升温，其他艺术品经营机构如艺术品基金、艺术银行、文化艺术品交易所、典当行等也不断涌现。

近年来，中国内地艺术市场经历了数度沉浮后，开始步入调整期，迎来了理性发展的曙光。在这期间，艺术市场的从业者发挥了关键作

* 吴明娣，首都师范大学美术学院教授；卢展，首都师范大学美术学院硕士研究生。

用，他们的思想观念、受教育程度、兴趣偏好等对艺术市场的发展产生了不同程度的影响，甚至左右其所在机构及其行业的发展方向。因此，要对中国艺术市场加以考量，必须考虑到艺术市场从业者，特别是其中的主导者——艺术品经营机构创办人及高层管理人员的构成状况。北京、上海是中国大陆艺术品交易中心，艺术品经营机构相对集中。对这两地艺术市场从业人员中的骨干力量的调查分析，有助于加深对中国大陆艺术市场的认识，可以进一步看清影响中国艺术市场发展的一些潜在因素。

艺术品经营机构创办人的教育背景与其所在机构的经营理念、业务范围、发展方向存在着极为密切的联系。据目前所掌握的资料来看，京沪两地画廊业的创办者，多为艺术创作者、艺术评论人及相关理论研究者，他们大多毕业于高等美术院校，接受过系统的专业训练，掌握了必备的艺术技能与艺术理论。因此在20世纪90年代改革开放进入新的阶段后，能够顺应中国市场经济的发展要求，审时度势，由艺术创作、艺术理论研究转向艺术品经营，成为"准艺术品经纪人"。① 因画廊投资成本相对较低，所以多数艺术家和艺术理论研究者都选择了投资画廊，如当代著名画家陈逸飞于2000年成立逸飞集团，旗下包括上海新天地的逸飞画廊及影视文化传播公司、模特经纪公司等诸多艺术机构；前中央美术学院院长靳尚谊参与筹建并领衔的北京国子监油画艺术馆经营有方，近两年已在国内外举行了一些有影响力的展览。

多数接受过艺术教育的画廊经营者进入艺术品经营领域后，仍继续从事艺术创作与研究，但也有部分经营者已将主要精力转向艺术市场运作，其所在机构不断发展壮大，也使其成为本行业内有影响力的人物。如原中央美术学院人文学院艺术管理系讲师皮力，现正在北京草场地艺术区经营商业画廊"U空间"。他毕业于中央美术学院美术史系，曾经在北京最早的商业画廊四合苑工作，随后转向做策划人和画廊经营者。毕业于中央美术学院美术史系的冷林，为北京公社画廊的创始人及现任主持。同样毕业于中央美术学院美术史系的翁菱，曾任职于华南

---

① 张天羽：《中国艺术市场职业艺术品经纪人宣言》，《艺术市场》2012年第19期。

师范大学美术系，现为上海外滩三号沪申画廊总监。

画廊业经营者中，非艺术专业出身的经营者也不在少数。如索卡艺术中心的艺术总监萧富元，他虽然最初所学专业为经济学，但曾在1984~1987年师从台北故宫博物院刘良佑先生学习文物鉴赏，这为他从事画廊业的经营管理奠定了必要的基础。而红门画廊的创办人澳大利亚人布朗·华莱士，虽早年毕业于悉尼理工大学，所学为商业和市场研究专业，却对中国文化艺术充满热情。他曾在北京语言学院学习中文，而后在中央美术学院进修，这使他与艺术结下了不解之缘。这两位海外人士均具备了经济与艺术双重专业背景，因而能在中国大陆艺术品商业化的大潮中成为弄潮者。

中国大陆拍卖行特别是规模较大的综合性拍卖行，企业背景相对复杂，往往非个人独立投资创办。① 相比而言，拍卖行业的创办人及高层管理人员的受教育背景更为复杂，涉及艺术、美学、文学、史学、哲学、经济学及理工科等专业。20世纪90年代，中国内地开办的几家大型拍卖行如北京翰海拍卖有限公司、上海朵云轩拍卖有限公司，其前身均为国有文物公司。中国嘉德国际拍卖有限公司、北京保利国际拍卖有限公司等国有控股拍卖机构，其掌门人或由政府有关部门及企业集团委派，或由相关高层管理人员升任。如中国嘉德创办人陈东升，曾就读于武汉大学经济系，后担任国务院发展研究中心《管理世界》杂志社副总编。当他离开中国嘉德后，由曾就读于广州外国语学院英语系的王雁南接任总裁，她曾在国防部外事局从事外事工作，并长期在北京长城饭店担任要职。中贸圣佳国际拍卖有限公司现任总裁刘亭的受教育背景与陈东升、王雁南不同，她的学士学位与硕士学位均在美国获得，分别为外交学士和工商管理硕士，且曾在美国洛克菲勒公司任职，从事风险投资。北京华辰拍卖有限公司的总裁甘学军，曾是中国人民大学中文系的学生；前北京永乐国际拍卖有限公司总经理董军，1989年毕业于清华大学英语专业，2006年获得美国圣里奥大学工商管理硕士学位。这两位拍卖行业不可小觑的人物，虽然专业背景与艺术品经营无直接

---

① 孙国胜：《中国拍卖江湖：金钱游戏20年》，《芭莎艺术》2012年第2期。

关联，但"二军"的职场经验丰富，为其从事艺术品拍卖做了很好的铺垫。甘学军曾任文化部党组秘书、国家文物局办公室副主任、中国嘉德国际拍卖有限公司副总经理等职；董军也曾从事记者、主持人、制片人等工作。这对于他们执掌这些大型拍卖公司提供了良好的条件。

中国大陆艺术博览会的发起人及高层管理者，以接受过专业教育的艺术业界人士为主，如艺术北京当代艺术博览会的创办者董梦阳，毕业于中央美术学院版画系，在1993~2002年间成功举办十届中国艺术博览会，2004~2005年策划了两届中国国际画廊博览会。中国国际画廊博览会的重要组织者王一涵，为首都师范大学美术学院油画专业的研究生，师从知名画家尚扬教授，硕士在读期间她就曾担任北京索卡艺术中心总经理及艺术总监，毕业后致力于北京中艺博文化传播有限公司的发展，现已成为中艺博公司法人代表及执行董事。

上述艺术市场从业者中的成功人士，大多数接受过高等教育，获得了学士、硕士、博士学位，其中拥有海外留学背景及工作经历者为数不少，如曾组织过大量中国文物回流拍卖的龚继遂，他是美国西园公司的创办人，毕业于北京大学哲学系，1985年至1993年，在美国华盛顿大学攻读中国绘画史博士学位。林冠画廊艺术总监旷卫有15年在丹麦工作和生活的经历，曾任教于丹麦设计学院并担任其项目经理多年。

然而，也应注意到，在艺术市场从业者中，有一部分业务骨干未接受过高等教育，他们长期在文物博物馆行业从事专业工作，积累了丰富的经验，逐步成长为艺术品经营机构的高层管理者甚至掌门人。北京翰海拍卖有限公司首任总经理秦公就是其中的杰出代表，他曾进入文物鉴定班，跟随启功、徐邦达、耿宝昌学习书法、绘画、瓷器鉴定等知识。1964年调入北京市文物公司任职，历经30年，累迁至总经理，兼北京翰海拍卖有限公司总经理。1995年10月，在"北京翰海秋季拍卖会"上，故宫博物院以1980万元的成交价购藏北宋张先《十咏图》，这一价格创当时中国书画拍卖成交的最高纪录，也开启了国家博物馆通过拍卖市场购藏文物的先河；他执掌的北京翰海拍卖公司一度是行业领跑者。上海朵云轩拍卖有限公司的创办人祝君波有着与秦公相似的经历，他17岁进入上海朵云轩做学徒，从木板水印工作做起，直到

1991年出任上海朵云轩拍卖有限公司总经理，见证了中国艺术品经营的许多重要事件，在艺术鉴赏、艺术品经营方面有独到之处，是国内业界的领军人物之一。2000年，秦公不幸英年早逝，接任北京翰海拍卖有限公司总经理的温桂华，也是北京市文物公司的管理人员，从1993年起，开始在北京翰海拍卖有限公司担任要职，2013年4月离开北京翰海拍卖有限公司，任苏富比（北京）拍卖有限公司总裁。北京诚轩拍卖有限公司的总经理左京华，同样是通过实际工作中的学习磨砺在业界树立了良好的形象。她先后任中国嘉德、北京华辰拍卖有限公司钱币部经理，在邮品钱币拍品方面颇有建树，2005年参与组建了北京诚轩拍卖有限公司。北京荣宝的总裁刘尚勇和北京保利国际拍卖有限公司的执行董事赵旭，均是凭借丰富的从业经验在书画鉴定方面享有盛誉，因而能够在拍卖行业激烈的竞争中使其所掌控的拍卖公司具有较强的抗风险能力。经过这些艺术品市场精英们的努力，他们所管理的机构成为行业的领头羊。仅以拍卖行近几年成交额来看，北京保利、中国嘉德、北京翰海、北京匡时、北京荣宝、中贸圣佳、上海天衡、北京诚轩等均位于中国内地十大拍卖行之列。

上述艺术市场从业者中的精英人士以"50后""60后"为主，但"70后""80后"也占据相当大的比重，尤其是在画廊业、会展业及网络艺术品经营机构中，从业者相对年轻。受中国高等教育不同阶段的发展速度及规模的影响，他们之中年纪较轻的从业者往往接受过高等教育，而"50后"和"60后"中接受过高等教育的人数远不及"70后""80后"。从业者中的中青年特别是有海外受教育背景的人士，视野较为开阔，能够将欧美国家较为成熟的艺术市场经营经验、运作信息带到中国，使中国艺术市场得到较快发展，并逐步与国际接轨。北京长征空间创办人卢杰为"60后"，毕业于中国美术学院，后求学于英国伦敦大学戈德史密思学院艺术策展与管理专业；2002年，他在北京798艺术区建立了北京长征空间，将中国当代艺术的市场推广、销售、艺术家代理、艺术投资咨询及资本运作等集为一体。这类艺术机构的创办人、高层管理人员在增进国际和本土艺术界联系方面发挥了纽带作用。

在艺术市场普通从业者中，女性从业者占半数以上，有些艺术品经营机构女性甚至占绝大多数。近年来，投身艺术市场的年轻女性逐步增多，这与高等院校人文学科女性学生居多直接相关。据有关资料显示，近年来成立的私立博物馆、画廊等机构，女性员工已占员工总数的70%~90%。① 但在从业者中，荣升高位的女性则相对较少。与20世纪末相比，21世纪女性高层管理人员在从业者中所占的比重呈现增长之势。十余年前，中国各大拍卖行的总裁多为男性，而近年来王雁南、温桂华、刘亭、陆昂、左京华、李达等女性掌门人、高层管理人员，在艺术市场中的影响力显著增强，成为左右行业发展的重要力量。据最新资料统计，在中国内地15大拍卖行中，女性掌门人的比例占40%。② 这些杰出女性既具有男性的果敢、刚毅，能够处乱不惊，统揽全局，又不失女性的敏感、细腻，能够准确洞察市场的风云变幻。原任北京翰海拍卖有限公司董事长的温桂华，早在2000年就提出了"保护国家珍贵文物，引导境外文物回流"的理念。在她和北京翰海同人及有关政府部门的共同努力下，圆明园遗珍——乾隆六方套瓶、乾隆银铸兽面活门环、乾隆霁蓝描金瓜棱粉彩花卉大瓶，以及徐悲鸿油画《愚公移山》等国宝级文物先后回归祖国。2000年，陆昂创立嘉德在线拍卖有限公司，成为当时国内唯一一家网络拍卖公司。在这些出色的艺术市场女性高层管理者中，也出现了王一涵、谭波、李思莫等年轻女性的身影，相信更多的女性将会成长为艺术市场的中流砥柱。

艺术品经营机构的创办人、高层管理人员，通过自身的努力，使所在机构发展、壮大，自身也赢得了业界人士的尊重。但不应忽略的是，他们的家族背景对他们自身的成长，乃至其所在机构及行业的发展也产生了不同程度的影响。尽管大多数艺术市场的管理精英出身于平民之家，为"民二代"，但也不乏"官二代"与"富二代"。这些出身于

---

① 笔者近期调查发现，在北京的798、草场地、22院街及上海莫干山等艺术园区内有不少画廊、艺术中心员工清一色为女性。
② 据笔者不完全统计，北京、上海15个在业界颇有名气的拍卖行的总裁中，女性有6位，占据40%的份额，副总级别的更是占到50%以上。笔者调查的15大拍卖行（简称）分别是：北京保利、中国嘉德（包括嘉德在线）、北京翰海、中国匡时、北京华辰、北京永乐、北京诚轩、中贸圣佳、上海朵云轩、北京荣宝、北京传是、北京银座、北京长风、北京九歌、北京海王村。

富贵家庭的精英人士无疑能够凭借其个人能力与家族人脉，使其事业蒸蒸日上，也有利于其所执掌的艺术品经营机构乃至行业的生存与发展。艺术市场中有不少经营机构总能抵御来自国内、国际的各种风险而立于不败之地，与其背后无形的"巨手"的支持不无关系。

艺术品经营机构的创办人与高层管理人员，除大量本土培养的经营者外，还有为数不少的外籍人士，他们或是出于对中国文化的热爱，或是受海外艺术品经营机构的委派，在中国经营艺术品。这些外籍人士参与当代中国大陆艺术市场的建设，无疑使中国艺术市场的从业人员的构成更趋多样化，有利于中国艺术市场更快走出"草莽时代"，步入良性发展阶段。在北京、上海的艺术园区内聚集了一批有影响力的艺术品经营机构，如香格纳画廊、尤伦斯当代艺术中心、红门画廊、白立方画廊、林冠画廊等，其创办人及高层管理者均为外籍人士，瑞士的劳伦斯·何浦林、澳大利亚的布朗·华莱士、英国的杰·乔普林等在中国大陆经营中国艺术品的过程中，既为扩大中国艺术及中国文化在国际上的影响力做出了一定贡献，又对中国大陆艺术创作及艺术品投资收藏产生了不同程度的影响。但是，他们所起到的负面作用也不可忽视。

艺术市场从业者的文化立场、价值取向等因素对中国内地艺术品经营机构的创办、发展、成熟所发挥的作用是显而易见的。随着艺术商品化的进程不断加快，艺术家的创作与市场的联系日趋紧密，对经营者的依存度不断增强。而艺术品经营者的价值取向会影响甚至左右艺术品的价格，进而作用于艺术家的创作。这在当代艺术品的经营方面得到了鲜明的体现。据目前掌握的资料，从事前卫艺术，特别是带有鲜明政治色彩的艺术作品经营的艺术机构，其高层管理人员往往思想相对开放甚至激进。他们更多受到西方国家意识形态与艺术观念的影响，甚至被部分别有用心的财团与机构操控。在北京宋庄、黑桥、草场地等艺术区有不少经营这类艺术品的画廊和艺术中心，这些机构的经营行为直接反映了其主要管理者的经营理念及价值观。与之形成鲜明对比的是从事中国传统书画、古玩等艺术品经营的机构，其高层管理人员大多"根正苗红"，能够把握艺术品经营的主旋律。如北京保利、北京翰海大量回购圆明园文物，这是管理者的经营理念和价值取向的具体体现。

"红色收藏"近年来受到市场的追捧,这与老一代革命者及"50后""60后"的怀旧情结有关,但也不可否认,部分收藏家乃至艺术品经营机构的高层管理者对"红色经典"情有独钟。如"拍卖大鳄"刘益谦的妻子王薇热衷收藏"红色经典"油画。他们的购藏行为直接推动了艺术市场中这类作品的价格上扬,带动了相关"红色经典"的投资和收藏。

通过以上对京、沪两地艺术品经营机构创办者和高层管理人员的构成状况的分析解读,可以做出如下判断:当代中国内地艺术品市场从业人员的构成较为复杂,这主要表现在他们的受教育背景、职业经历、家庭出身、文化立场、价值取向等方面。具体而言,他们具有以下特征:多样化、年轻化、精英化、女性化。

多样化,指艺术品经营机构从业者的专业背景、受教育程度、职业经历等差异较大,与港台、欧美艺术市场经营者缺少可比性,明显带有"市场经济初级阶段"的特征。总体而言,目前中国内地艺术品市场从业人员,接受过人文社会科学教育的占绝大多数,其中成功人士以艺术、文物考古与经济双重专业出身,且具有丰富实际工作经验的居多,这与艺术市场对复合型人才的需求密不可分。须要指出的是,从业人员构成的多样化对行业的多元化发展有积极的作用,但也同时影响其经营管理的规范与成熟。

年轻化,指艺术市场从业者总体的年龄结构相对年轻,这与该行业为新兴行业、从业者更须具备开拓精神和应变能力有关。

精英化,指艺术市场从业者中,高学历、高素质、高收入者较多。该行业获得过硕士、博士学位的从业者数量可观。随着即将到来的职业艺术市场经纪人准入制度的建立,该行业的精英化程度将进一步提高。

女性化,指艺术市场从业者从普通员工到高层管理者,女性成员占半数以上,与国内同时期其他行业相比,艺术市场从业者中高层管理者特别是掌门人女性占比重较大。这与该行业从业人员的总体性别构成状况相一致。

国内艺术市场从业人员的构成还存在显而易见的问题与隐忧。最为突出的是,从业人员专业水平普遍较低,接受过艺术市场、艺术管理及相关专业培训的职业艺术经纪人很少,这导致该行业整体管理水平低下,因而乱象丛生。其中接受过法律教育的从业者十分稀缺,该行业从业者普遍缺乏法律意识与此直接相关。

针对目前国内艺术市场从业者的构成状况,必须采取切实有效的措施加以改进,最为迫在眉睫且行之有效的措施是:第一,高等院校应加大力度培养更多具备专业素质的艺术市场职业艺术经纪人,打造服务于中国艺术市场的"黄埔军校",尽快建立起中国内地艺术市场的"正规军"。第二,艺术市场的从业者特别是高层管理人员应加强自律,增强法律意识,规范经营行为。第三,政府有关职能部门应制定相应的法律、政策,对艺术市场从业人员加强管理,主动承担起监管职责。

目前,一些有识之士已经呼吁艺术业界建立职业艺术经纪人准入制度,对从业者进行资质认证。此外,近年来中国内地画廊协会、拍卖行协会等相应建立,并发布相关公报、自律公约等,已向艺术市场全行业和社会释放出正能量。相信随着从业人员整体构成状况的改善,中国内地艺术市场将告别"草莽时代",趋向规范和成熟。

北京高校文化创意产业人才培养的问题与思考

臧晓雯*

近年来,发展文化创意产业一直是实现北京经济社会全面协调可持续发展的重要内容。北京文化创意产业的高速发展,对文化创意产业人才的培养提出了更高的要求。毋庸讳言,北京虽然高等学府林立,但在培养适应北京文化创意产业迅猛发展所需的实践性人才方面,仍有较大的提升空间。

一 北京文化创意产业人才分类与特点

目前,我国学界对文化创意产业人才尚没有统一而明确的定义。我们认为,文化创意产业人才可以从两个角度去理解。

一是从文化创意产业的定义和分类角度来理解。2006年,北京市统计局等部门制定的《北京市文化创意产业分类标准》指出,"文化创意产业是以创作、创造、创新为根本手段,以文化内容和创意成果为核心价值,以知识产权实现或消费为交易特征,为社会公众提供文化体验的具有内在联系的行业集群"。文化创意产业包括文化艺术,新闻出版,广播、电视、电影,软件、网络及计算机服务,广告会展,艺术品

---

* 臧晓雯,北京语言大学比较文学研究所硕士研究生。

交易，设计服务，旅游、休闲娱乐及其他辅助服务九大类。

由此可见，文化创意产业人才可以指从事文化创意产业，具有一定相关专业知识和技能，能够进行创造性劳动，为文化创意产业经济发展创造一定价值和做出一定贡献的人。

二是从文化创意产业的产业链角度来理解。文化创意产业的产业链包括文化产品的创作（创意产生）—文化产品的形成（创意制作）—文化产品的商品化（创意商品化）—文化产品的流通（创意流通）—文化产品的消费（创意消费）五个环节。[①] 因此，完整的文化创意人才链应包括"创意的生产者、创意生产的引导者和创意产品的经营者"三大类。[②] 第一类是文化内容的创意者和设计者，如艺术家或策划、设计人；第二类是创意组织者和制作者等技术人才，如动画制作、广告执行文案、园艺师、录音师、建筑师、剪辑师等；第三类是文化创意的经营者和管理者，是既通晓文化创意产业内容又擅长经营管理的专门人才，如项目经理人、创意经理人等。

北京是国内拥有与文化创意产业相关专业最多的地区，各类人才集中。然而，北京的文化创意产业人才市场仍有很大的缺口，据统计，纽约创意产业人才占总工作人数的12%，伦敦为14%，东京为15%，而北京仅为1%左右。[③] 同时，在产业内部也存在严重的人才分布失衡现象，软件、网络及计算机服务是吸纳从业人员最多、增速最快的领域，而创意领域的人才和经营管理领域的人才远远少于制作技术领域的人才。因此，结合北京市文化资源丰富和文化创意产品需求旺盛的特点，北京文化创意产业真正急需两大类人才，即"既通晓创意产业内容又擅长经营管理的管理者；灵感迸发、创意迭现的创作者"。[④]

这种状况与北京高校在文化创意产业人才培养方面的问题紧密相

[①] 向勇：《文化产业创意经理人胜任力素质研究》，《同济大学学报》（社会科学版）2009年第5期。
[②] 殷宝良：《文化创意人才培养模式的探讨》，《社会科学家》2009年第10期。
[③] 丁俊杰：《对文化创意产业发展的观察与思考——创意文化人才》，《大市场·广告导报》2006年第12期。
[④] 同上。

关,因此,本文将重点分析北京高校在文化创意产业人才培养方面的诸多特点与不足。

二 北京高校文化创意产业人才培养状况

目前,北京高校在相关人才培养方面主要有三个方向:一是传统的艺术类专业,如绘画、音乐、表演专业等,选择创意天赋较高的学生,进一步在创意内容领域进行培养;二是主要培养擅长某一方面专业技能,同时又具备一定综合文化素质和一定创意能力的人才,如艺术设计专业、动画专业、编导专业等;三是主要培养擅长经营管理创意作品的人才,即文化产业管理专业。这三个方向与上文提到的文化创意产业人才链的三大类人才需求相符。但是,在高校对相关人才的培养方面,同样也存在制作技术领域的人才远远多于内容创意人才和经营管理人才的现象。

(一) 北京高校文化创意产业类相关专业人才培养特点

1. 相关学科专业门类丰富、数量繁多

根据《高校文化创意产业类本科专业分类表(初稿)》可以看出,北京高校文化创意产业相关学科共有125个,依据与文化创意产业相关程度分为46个核心专业、33个外围专业(次核心专业)和46个相关专业(边缘专业)。仅46个核心专业就涉及文化艺术类,新闻出版类,广播、电视、电影类,软件、网络及计算机服务类,广告会展,艺术品交易类,设计服务,旅游、休闲娱乐类及体育休闲类九大类,基本涵盖了北京市文化创意产业的各个类别。

由于统计口径较宽,以该分类为参照,北京各高等学校基本上都开设了文化创意产业类专业,其中艺术类院校开设的比率相对较高,不同类别的高校也都根据本校传统和教学专长培养具有一定相关专业技能的文化创意产业人才,呈现百家争鸣的态势。

2. 部分学科人才培养重复,界限模糊

在该分类表中可以发现,有不少专业在名称设置和培养方向上都存在很大的相似性，比如数字媒体艺术与数字媒体技术专业，名称仅一字之差，培养理念更为接近，都是秉承技术与艺术相结合的思路，以培养既懂技术又懂艺术的复合型人才为目标。以中国传媒大学和北京林业大学的数字媒体艺术专业、北京邮电大学的数字媒体技术专业为例，三者在学科介绍和主干专业课程设置上都大同小异，均包括计算机类和艺术类两部分，而它们授予的学位有的是工学，有的是文学。类似的情况还有艺术设计专业与艺术设计学专业、广播电视编导与广播影视编导等。由此可以看出，在北京高校文化创意产业学科门类丰富的背后，还有很多深层的培养问题有待解决。

3. 创意学科课程缺乏

虽然各种研究论著和政策规划都突出了对"创意"及创意人才的重视，但是在这125个相关学科中，以创意命名的专业只有一个——中国传媒大学的媒体创意专业。该专业开设于2003年，授予文学学士学位，与创意培养有密切关系的主干课程包括：媒体创意导论、美学概论、艺术符号学、叙事学、媒介生态学、创新思维原理与应用、报刊创意与策划、广播电视创意与策划、网站策划与设计等。除此之外，更多专业是在传统艺术、表演学科中加入一两个适应当下文化创意产业发展的创意类课程，比如在编导专业中加入广告创意与制作等课程。

综上所述，北京高校文化创意产业类相关专业人才培养效能偏低。一方面，纷繁的专业门类与模糊的学科界限形成矛盾，在凸显了各校育人特色的同时，也令学生的综合文化素质难以保证，比如擅长技术制作的人才在文化方面知之甚少；什么都会一些的学生随着工作的深入又会后劲儿不足。另一方面，由于软件、网络及计算机服务领域的技术型人才培养较为容易，且易见成效，所以很多高校都开设了计算机相关专业，而创意培养相对缺乏。由此导致创意制作环节人才集中，亦即上文提到的文化创意产业人才分布失衡的状况。

文化创意产业呈现明显的融合性，创意人才的培养当然也需要对创意内容生产者、创意制作者和创意经营管理者这三类人才进行综合考虑，寻求平衡发展。高校要培养文化创意产业发展真正需要的人才，就须要改变原有的教育观念，在注重培养艺术相关专业技能的基础上，继续加强对传统艺术类专业学生的文化教育和审美教育,同时提高对管理人才、经营人才培养的重视。因此,在分类人才培养的基础上,未来北京市人才培养也须要打破学科的界限,施行通识教育。这既是文创意产业融合性的体现,也是未来真正的"复合型"人才培养之路。

(二)文化产业管理专业分析

随着我国文化产业的迅速发展,文化产业经营管理人才的需求与高校人才培养的缺失之间的矛盾越发显著,在这样的背景下,文化产业管理专业应运而生。北京大学文化产业研究院成立于1999年,从2002年开始培养文化产业管理人才。此后,山东大学、云南大学、清华大学等高校先后建立了文化产业研究机构。与此同时,高校学者也开始探索文化产业的学科建设问题,2008年以来,陈少峰等学者不断呼吁比照工商管理的学科地位,建立"文化产业管理"这门独立学科,培养类似于MBA的高层次文化产业管理人才。

2004年,教育部批准了山东大学、中国传媒大学、云南大学等全国重点高校开办"文化产业管理"本科专业,进行试点招生,这标志着文化产业管理学科的正式形成。2005年以后,在文化产业快速发展与政策支持的双重作用下,开设这一专业的院校数量进一步增加,教育部又批准了中央财经大学、湖南师范大学等高校和另两所独立学院开办该领域的本科专业。同年,教育部批准了文化产业管理专业的高等教育自学考试,于2006年开考。文化产业管理专业已成为近年来发展较快的新办专业之一。

从文化产业管理学科发展状况可以看出,在京高校一直是该学科不断探索发展的主力军。在普通高等教育方面,目前北京市已有5所高校开设了文化产业管理本科专业,分别为:中国传媒大学、中央财经大学、中华女子学院、北京印刷学院、首都师范大学。除此之外,还有很多学校在相关专业下开设了文化产业管理专业,如北京电影学院管理系的文化产业管理专业等。在学位教育方面,以北京大学文化产业研究院为代表的机构已经做了多种尝试,如本科双学位、硕士研究生教育等。此外,北京大学艺术学院还于2008年开设了文化创意专业博士点,以培养该学科的高级研究型人才。在继续教育方面，北京市教育考试院也于2008年开设了北京市高等教育自学考试文化产业专业（独立本科段）的考试计划，由北京师范大学担任主考院校。同时，其他各种类型的高级研修项目也为社会培养了大批文化产业领域的管理者和经营者。

1. 普通高校文化产业管理专业人才培养状况

2012年，北京市具有文化产业管理本科专业高考招生计划的院校分别为：中国传媒大学、中央财经大学、中华女子学院、北京印刷学院、首都师范大学。从专业开设时间来看，中国传媒大学是教育部最早批准成立的四所学校之一，中央财经大学开设时间也较早，因此这两所学校的学科建设较其他高校相对完善。该专业毕业生在各高校都授予管理学学位，但其所归属学院不一样（见表1）。这说明各校对该专业的理解不尽相同，在培养方式上也根据本校的不同特色存在较大的差异，仍处于探索阶段。而且由于是新开专业，招生人数与毕业生人数都相对较少，对北京文化创意产业起到的作用尚不明显。

表1　北京开设文化产业管理专业高校基本信息表

专业名称	开设学校	所属院系	学位授予门类	开设年份	2012年招生人数（人）
文化产业管理	中国传媒大学	经济与管理学院	管理学学士	2004	60
文化产业管理	中央财经大学	文化与传媒学院	管理学学士	2005	24
文化产业管理	北京印刷学院	出版传播与管理学院	管理学学士	2007	33
文化产业管理	中华女子学院	艺术学院	管理学学士	2009	22
文化产业管理	首都师范大学	文学院	文学学士	2010	19

2. 文化产业管理专业人才培养方向分析

在调研过程中笔者发现，各学校的培养目标较为一致，最终定位于"高级复合型专门人才"。但在具体的培养方向上，又因学校优势的不同而各具特长。

以最早开设该专业的中国传媒大学为例，该校从2004年开始招收文化产业管理专业的本科生，共设有两个专业，即影视制片管理和文化经纪,每个专业招收30人,按非艺术类方式进行招生,进一步拓宽了生源,学生毕业授予管理学学士学位。在实际的培养过程中,学生一年级打通培养,不分专业方向,统一授课,强调通识教育和基础知识学习。从第三学年开始,根据学生的兴趣自行选择细分专业方向,然后分专业方向进行培养。影视制片管理方向注重培养学生在影视节目策划、制作、运营管理、发行营销等方面的专业技能,以适应我国快速发展的影视产业对管理型人才的需求。文化经纪方向注重培养学生在影视娱乐、会展活动、艺术品投资等文化经济领域从事文化经纪活动的专业技能,以满足我国文化产业大发展对专业经纪人才的需求。

中央财经大学依托本校财经学科的优势,打造文化产业投融资的优势特色方向,为我国的文化产业发展提供高素质的资本运作和经营管理人才。根据这种培养方向,该专业开设了财经实务类课程,如金融学、投资学、投资价值分析与评估等。首都师范大学则以通识通才的宽口径培养为目标,以文化产业创意与策划及文化产业高级经济管理人才培养为特色,同时使学生具有良好的汉语言文学专业和高级中文文秘专业素养,以胜任文化产业各相关部门的经营管理和秘书、文员工作。因此,该专业开设了汉语言文学专业的基础专业课程,如民俗学、文化学、中国文化史概论等。中华女子学院的文化产业管理专业为舞蹈编导方向,按照艺术类招生标准,以补充群众文化、社区文化中的舞蹈编创及艺术管理人才为目标,旨在培养具有良好的公益意识和服务意识,具备较强的舞蹈编创及组织策划能力,具有一定的组织管理能力和协调沟通能力的应用型、复合型艺术人才。相对而言,北京印刷学院的培养方向略显宽泛,但也突出了具备较强社会调研和信息处理能力的人才培养目标特色。

正是由于文化产业本身的包容性,使得文化产业管理专业在人才培养上也有着多元化的方向和目标。对于尚处于探索阶段的文化产业管理专业来说,不同高校各显其能,突出各自优势的培养方向也不失为一种有益的尝试。

3. 文化产业管理专业课程分析

经过对几所学校开设的课程进行比较可以发现,该学科除公共基础课和思想政治课之外,其主干课程一般包括四大部分,即文化产业专业基础课程、文化产业实务及方向特色课程、经济管理类课程、文化艺术类课程。但由于不同高校的办学特色不同,这四方面课程的结构也有较大差异(见表2)。

表2 北京开设文化产业管理专业高校主要课程设置

开设学校	专业方向	主要课程	
中国传媒大学	影视制片管理方向	专业课程主要由人文社科类课程、经济学课程、管理学课程、文化产业概论和方向特色课程构成。 管理学原理、经济学原理、传播学原理、财务管理、人力资源管理、创意经济、文化产业管理、文化产品创意与营销、影视艺术基础等。	影视制作、电视节目策划、影视剧制片管理、电视栏目制片管理、纪录片创作等。
	文化经纪方向		文化经纪实务、明星产业与演艺经纪、艺术品市场、文化场馆经营与管理、中国传统曲艺赏析与演出经营等。
中央财经大学	投融资方向	课程分为四类:(1)管理类学科基础课程,如西方经济学、管理学、投资学等。(2)文化产业管理专业课程,如文化生产原理、文化产业管理学、文化消费学等。(3)财经实务类课程,如金融学、投资学、投资价值分析与评估等。(4)文化产业实务类课程,如文化产业投融资、艺术品投资与经营、创意学等。	
北京印刷学院	无	管理学原理、经济学原理、文化产业概论、文化市场营销学、文化产业创意与策划、传媒业经营管理、管理信息系统、财务管理、人力资源管理、消费者行为学、文化传播学、出版学、文化产业应用写作、中国文化概论、西方文化思想史、中国民俗学、社会学、国际文化贸易实务、商务谈判、演艺经营管理、会展管理、动漫产业概论、文化经纪理论与实务等。	
中华女子学院	舞蹈编导方向	文化产业管理、舞蹈编导、编舞理论与技法、演出组织与策划、舞台表演、管理学、经济基础、艺术概论、舞蹈基础、戏剧基础、音乐基础、声乐表演等。	
首都师范大学	无	文化产业概论、现代市场营销学、文化产业创意与策划、传播学、广告学、传媒文化研究、人力资源管理、文化艺术经纪人、产业与资本运作、项目策划与运作、公共关系学、高等数学、会计学、经济学概论、国际金融与贸易、文化产业贸易学、文化产业经济学、文化政策与法规、知识产权法、公司法、经济法、行政管理学、心理学、管理心理学、社会心理学、社会学、影视艺术概论、民俗学、文化学、中国文化史概论等近40门专业必修和选修课程,并可在文学院各专业开设的100多门选修课中进行选修。	

从表 2 可以看出，该专业课程所包含的门类相当广泛，即便在文化产业专业基础课程中，其具体内容也存在明显差别。例如中国传媒大学的文化产业基础课程包括文化产业概论、文化产业管理等，而中央财经大学则包括文化生产原理、文化消费学等。不仅专业基础课程没有统一的标准，专业实务类、经济管理和文化艺术类课程也是千差万别。这也可以看出，文化产业管理专业尚不成熟，各高校还处于不断探索和积累经验的阶段。

在文化产业管理专业的课程设置中，我们也能看到一些创意类课程的身影，如中央财经大学直接称为创意学的课程，中国传媒大学开设的创意经济、电视节目策划等。这显示各高校在培养文化产业管理经营人才的同时，也意识到了创意能力培养的重要性。

4. 文化管理专业发展现状不成熟

由于文化管理专业是新办专业，又是适应文化创意产业高速发展的产物，其理论基础还很薄弱，所以各高校还在努力寻求各种人才培养问题的解决之道。

首先表现在协调人才培养中"全"与"专"的问题。虽然各高校在人才培养目标上已达成"复合型"的共识，但这点在实际培养过程中不容易做到。在现有的高校体制下力求面面俱到，必然泛而不精。因此各高校纷纷在文化产业管理专业下设置细分方向以求解决这一问题，而这又导致课程设置、教学侧重等方面的差异，带来文化产业管理人才培养不规范、不统一的问题。

其次表现为人才培养效能不高的问题。据媒体报道，这一专业一直面临着招生热、就业冷的状况，文化创意产业虽然缺乏人才，但并没有对文化管理专业毕业生表现兴趣。高校培养出的专门人才却不适应市场的需求，究其原因，学科理论基础薄弱、课程设置不规范、教材师资不丰富、不权威，特别是教学过程中缺乏具体实践能力的培养等方面的诸多问题，共同导致了该学科毕业生的尴尬处境。缺乏管理实践经验的学生，即便掌握很多管理知识也不能称为管理经营人才。

三 文化产业管理人才培养的其他形式

文化产业本身的包容性和复杂性决定了相关人才的培养模式具有多样性。很多学者认为，文化产业管理专业以硕士为主或者以继续教育为主更为合适，这样较为灵活的培养方式更具针对性，可以让有一定基础的学生更加高效地得到专业知识和相关技能，也能避免普通本科教育中有广度而无深度的弊端。

以北京大学文化产业研究院为例，其最早在文化产业管理人才培养方面进行了探索和尝试，对此有着较为丰富的经验，以北京大学艺术学院为依托，目前已经形成了包括本科双学位、硕士研究生、文化创意博士生、研究生课程班、高级研修班、国际合作项目等在内的完整的培养培训体系。

除了依托高校和研究所进行的学位教育、课程培训等形式，北京市的文化产业管理人才还有另外一种继续教育的模式，即于2008年开始的文化产业专业（独立本科段）高等教育自学考试。主考院校为北京师范大学，该专业旨在培养在演艺、出版、博展、传媒、娱乐等领域从事管理、策划、经纪、营销、公关等活动的应用型专门人才，侧重文化创意产业经纪人管理和会展产业管理两个方向。

四 关于北京高校文化创意产业人才培养的几点思考

相对于文化创意产业这个内涵与外延都十分模糊的概念，文化创意产业人才的概念同样包含甚广，无论是从横向还是纵向分析，文化创意产业人才都是一个庞大的群体。北京高校文化创意产业人才培养看似一片繁荣，其实内部却存在很多值得思考的问题。

（一）重新思考文化创意产业人才培养的定位和层次

一方面，既然已经明确了市场缺少的是创意人才和经营管理人才，那么高校的人才培养定位就应该重点针对这两部分，开设新专业或整合原有专业，着重在创意和经营管理方面对学生进行培养，而不是继续重复已有学科在制作技术方面的能力培养，因为技术制作能力是服务于文化创意发展的。北京大学文化产业研究院副院长向勇曾提出以培养创意经理人为目标，即培养同时具备创意和管理能力的人才。

另一方面，不同类型、不同层次的高校应根据自身特点培养不同层次的文化创意产业人才。正如有学者提出的："第一类高校"着重培养高素质创意、研究人才，"第二类高校"主要培养高素质、实践能力强的应用型文化产业技术人才，"第三类高校"着力培养实践能力强的文化产业技能人才；[①] 而不应为了迎合潮流而不顾自身师资力量、教学科研条件，盲目开设文化产业管理及相关学科。

（二）整合现有资源，加强各校之间的合作

目前，各高校都在根据自身优势进行专业方向定位和人才培养。但是，文化创意产业高素质人才不能只具有单一方向的优势，因此，整合现有各相关传统学科资源和各院校的培养经验十分重要。

王渊明在《全国文化产业管理专业学科建设分析报告》中曾提出"一体四化"的改进路径，[②] 其中"教学规范化建设""师资复合化建设""学科资源协作化建设""组建中国文化产业管理协会"等都要求各高校充分合作。北京应充分利用高校众多的优势，在全国高校文化产业学科建设联席会议的基础上，形成地区性的合作交流平台。

（三）加强人才实践能力培养

现阶段，北京高校培养出的文化产业管理学生之所以不太适应市场需求，是因为在教学环节中，更多的用理论取代了实践环节，知识讲得很多，对学生的专业实践能力却重视不够。

[①] 李萍：《论成都域内高校成都地方文化产业人才培养路径》，《教育与教学研究》2009年第7期，第57页。

[②] 王渊明：《全国文化产业管理专业学科建设分析报告》，《中国文化产业评论》（第八卷），上海人民出版社，2008，第191页。

这就要求高校与文化创意企业、事业单位合作建设实践基地，让掌握了理论知识的学生切实接触文化创意产品开发、制作、经营过程，以提高实践能力。另外，由高校建设的与文化创意产业相关的学生社团也可以在一定程度上提高学生的实践能力，比如创设虚拟的创意领导力学院、组织学生参加创意比赛等，以培养学生对文化创意产业的敏感度和调查研究的能力。

（四）寻求培养模式的突破，探索产学研一体化的道路

产学研一体化的概念并不仅仅是针对文化创意产业相关学科提出的，可以说，它是北京乃至全国高等教育发展的必然趋势。从我国的实际情况来看，目前文化产业科研落后于产业发展实践，而北京在科研与实践两方面都是最为领先的地区。中国人民大学文化创意产业研究中心、清华大学国家文化创意产业研究中心、北京科学技术研究院中国创意产业研究中心、中国传媒大学文化创意产业发展研究中心、北京大学文化产业研究院等研究机构为北京文化创意产业实现产学研一体化提供了可行的途径。

在培养模式上可以尝试突破高校传统学科的教学模式，借鉴澳大利亚昆士兰科技大学的培养理念。北京高校众多，可以尝试搭建一个共同的平台，打破文化创意产业各相关学科之间的壁垒，进行全新的课程设置和教学模式设计。

北京拥有全国一流的教育资源，正是发展高科技、创意型产业的宝地，同时北京又是全国拥有文化创意产业相关专业最多的地区，拥有丰富的文化资源和雄厚的经济实力。虽然目前北京高校在文化创意产业人才培养上存在诸多问题，但是社会需求大量的相关人才是毋庸置疑的。因此，高校在人才培养上还有很大的发展空间，而现阶段诸多不成熟的探索也是日后形成完善的人才培养模式的必经之路。

关于北京市建设
中国文化体验馆的建议与构想
——以纸文化馆为具体案例

高秀芹[*]

党的十七届六中全会《中共中央关于深化文化体制改革、推动社会主义文化大发展大繁荣若干重大问题的决定》和《国家"十二五"时期文化改革发展规划纲要》明确了北京作为国家文化中心的重要地位和作用,这在为北京的文化软实力建设注入了生机与活力的同时,也提出了新的更高要求。新形势下,如何通过加强公共文化服务体系建设,提高国家和城市文化软实力,实现建设社会主义文化强国和文化强市的战略目标,成为北京市文化软实力建设面临的一个重大问题。

北京是国家发展文化服务产业的龙头基地,文化服务产业发展前景非常乐观,但也出现了许多须要解决的问题。比如,公共文化服务体系不健全;针对青少年的传统文化服务产业未形成有效模式;传统文化服务产业与高科技难以有效结合;文化服务行业虽然有"走出去"的想法,但观念、手段和方式创新不够;等等。特别是中国的传统文化不能只落在纸面和口头表述上,而更多应该依靠社会公共活动、文化产品与消费体验、青少年的兴趣与热情、国际的关注等进行传承和传播。为此,我们专门提出建设中国文化体验馆的建议。

---

[*] 高秀芹,北京大学出版社编审。

一 中国文化体验馆的性质

"中国文化体验馆"是一个全新的概念,不同于旧的展览馆和博物馆。旧有的博物馆形式受场地及主题展物的限制,多为有限主题的"展示馆",布展时间有限,珍贵展品需要轮休。参观者只能有视觉参与,缺乏全身心、多角度的身心体验。"中国文化体验馆"则是对旧有展览形式的革命,它在固定的场所内采用较为轻便、容易收纳的展具,并配以动漫视频、音像效果、多媒体人机互动、极具体验感的多种展具样品等,能够高效率地、灵活地开展各种主题的文化展览。

中国文化体验馆是一扇文化交流的窗口,也是融历史、文化、科技、环保、体验为一体的文化创意平台,中国文化体验馆注重在现代语境下展示、讲解中国传统文化主题,尤其强调传统文化的生活化,注重挖掘和展示优秀传统文化在当今生活中的表征与变迁、内涵与意义。特别关注那些在大众生活中俯拾即是、具有普及性和现代性的文化要素,反映那些为多元文化共享的文化符号,探索传统文化的世界意义。

中国文化体验馆以中国传统文化为主题内容,以展示、体验为表现形式,在产品和服务设计上都极具人性化。体验馆有三种优势:一是顺应了当下文化产业发展的人文特性;二是表现传统文化传承与市场经济之间的协调平衡;三是体现一种全新的创业视点、营销模式和消费领域。

二 建设中国文化体验馆的必要性

当前的文化服务产业建设主要在以高科技来带动的载体形式方面,如影视、动漫、游戏等。此类载体形式活跃,随着全球化趋势的加强和现代化进程的加快,表现强烈的扩张性。与此同时,中国传统文化却越来越为年轻人所遗忘,中国当代年轻人盲目崇尚他国文化者众多,对中国传统文化则相对隔膜。其实，不仅中国如此，其他很多国家也都面临着此种局面，为了让年青一代加深对本国传统文化的理解，各国都十分重视本国传统文化的传承与弘扬，并将之投入文化产业发展中。特别是一些亚洲发达国家和地区，如日本、韩国和中国台湾等，都表现了灵敏的意识，走在了此类文化产业发展的前沿。

中国是世界四大文明古国之一，沉淀了深厚的文化底蕴，纵横古今，博览文理，中国文化覆盖范围广，发展程度高，其丰富多样性使中国传统文化产业极具体验魅力和深度开发价值。

三 北京建设中国文化体验馆的意义

城市作为人类文明的载体和产业集聚空间，其发展水平体现了一个国家的综合实力，城市的竞争优势在一定程度上代表了国家的竞争力。北京历史悠久，人文荟萃，集聚了全国最优质的文教资源，具有建设文化强市的优越条件。近年来，北京市高度重视文化建设，无论是公共文化服务体系建设，还是文化创意产业发展，都取得了长足的进展，走在了全国的前列。然而，从北京市定位于"国家首都、文化中心、国际城市、宜居城市"的战略目标来看，公共文化体系作为文化强市建设的重要支撑点，仍显得薄弱，资源难以有效整合以发挥综合效益，社会参与度不足，缺乏活力和吸引力，缺乏针对青少年和外籍游客的公共文化产品。

"十二五"是我国迈向全面建设更高水平的小康社会的国家战略目标的关键时期。北京作为国家首都和文化中心，不仅要加快公共文化服务体系建设和文化创意产业发展，推动发展方式转变，提高城市文化软实力，为建设社会主义文化强国提供战略支撑，同时还肩负着在构建公共文化服务体系中创造鲜活经验、发挥"国家文化中心"的引领地位和示范作用的重要责任。

为此，尽早建设中国文化体验馆显得尤其重要。

（1）这一举动将直接增强公共文化服务体系建设的自觉性和责任感。近年来，北京市对发展文化创意产业的热情越来越高，而对公共文化服务体系建设的实际工作热情不是很高，缺乏继续加大投入、创新发展的压力和动力，这也成为制约北京市公共文化服务体系建设的重要因素。公共文化服务体系建设关系到公民文化权益能否真正落实，城市竞争力能否真正提高。北京的城市地位和资源条件决定了中国文化体验馆建设的高标准，它将对全国此种"文化体验中心"的建设发挥示范作用。

（2）北京作为国家首都和文化中心，集聚了众多的公共文化机构，公共文化资源极为丰厚，但资源碎片化的问题又极为严重；同时，文化事业单位改革转型尚未完成，难以构成支撑公共文化服务体系的微观组织基础。中国文化体验馆则以公共文化资源为基础，整合配置各博物馆和社会公共文化资源，是一种兼具公益性和市场化的复合型新模式，是一种充满生机与活力的新型文化样式，它能实现公共文化资源的有效整合利用，释放公共文化资源的发展潜力。

（3）公共文化服务体系建设的最终目的和动力来自人民。当代社会发展为人民群众和社会组织参与公共文化服务体系建设提供了广泛的社会资源，而科技进步则为之提供了公共平台和技术手段。近年来，民间社会力量参与公共文化服务体系建设的积极性大增，激发起全社会的文化创新活力。中国文化体验馆增加了公共文化产品的内容，是公共文化空间的新拓展，同时，它也能扩大文化消费，有利于建设充满中国风采的精神文化家园，特别是能够体现"中国梦"的核心价值观。

（4）现代科技手段只适用于部分公共文化产品和服务的均等化供给（如广播电视、数字化图书馆），中国文化体验馆则具有显著的区域覆盖特征，它在融合了高科技的同时，又能实现公共文化服务的公益性、基本性、均等性等要求，特别是针对青少年与外籍人士的开放，能够将文化服务体系建设与经济建设、社会建设、政治建设和生态建设更加紧密地结合起来，形成引领作用和溢出效应，形成丰富多彩、生动活泼的社会环境，为不断提高首都的文化软实力、实现文化强市和国际化大都市的战略目标做出积极贡献。

四 中国文化体验馆的构成与操作模式

在中国文化体验馆内,体验与互动系统是为开展文化体验提供服务的场所,它采用寓教于乐、深入浅出和沉浸互动的方式,划分出不同的专题区,并运用现代科技手段、实物展示等方式对中国传统文化元素进行创新展现。在展现中国文化的精华时,尤其注重展现传统文化的当代价值与世界意义。它强调体验者的亲身参与和动手操作,并辅之以课堂学习与专题讲座,探索全景式、多维度的文化体验与教学模式。

秉承博古通今、动静结合、学以致用的思路,体验馆将采用现代科技手段和寓教于乐的方式设置若干文化体验场景,通过点面结合和沉浸参与的方式,实现浓缩式、立体化的文化体验;馆内同时配备图、书、音、像等各种资料,以及互动学习系统、文化课程模块等各种资源,使参观者在感知场景、动手操作、获得知识的过程中进行文化体验活动,践行中华文化"知行合一"的理念。

依靠中国文化体验馆平台,可以搭载多种主题的文化展,如纸文化展、布文化展、茶文化展、陶瓷文化展等(见图1)。例如,在纸文化

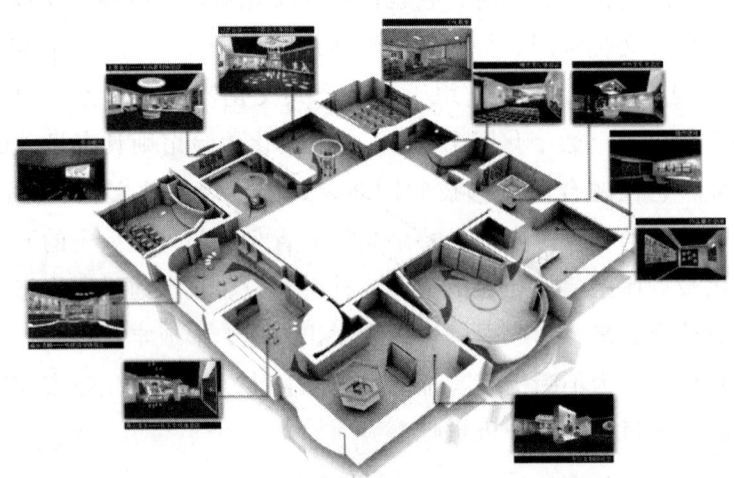

图1 中国文化体验馆布局图

展中，可以包括纸质展台、挂图、动漫视频播放、多媒体互动、APP下载、手工体验、雕版原型、剪纸样品等多种载体。中国文化体验馆还是实现文化体验模式的中枢，它统筹国内外各种文化资源，起到对场景体验、馆外体验，以及多种资源的融会贯通作用。参观者在馆内参观后，可根据自己的兴趣爱好赴馆外传统文化集中区域参与文化游学活动，开展有针对性的专题文化体验。

（一）场馆构成

中国文化体验馆由纸文化馆、茶文化馆、陶瓷文化馆、书画文化馆、佛教文化馆、布文化馆、古建筑文化馆、古代交通文化馆等分馆构成，各分馆的主题都以中国文化的文化模块为基础单元。

所有单元分馆又分为常设馆和机动馆。常设馆有纸文化馆、陶瓷文化馆、古建筑文化馆等，为中华文化最精华的部分，集中展现中华民族五千年的智慧和文明成果。机动馆则有茶文化馆、酒文化馆、布文化馆等，可以更灵活自由地布展，增加新展览单元和体验单元，因为此类展览的主题与当代人的衣食住行息息相关，所以可以配合商业活动进行非定期展览。

无论常设馆还是机动馆，都配有四大区域，分别是：文字图形展示区、音视频网络互动区、真实展品观摩讲解区、互动体验游艺讲座区。这四大区域在逻辑上构成递进关系，突出中外文化比较的理念，注重文化接受心理和传播效果，尊重传播规律。

（二）运行模式

中国文化体验馆由政府投资设立，管理上则可以委托有经验的文化产业企业。该馆的性质为文化公共服务类型，但可以市场化的运作，以达到文化企业自我培育的效果。

中国文化体验馆可以举办各种适合青少年传统文化教育的活动，也可邀请著名学者及专家进行讲座培训。主管方因为专业性质，可以提供高质量的文化服务产品，而政府则购买此类服务产品以供各学校和培训机构使用。

同时，中国文化体验馆不拒绝商业模式的合作，但须要提高合作门槛，以达到"商业搭台、文化唱戏"的效果，以及商业与文化双赢的局面。

五 实例介绍：以纸文化馆为例

（一）背景介绍

众所周知，四大发明是中国数千年文化的结晶，对人类文明发展贡献极大，而中国文化体验馆的纸文化馆则涵盖了四大发明中的造纸术和印刷术两项。在日本，所有与纸张有关的手工艺品都是日本文化产业中的明星商品，吸引了很多年轻人。要了解中国历史，热爱中国文化，"纸"是一个绝好的入门关键词。纸文化馆的雏形曾在上海两所中学进行试验展出，取得了极好的效果。同时，国外多所孔子学院也都对此项目表现了极大兴趣。

（二）主题内容

纸文化馆以纸为主题展开，包括纸源、纸书、纸工三大部分，涵盖了造纸术（宣纸、皮纸、竹纸等）、活字印刷术、木版年画制作、饾版印制、供花印制、线装书制作、笺纸制作、剪纸、纸扎等多种与纸有关的中国传统文化遗产。

展览体验设施则由纸质展台、挂图、动漫视频播放、多媒体互动、APP下载、手工体验、雕版原型、可印刷的木活字、饾版纸样、制作宣纸的纸浆样品及抄纸板、剪纸半成品、折纸半成品等构成。基本展览产品包括100延米左右的纸质展台、3~4部50英寸的动漫平板显示屏、18英寸左右的人机互动触屏、50种宣纸纸样、2块可以当场印刷用的木质雕版、300个木活字，以及手工书制作组件等。POP纸质展台展示制模—拼装组接—电子媒体嵌入—体验平台嵌入—打包完成流程。

（三）展台效果及展览部分体验物品

木质雕版（见图2）：

图2　木质雕版样品

木活字（见图3）：

图3　木活字样品

饾版信笺（见图4）：

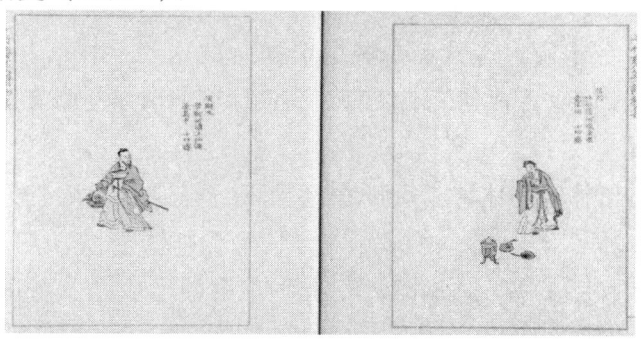

图4　饾版信笺样品

展台效果（见图5）：

图5　展台效果图

（四）体验环节

纸文化体验馆中的体验环节有以下几种。

（1）制纸。按照《天工开物》中的具体环节来完成宣纸制作，体验者用纸抄抄起纸浆，并完成干燥定型，即可得到手工完成的宣纸。

（2）雕版印刷。展馆中会配有《欧阳询心经》的雕版以供体验者完成雕版印刷体验，参与者在指导下，用宣纸来完成雕版印拓，完成的《欧阳询心经》则由体验者购买收藏。

（3）活字印刷。体验者在展馆中配备的木活字库（300字左右）中，挑选数十字，配成句式或文章，完成印刷，活字印刷文件则由体验者购买收藏。

（4）剪纸体验。体验者可以在指导下，完成剪纸游艺，完成品归体验者所有。

（5）制作手工书。体验馆内配有手工书的半成品及制作手工书所需的工具，体验者可以在专业人员的指导下，完成中国传统书籍的制作，制成品由体验者购买收藏。

对北京地铁文化建设的几点思考

安小兰　包晓光*

地铁是工业社会都市文明的典型代表。秉持着不同的理念，不同国家、地区、城市在设计地铁时融入了不同的价值观和审美趣味，形成了丰富多彩的地铁文化。因此，地铁不仅是现代城市公共交通中的一种，而且也是城市文化的重要组成部分。从这个意义上说，地铁也是展现城市精神气质和文化风貌的重要场所，是我们理解现代都市社会的一个重要窗口。

一　北京地铁文化建设的现状

北京地铁始建于 1965 年 7 月 1 日，第一条地铁线路开通于 1969 年 10 月 1 日。1978 年改革开放以后，作为中国政治、经济、文化的中心，北京市经济持续稳定快速发展，城市化进程不断加深加快，促使城市人口迅猛增长，机动车保有量也大幅增加。日益增长的交通需求，与有限的交通资源之间的矛盾日渐突出，沉重的交通压力及其负面效应严重影响了这座城市的正常运转。在这种背景下，为了迎接 2008 年奥运会，实现"绿色奥运、科技奥运、人文奥运"的目标，减少城市环境污染，

---

* 安小兰，中央财经大学文化与传媒学院副教授；包晓光，首都师范大学文学院教授。本文为首都师范大学文化研究院重大招标项目"'北京精神'的文化内涵与践行路径研究"的阶段性成果。

自21世纪伊始,北京市城市轨道交通建设进入快车道。

表1 北京地铁现状及规划数据

	2000年	2008年	2009年	2010年	2011年	2012年	2020年前
线路数量（条）	2	8	9	14	15	16	增加至24
车站数（座）	41	123	147	196	216	261	增加至353
运营里程（公里）	54	200	228	336	372	442	约增加至578
日均客运量（万人次）	120	333	390	506	547	757	—

如表1所示,①2000年以来,北京市的地铁建设速度和成就令人瞩目。到2015年,北京市计划实现"三环、四横、五纵、七放射"的线网地铁格局,轨道交通运营线路将达到19条,共561公里,预计客流量将达到每日1000万人次。②未来七年内,北京的地铁交通建设总量将基本与之前的总量持平,其基本目标是:四环路内覆盖率将提高到95%,保证市民15分钟内能步行到达地铁站,轨道交通网密度将达每平方千米1.29千米左右,达到或超过东京、纽约等国际城市的轨道交通线网密度水平。③2012年,北京地铁的日均客流量已由2003年的150万人次增至757万人次,预计到2015年,这一数字将达到1000万次。这些数字都表明:未来的北京,地铁将在人们的生活中扮演越来越重要的角色。因此,如何充分发挥地铁的文化功能,建设与北京国际化大都市相适应的地铁文化就成为一个值得探讨的问题。

一方面,在缓解城市交通、节约土地资源等方面,地铁能够起到巨大的作用;但另一方面,由于建在地下,空间封闭,地铁也很容易给人以闷热、拥挤、枯燥、压抑之感。因此,世界各国都非常注重对地铁空间进行文化艺术设计。目前,在地铁的建设和设计理念上有一个趋势,就是不再把地铁仅仅视为冰冷机械的交通工具,而且将其视为文化精神

---

① 此表为作者整理。参见 http://baike.baidu.com/view/21157.htm。
② 刘德炳:《北京地铁五年再投3500亿》,《经济生活周刊》2011年第6期。
③ 《本市5年建成"1—1—2"交通圈》,http://zhengwu.beijing.gov.cn/gzdt/bmdt/t1151969.htm。

传播的载体；不仅看重地铁的实用性与舒适性，而且重视并强化地铁的审美性和艺术性，力图在有限的空间和时间中融进更多的历史、文化、艺术内涵，为乘客营造一个轻松、愉快的氛围，丰富人们的精神享受。

伴随着理念的更新，北京地铁的发展也经历了三个阶段。第一个阶段是战备型阶段，1969年建成的北京地铁1号线侧重于防务，没有太多考虑公共交通的需求，遑论文化氛围的打造。第二个阶段是运营型阶段。1969年北京修建了2号线长椿街到北京站一段，1984年修建了二期工程（复兴门—建国门）。2号线的使用，是在七八十年代以后。此时的中国进入了改革开放时期，党和国家的工作重心转移到经济建设上来，北京地铁也开始由战备型向运营型转变。自此，地铁修建的理念向运营、服务转移，地铁也逐渐成为北京城市公共交通的一种。[①] 第三个阶段是文化型阶段。北京奥运前后，地铁文化与公共艺术元素逐渐受到了关注和重视。2007年，著名画家、中国壁画协会会长侯一民先生写信给北京市领导，认为北京地铁壁画的格局与制作很凌乱，建议对内容设计与工艺材料进行统一改造、规划和创作。这个建议得到了刘淇同志的赞同。以奥运为契机，北京地铁的建设和设计融入了一些新的思想和观念，呈现新的风貌。其主要表现是，在地铁公共艺术品规划建设方面有了大量的探索和实践，打造了一批地铁公共艺术品，地铁建设和设计理念开始在实践中与国际接轨。

例如，4号线途经圆明园、北京大学、国家图书馆等具有重要历史文化意义的地点，设计者在整个线路的8个重要站点分别设置了艺术壁画，并尽力凸显各站特点。圆明园站将圆明园西洋楼残柱和《圆明园四十景》的文字以及建园、毁园、烧园三个历史年号等造型语言和历史要素巧妙结合在一起，不仅给人以强烈的视觉冲击，而且再现了圆明园的历史，传递出强烈的爱国主义精神。又比如，北铁奥运支线总体秉承"绿色、科技、人文"的理念，力图打造"一站一景""站站迥异"的文化特色。机场快线则采用了"飞翔"的主题，三个车站都使用了

---

① 宋鹏、李瑶瑶：《改革开放三十年北京市城市轨道交通发展时空分析》，《中国科技财富》2009年第4期。

"飞翔"的元素。①

除了4号线和奥运线,其他线路也开始注重文化氛围的打造。例如,大兴线沿线,就陈设有许多景泰蓝、锻铜、青花瓷等制作的艺术品。新修的地铁6号线一期,全线共20个站,有14个车站已经完成了大型壁画,计划建成16个艺术车站、4个艺术品重点站。根据北京市制定的《北京地铁线网公共艺术品规划》,在未来的建设中,北京还将大力发展地铁公共艺术,目前已经确立了对58个重点地铁站点进行艺术化装修,其中包括即将运营的8号线、9号线、10号线部分站点。

二 北京地铁文化建设的差距与问题

尽管北京在地铁文化建设方面取得了长足进步,但与发达国家、地区相比,仍然存在较大差距与问题。

(一)人文关怀不足,影响人们的乘坐欲望

北京市快速增长的人口和机动车,使得北京面临着前所未有的交通和环保压力。修建地铁的首要目的就是吸引更多的人选择公共交通,解决城市交通拥堵和环境污染问题。然而在北京,很多人宁愿选择开车而不愿乘坐地铁,其中很重要的原因就在于,北京地铁在人文关怀方面存在诸多不足。

1. 过分注重商业开发,忽略文化氛围的打造

地铁涵盖了城市的多个中心区域,地铁站多是所在区域的中心。因此,对地铁空间进行商业开发是世界各国的通例。北京地铁在商业开发方面已经做得很充分了。以1号线、2号线、13号线、5号线、10号线为例,可利用的空间基本上都有广告,包括:(1)位于地铁候车站台路规内侧或中间的十二封月台灯箱。(2)站点通道墙体,2/3封通道灯箱,这是乘客进出站、购票的必经之路。(3)车厢内侧,包括车顶A位和车门边B位都是重要的广告覆盖区域。(4)移动电视,内容以广

---

① 崔冬晖:《北京地铁奥运支线、机场线的公共艺术》,《美术观察》2008年第11期。

告为主，包括商品信息、旅游信息、娱乐时尚等，也有少量公益广告。（5）隧道视觉系统（Tunnel Vision System，TVS），即动态视频广告。这是通过在隧道的壁面上安装高辉度 LED，利用地铁或火车的高速移动，体现写实影像的尖端数字影像广告系统。目前北京只有部分地铁线路有这种广告。

可以看出，北京地铁的广告系统已经覆盖得非常全面，广告几乎渗透到了地铁的每一个空间。其内容以商业广告为主，也兼有少量公益广告和资讯广告。地铁建设和运营需要大量的资金，这些资金缺口仅靠政府拨款和车票收入是难以全部填补的。因此，对地铁空间以及周边环境进行多元的商业开发是地铁发展中的题中应有之义，无可厚非。但北京地铁的商业开发还是明显存在一些问题。

首先，泛滥的广告侵占了福利化公共空间。在北京地铁里，广告占据了乘客的所有视觉聚焦位置，无处不在的广告挤压了本该呈现多样性信息的视觉空间。大量粗制滥造、缺乏文化艺术品位的商业广告覆盖了公共空间，根本无法激起人们的审美感受，无法给人带来愉悦的心理体验。在生活节奏紧张的现代社会，这样的乘车环境只能加剧乘客烦躁、冷漠、麻木的心理，使人产生快速逃离的渴望。

其次，商业开发缺乏人文关怀。北京地铁的商业开发模式比较单一，除了经营流行服饰、皮具和其他中低档商品的地下商场或商业街外，其余基本依靠广告收入，而很少考虑其他的模式。事实上，地铁空间的商业开发完全可以在满足经营者赢利需求的同时，为乘客提供更多的人性化服务。例如，巴黎的地铁里设有"商业点"800 余家，饮食店、服装店、照相馆、书店、免费报纸供应处应有尽有，还有数以千计的各类自动售货机，以方便乘客在每天搭乘交通工具时顺道处理日常琐事。这些服务和零售店每年为巴黎地铁公司创造巨大的利润。仅2012 年，"地下经济"就让巴黎地铁公司获利 1300 万欧元。[①] 反观北京地铁，在浓郁的商业氛围中，唯独缺乏对乘客体贴入微的人文关怀。人文精神与人文关怀的缺失不仅使地铁文化建设少了灵魂，也使地铁的

---

① 《巴黎独特的地铁经济和地铁文化》，《中国城市经济》2007 年第 12 期。

经营效益蒙受损失。

2. 人性化设计不足，服务意识薄弱

地铁的修建，本是为了减轻人们的出行压力，减少时间和体力成本，因此，快捷与便利是地铁修建的基本原则之一。在这些方面，北京地铁还有很大的提升空间。有人将乘坐北京地铁总结为"提着行李进站难、高峰乘车'方便'难、地铁换乘有点难"，其中最为人诟病的是换乘难。北京地铁站在设计上多为上下层十字交叉，虽然在地理坐标上完全重合，乘客换乘时却需要上下绕圈，中间耗时颇多。① 除了换乘，北京地铁在设施和服务上也有不足。台北捷运的服务质量，一直都被誉为全球范围内的行业标杆。在台北地铁里，每节车厢都设有专供老弱坐的博爱座，此外还有为轮椅、婴儿车和为老年人提供的坡道及电梯，为妇女提供的夜间候车区，这些地方都体现温馨的人性关怀。台北捷运站还普遍有自行车租赁服务，充分考虑到了走出地铁站还需行走一段路程的乘客需求。此外，班次的发车时间也会影响到乘客的乘坐需求。比如，巴黎的地铁从凌晨5点半到次日凌晨1点15分收车，每天运营时间近20个小时，周末和假日末班车会延迟到凌晨2点15分。遇到重大节日，部分线路的个别车站甚至通宵运营。这种弹性的时间机制无疑更符合人性化原则。

同样是人口拥挤的城市，巴黎、台北、香港市民出行大多选择地铁，尽量不开车。之所以如此，除了良好的环保意识和市内高昂的停车费外，更重要的原因还在于这些城市的轨道交通为乘客提供了最为便捷、舒适、颇富人文关怀的交通工具。地铁设计得不合理，归根结底缘自理念上人文关怀的匮乏。比之于建筑的宏大富丽，地铁建设中更重要的是细致而体贴的管理和服务，而这些恰恰是北京地铁文化建设所缺乏的东西。

（二）公共文化艺术形式单一，缺乏整体氛围设计

北京奥运会后，公共文化艺术理念进入北京地铁文化建设实践之

---

① 万璟少：《北京地铁设计还要有点"爱"》，《北京纪事》2010年第12期。

中，这是可贵的进步。但与发达国家和地区相比，北京的地铁公共文化艺术还存在一些明显不足。

其一，创作思想单调，手法单一，缺少整体观。北京目前的地铁公共艺术多以墙面装饰为主，采用壁画、浮雕、雕塑等形式，而未将站台视为一个整体进行设计。地面、柱面、天花板及地铁站内的壁柱、扶梯两侧等地方明显缺乏拓展，因此，这些作品往往给人以孤立、割裂的印象，有些甚至引不起人的注意。以比较成功的4号线为例，其壁画亦多装饰于站厅层或通道的墙壁上，都不在行色匆匆的乘客的视线焦点之内，导致很多乘客无法注意到这些艺术作品的存在。这固然是因为地铁内的最佳位置都被各大品牌买下有关，但也与艺术设计手法单一、缺乏整体思想有关。而国外地铁的设计往往注重整体效果，例如，巴黎的多个地铁站使用"彩虹"照明系统，车站照明将各种色彩发射到贴有白色瓷砖的天花板上，造成一种彩虹的效果及艺术氛围，使人一进入其中就感到心情舒畅。而台北的捷运则将雕塑、图画、诗篇等融入进站台的整体设计中，使得有些车站像图书馆，有些车站像博物馆，有些像音乐厅，有些像游乐场，还有些像画廊。此类成功的例子在纽约、巴黎、巴塞罗那等地都可以见到。究其成功的原因，就在于综合运用各种设施、设备和艺术手法，结合车站周边的文化特征，进行整体性的打造，从而将地铁站变成思想和文化的传播工具。这一点，对北京的地铁公共艺术创作有很大的启发和借鉴意义。

其二，与环境的协调性不足。除了上述问题，北京现有的地铁公共文化艺术还存在一个问题，即与周边环境的协调性不足。世界上所有成功的地铁建设案例都非常重视将地铁内外部设计与站台周边的环境相融合。例如，巴黎地铁的每一站都有不同的设计，其中有87处被列为"指定建筑"受到保护。巴士底站就贴满了巴士底监狱的照片及彩色壁画，并摆放着一些历史人物照片，提醒人们对法国大革命的历史记忆。罗丹博物馆站则竖立着罗丹和巴尔扎克的雕像，这些主题车站特色鲜明，颇具特色，是城市历史和气质的微缩景观。而北京的地铁在公共艺术的拓展上存在明显的不足。例如，北京很多地铁站有大型壁画，但都以主旋律题材为主。这些壁画创作于几十年前，已经不能反映现代城市的风貌，且千篇一律，不能结合各个车站附近地区的特征设计不同的风格，整体感觉突兀、陈旧、缺乏创意。而且这些壁画多装饰于内环墙与外环墙，周边环境如巨大沉重的柱子、平淡冰冷的金属栏杆、单一雷同的空间顶部、昏暗且无变化的灯光，都未与壁画形成呼应。艺术作品与周围环境处于脱离的状态，很难给乘客留下深刻的印象。

三　对策与建议

建设有特色的世界城市，弘扬先进文化精神，是北京城市建设的宏伟目标。高效、便捷、舒适、富有人文情调的地铁是这个目标的重要组成部分。针对北京市地铁文化建设的不足与问题，我们提出如下对策与建议。

第一，北京地铁是北京器物文化的重要组成部分，是北京精神的重要载体。在地铁文化建设中，应充分重视并体现人文情怀。这种情怀应与地铁的安全、便捷、舒适功能紧密地结合在一起，于细微处见精神。比如，是否可以学习和借鉴其他国家和地区的地铁文化模式，不再把地铁仅当作单纯的交通工具，而是把它建造成各具特色的文化枢纽，将我们丰富多彩的都市文化以充满创意的方式勾勒出来并加以表现？现代都市地铁并非冷冰冰的器物，它的本质是文化，好的地铁应该成为地上文化的地下延伸，是地上文化的别样表现。因此，那些各具文化特色的街区、商业与文化中心、制度文化节点、金融科技中心、历史文化遗址、人文教育基地，应该优先成为相应地铁站点的文化主题与题材，在地铁站名、地铁建筑特色、地铁内部空间艺术设计与文化功能等方面，得到充分体现。

第二，地铁是基础性公共交通服务设施，具有普惠性。伴随着都市经济、科技、文化的发展，地铁提供的服务在质量与数量上都应不断提升。普惠性并不意味着低廉的服务，随着基础性公共设施投入的增加，普惠性的质量要求也会不断提高。地铁服务的质量要求除体现在安全、便捷、舒适方面外，还有更高层次的要求，如在地铁建设上体现人文关怀。我们建议北京地铁应在人文关怀方面多做文章，提供更为细致周到的服务。建议在有条件的地铁站内增加更多的便民服务设施，例如，开设 24 小时便利店，提供 24 小时自助银行、彩扩店、洗衣店、药店、音像中心、自动售货机、报刊零售等服务项目。在交通枢纽、文化商业科技中心区，地铁应与中心区融为一体，无缝对接，使地铁文化成为单元区域文化的有机组成部分，形成文化与经济和谐共赢的局面。

第三，在地铁文化建设中，交通参与主体的文化建设十分重要。如果主体文化建设不成功，地铁硬件设施再先进、条件再舒适，整个地铁文化也不会和谐。北京地铁交通参与主体文化构成十分复杂，体现了北京文化多元化与包容性的特点。这给地铁主体文化建设带来了挑战。我们认为，北京地铁应该加大公民交通伦理教育，邀请专家设计有关内容，通过多媒体等手段，将地铁伦理教育信息融入整个地铁文化氛围之中，在潜移默化中提高公民的文化素质。地铁文化建设对公民文化素质教育的投入，将在整体上提升地铁文化的质量与水平。

近年来，北京市地铁运营有限公司提出发展"平安型地铁、人文型地铁、高效型地铁、节约型地铁、便捷型地铁、创新型地铁"的战略目标，北京市也编制了《北京地铁线网公共艺术品规划》，确立了北京市地铁公共艺术的设计原则，其中特别提到要突出北京文化元素。[①]这些目标和规划标志着北京在地铁文化建设理念上的进步和雄心，颇富远见。我们相信，未来的北京地铁，一定能够成为具有浓郁北京文化特色、安全、便捷、舒适、高效，为广大人民群众所喜爱的首选公共交通工具，成为人文北京建设最有成效的组成部分。

---

① 王希希：《浅议北京地铁公共艺术品规划建设的探索与实践》，《雕塑》2013 年第 1 期。

对北京胡同文化资源开发状况的调研及对策思考

李 艳 马晓雪 李嗣茉 刘佳颖*

北京的胡同形成于元朝,明、清以后又不断发展。据文献记载,元朝共有街巷胡同430条;明代达到1200余条,其中内城有900多条,外城300多条;清代发展到1800多条;民国时有1900多条;新中国成立初统计有2550多条。改革开放以来,随着经济和城市建设的发展,截至2007年,北京的胡同1320余条。不仅数量减少,而且,在这1320条胡同中,只有430条胡同完整保留了传统格局,约占总数的1/3。有685条部分保留了传统格局,约占总数的52%。其余有的仅仅保留了20米长的胡同;有的也只是几处四合院,如花市头条、手帕胡同;有的正在拆除之中。[①]

目前,北京的胡同主要分布在什刹海、西四、东四、东单、前门大栅栏、鲜鱼口等区域,其他区域的胡同已经被新的建筑和改造的气氛所包围。为保护古都风貌,维护传统特色,北京城区划定了20余条胡同作为历史文化保护区,如南锣鼓巷、西四北一条至八条等被定为"四合院平房保护区"。

在北京的胡同中,什刹海区域是一个令人瞩目的亮点。什刹海东起

---

* 李艳,首都师范大学文学院文化产业系副教授;马晓雪、李嗣茉,首都师范大学文学院2012级研究生;刘佳颖,2008级本科生。本文为首都师范大学文化研究院重大招标项目"'北京精神'的文化内涵与践行路径研究"的阶段性成果。

[①] 蒋彦鑫:《北京仅三成胡同保存完整旧城保护面临尴尬》,《新京报》2006年12月19日。

地安门大街，北至北二环南侧，西抵新街口南大街和北大街，南到平安大街，面积323公顷，是北京市旧城30片历史文化保护区中面积最大的一片，也是传统风貌保留最为完整、历史文化资源最为丰富的区域。

目前，北京胡同的文化资源是否得到了有效的保护与合理的开发？在旅游文化产品的开发中，是否对不同类型文化资源所对应的消费群体做出了清晰的界定？不同消费群体的消费意愿是否得到了满足？

根据我们的实地调查，情况并不十分乐观。我们通过对什刹海地区的个案调查，试图探寻解决北京胡同游现存问题的对策以及提升北京胡同旅游文化内涵的途径。

一 对什刹海胡同游客的问卷调查

2009年8～12月，我们对什刹海胡同的200名游客进行了随机问卷调查。此次问卷调查被访者男女比例为1∶1；19～25岁的游客占50%，26～35岁的游客占30%，36～45岁的游客为10%，46～55岁的游客为6%，18岁以下的游客为4%。通过对问卷进行统计发现情况如下。

（1）在游览方式上，自助游的游客超过70%，随团游的游客为24%（见图1）。

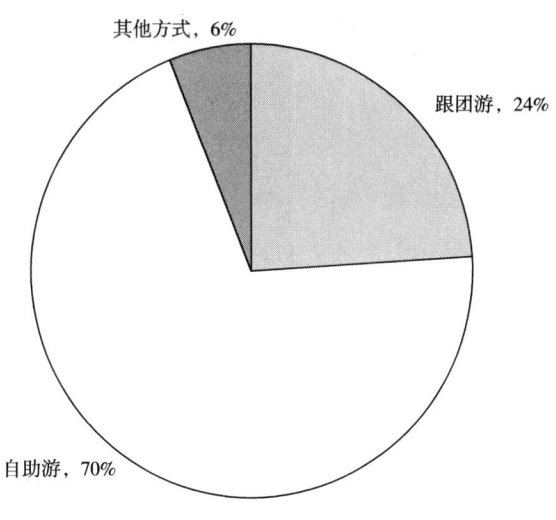

图1 游览方式比例

（2）在游览时间上，少于2小时的游客为58%，在2~5小时的游客为36%，5小时以上的游客为6%（见图2）。

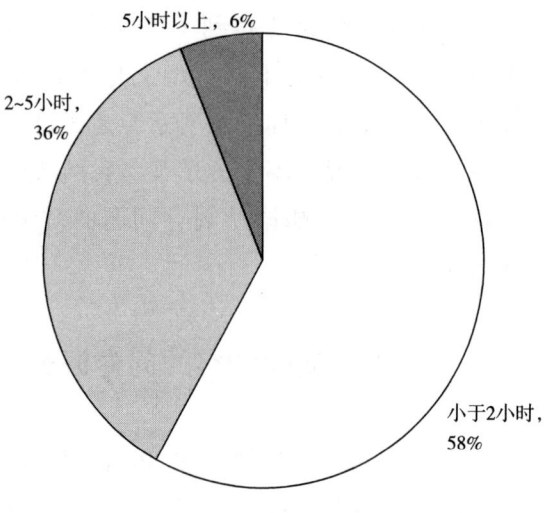

图2 游览时间比例

（3）在游览消费上，游客的花费在100元以上的为48%，在10~100元之间的为36%，在10元以下的为16%（见图3）。

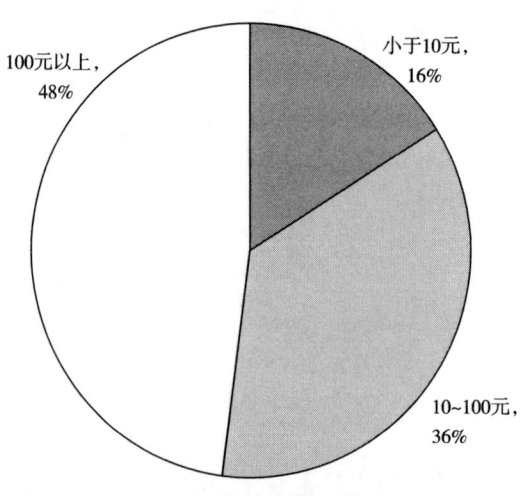

图3 游览消费比例

（4）在对最感兴趣的旅游点上，52%的游客选择胡同游，26%的游客选择水上游，12%的游客选择名人故居游，4%的游客选择寺庙游，6%的游客选择其他游（见图4）。

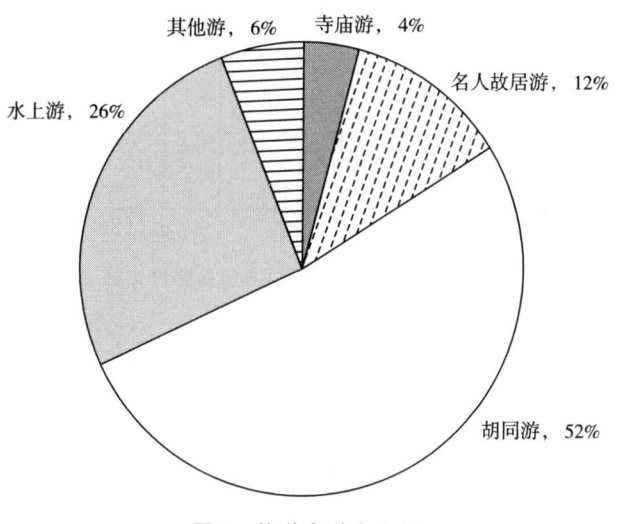

图4　旅游点游客比例

此外，在对服务人员的满意度方面，38%的游客表示满意，20%的游客表示不满意，42%的游客表示没有接触人力车夫、讲解员等提供旅游服务的人员。在旅游服务及产品定价方面，针对人力车、故居门票及餐饮等的价格，58%的游客认为不合理（价格偏高），42%的游客认为合理。

对胡同旅游整体质量的评价，54%的游客表示比较满意；38%的游客认为一般；表示非常满意、不太满意的游客各均为4%。另有86%的游客表示愿意参加与胡同居民的互动活动。

在对什刹海胡同游的建议方面，84%的游客认为在"文化表现方式"上需要提升；64%的游客认为"旅游管理"需要加强；42%的游客认为应加大"旅游宣传"力度；52%的游客认为应做好"古建筑维护"（见图5）。

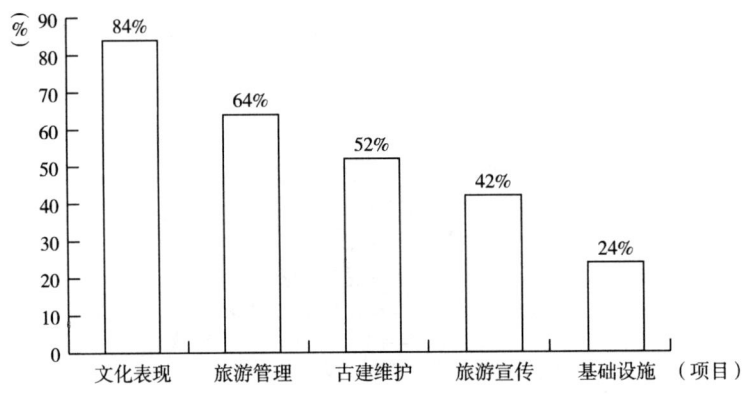

图 5 游客对什刹海胡同游项目评价比例

二 对什刹海胡同旅游的体验调查

结合观察体验及实地走访,我们发现什刹海的胡同旅游开发存在以下问题。

1. 胡同游产品缺少清晰定位

什刹海胡同旅游项目开发定位不明确、主题不清晰,随着酒吧的大量进入、聚集,破坏了这里原本沉静古雅的气氛,使得主题更加模糊不清(见图6)。在调查中,许多游客认为酒吧街与什刹海的整体氛围不协调,他们原本希望来这里体验宁静古朴的状态,但无法逃避浮躁与喧嚣。

图 6 寂静的胡同文化与喧闹的酒吧文化的冲突

2. 胡同游产品缺少文化深度

在对什刹海内三轮车夫的采访中我们发现，车夫们普遍觉得现在的胡同游路线不能充分体现北京文化（见图7）。经过体验，我们发现现在政府主管部门规定的胡同游路线，实际上只穿行了一条胡同，其他的时间都是沿着水边游览。在胡同中的游览时间不到整个游程的四分之一，难以深入领略胡同文化。而且，游览多为走马观花，缺乏与胡同居民的接触与互动，游客很少能体验胡同生活的真实状态、了解胡同居民的日常生活方式。

图7　三轮车游胡同

3. 胡同游产品缺少衍生品设计

旅游纪念品不仅能给当地带来可观的经济收入，而且，对于游客来说，还可以通过旅游纪念品延伸对该地区的旅游体验。但是目前，什刹海胡同游的配套旅游产品开发不够，缺乏具有北京胡同元素的旅游纪念品，没有标准统一的旅游产品销售门店（见图8）。

4. 胡同游产品缺少本地认同

居民是一个地区文化的重要组成部分，是当地文化的呈现者，他们的生活状态、生产方式所构成的人文景观是游览者想要了解和体验的重要内容。作为主角的当地居民对旅游开发的态度无疑直接关系到旅游产品开发的成败。在对当地居民的采访中，许多人都反映目前胡同旅

图 8　奥运人家中的纪念品售卖

游开发给他们的正常生活带来不同程度的干扰。比如旅游公司对车夫的管理不规范,三轮车没有统一的停靠点,随意停车候客,有的车夫在拉客人游览时横冲直撞;有的车夫未经居民同意,擅自带游客到居民家参观(见图9)。此外,居民住所周围的酒吧街噪声很大,并且彻夜不停,居民们根本无法正常休息。到了晚上,河两岸通常是人满为患,居民很难再像过去一样在河边悠然地散步遛弯。这些都让居民对胡同旅游开发产生了抵触情绪。

图 9　什刹海胡同中居民门上对车夫的不满留言

5. 胡同游产品缺少有效营销

作为北京的特色旅游之一，胡同游的营销方式单一、力度不够，没有突出胡同文化的内涵，难以有效吸引游客。除官方的宣传外，一些旅行社对什刹海胡同游的宣传失实，其中对旅游路线和参观门票的不实宣传最为严重，这无疑会对北京胡同游的信誉和品牌构建造成不良影响。

什刹海地区胡同游所存在的问题在北京其他区域的胡同游中具有普遍性，不仅如此，游览方式和内容的严重同质化，也是各个胡同游线路共同存在的问题。

三 对胡同游产品深度开发的思考及对策

与任何一种产品的研发相同，北京胡同旅游文化产品的开发，在对自身现有和潜在的文化资源有清晰认知的基础上，要充分了解胡同游消费者的心理和需求，然后，再进一步对目标受众进行分类，找出其共性需求和个性需求，相应对自己的产品进行调整和完善，以满足目标受众的消费需求。

针对北京胡同游而言，可以大致将其消费者分为北京本地游客、北京周边游客、国内远途游客、国外游客等几类。显然，北京本地及周边游客与国内远途游客、国外游客的消费行为会呈现一些差异化的特征。这就需要进行相应差异化的产品设计，既吸引国内远途游客、国外游客来体验与其熟悉的生活环境差异较大的京味建筑和民俗风情，又满足本地和周边游客来此进行文化休闲的需求。针对前者，产品可以凸显"穿行胡同，体味北京民俗文化"；针对后者，则可以强调"凭海临风放飞心情""徜徉故居对话历史"等。

通过前面的梳理分析，我们认为北京胡同旅游在产品深度开发中，应注意以下问题。

首先，以胡同为主打资源，以体验为突出特点。

在对游客的问卷调查中，针对"最感兴趣的旅游点"一项，有52%的游客选择胡同，26%的游客选择水上游览，12%的游客选择名人故居。同时，对本区域文化资源进行整体评估，也会发现，能够体现老北京民居风格和居民生活方式的胡同是其特色所在，也是与其他地方相比的差异点所在。因此，首先应将胡同文化作为该区域的主打资源进行产品设计和开发，根据目标受众的喜好程度，这一部分产品所对应的消费群体依次为国外游客、国内远途游客、北京周边游客、北京本地游客；其次是以名人故居为代表的人文历史类旅游产品，其所对应的消费群体同样以国外和国内远途游客为主；在自然风景资源方面，毋庸讳言，其与南方的湖海风光相比缺乏竞争力，"观水"也并非远途游客的主要诉求，因此，相比胡同而言，自然风景宜作为次要、辅助产品进行设计开发，其主要承担的是满足本地居民的休闲需求的功能。

在展现北京胡同独特风韵的同时，还需将"体验"作为产品的核心元素予以凸显，因为大多数游客并不满足于"走马观花""蜻蜓点水"式的游览，他们还希望能够走进胡同人家，去体验胡同中的真实生活状态。如今，在旅游文化产品的设计中，"体验"元素日益得到重视。有研究者将"品牌体验制胜"作为"品牌丛林法则"的重要规则之一。"品牌体验制胜"法则旨在强调"创造品牌体验项目是让品牌保持持久活力的不二法门，品牌体验包括现场体验、虚拟体验和体验波及，擅用品牌体验的品牌才是未来品牌竞争的优胜者"。

体验不同于休闲，体验更强调消费对象与消费主体原有生活环境、生活方式及经历的差异化，且差异度越大，给消费主体带来的体验动力和体验乐趣相对就越大，如从城市到乡村、从南方到北方，这种空间环境的变化，相应会给消费主体带来一系列不同的体验；而休闲对此要求相对要低，其更强调的是主体的一种状态，例如消费者足不出户在家中即可以实现休闲的目的。

在我们的调查中，有86%的游客表示愿意参加与胡同居民的互动活动，这也可以说明，有不少于86%的消费者是抱着体验的预期前往的；那么，契合消费需求，提供有效的体验载体，是产品设计的关键点。

其次，合理进行旅游分区，建立良好市场秩序。

在对什刹海胡同游的建议方面，52%的游客认为应做好"古建筑维护"。游客心目中的胡同是古老、静谧的，落日余晖从斑驳的砖墙上缓缓滑过；胡同居民的生活是从容、闲适的，对弈的老人、玩耍的孩童还有院子里飘溢出的饭菜香气。这种充满烟火气的真实的生活状态是胡同文化的不可或缺的构成部分。而杂乱建起的酒吧、无序来往的人力车无疑在一定程度上打破了胡同原有的生态环境。因此，应对该区域进行合理划分，核心区为胡同及一些文保单位，拓展区为水域，外围区为酒吧、门店等相关设施。这样，既能保证部分游客的餐饮、娱乐等方面的消费需求，又可以最大限度地减少对胡同文化的破坏，避免"舍本逐末"。

由政府主管部门负责，将与核心区主题风格不一致的门店迁至外围区；对胡同游公司加强管理，提高人力车夫的整体素质，提倡"步行游胡同"，人力车停靠在胡同口，避免引起胡同内的交通拥堵；重视游客"口碑营销"的力量，在调查中，有58%的游客认为人力车、故居门票及餐饮等的价格高于合理价位，对此，应在科学评估的基础上制定价格，对哄抬价格和"宰客"行为进行严厉处罚。

同时，在胡同游产品的开发设计中，要充分考虑胡同居民的合理诉求。一方面，降低胡同开发给居民生活带来的干扰；另一方面，又要让居民从旅游开发中获益。根据我们对什刹海地区居民的调查，大多数被访者表示不仅没有从胡同游中获得直接利益，而且胡同游还直接干扰到了他们的日常生活，所以他们并不支持胡同游，那么怎能要求带有这种态度的居民向外来游客展现出热情、好客的一面呢？因此，要让胡同居民成为胡同游的利益主体，例如在居民有主观意愿的前提下，可以通过评选，确定胡同旅游接待户。目前，什刹海地区的旅游接待户数量很少，可根据市场需求将更多的居民家庭吸纳进来。挂牌的接待家庭与旅游公司合理分成，成为利益共同体。不仅如此，政府的旅游主管部门还可以通过定期评选"优秀胡同文化使者""十佳胡同游接待家庭"等，使胡同居民理解自己所生活的胡同对于传播北京文化和中国形象的重要意义，激发他们的自豪感与使命感。

再次，丰富胡同旅游内涵，延长旅游产品链条。

目前，北京胡同游可供选择的线路少，旅游内容单薄，缺少体验项目，这也严重制约了北京胡同游品质的提升。如何较好解决这一问题，直接关系北京胡同游生存空间的拓展。实际上，在什刹海景区，依托胡同和四合院，自古就有许多富有特色的民俗活动，如放荷灯、泛舟游湖、宴饮赏荷、冰床围酌等。今天，钓鱼、游泳、划船、赛艇、下棋、弹唱、消夏舞会等民俗活动依然显示蓬勃的生命力。这些民俗文化资源的合理开发，将会丰富胡同游的文化内涵。

在衍生产品的开发方面，目前，北京胡同游的旅游纪念品开发缺少创意，缺乏统一的设计规划。因此，可由政府主管部门协调，加大胡同旅游纪念品的设计开发力度，在以胡同文化为主题的图书画册基础上，还可以推出系列摆件、文具、服饰、茶杯等物品。同时，为满足游客的参与热情，还可以为游客提供在有统一标志的半成品上参与设计、制作旅游纪念品的机会。

通过以上方式，可以为不同需求的游客提供相应的产品和服务，同时，丰富产品内容、增加互动体验，有助于延长游客在胡同景区内的游览时间。据我们的调查，游览时间少于2小时的游客为58%，这显然对胡同文化的有效传播是不利的；游览时间的延长，有助于游客深入体验胡同文化内涵，从而使得胡同旅游作为一种文化传播的方式可以步入良性循环。停留的时间增加，也可以相应提高游客在景区内的消费额度，使居民、企业可以从中合理获益，收入的增加也可以使旅游产品与服务质量得到保障，而其又与游客的满意度直接相关。因此，北京胡同旅游产品的开发作为一个完整系统，应从整体上来进行设计和完善，以期向国内外游客展示真实的北京及真实的北京人。

传承人开办家庭博物馆对于非物质文化遗产保护的价值及其设计策略

李 艳*

从 2003 年至今十年间，我国在非物质文化遗产保护方面的规定、立法从无到有，不断完善，显示一个具有悠久历史和丰富遗产的国家在文化保护方面应有的姿态。但不容忽视的是，从世界范围来看，非物质文化遗产保护依然是一个新的、需要不断探索的课题，对于正行驶在经济发展快车道中的中国而言，非物质文化遗产保护更是要面临许多挑战。

非物质文化遗产的保护、传承以及再创造，都属于传承人、习得者以及欣赏者的智力劳动和精神感受的范畴，因此，应更多地遵循文化发展与传播的自然规律，探讨有利于其生命周期延续和重新焕发生机的保护与传承方法。

一 当前非物质文化遗产保护与传承的主要方式

《中华人民共和国非物质文化遗产法》对"非物质文化遗产"做了如下界定和分类："非物质文化遗产，是指各族人民世代相传并视为其

---

* 李艳，首都师范大学文学院文化产业系副教授。本文为首都师范大学文化研究院重大项目"'北京精神'的文化内涵与践行路径研究"的阶段成果；并为北京市哲学社科规划项目、北京市教委社科重点项目"北京特色文化资源整合与传播研究"的阶段成果。

文化遗产组成部分的各种传统文化表现形式，以及与传统文化表现形式相关的实物和场所。包括：1. 传统口头文学以及作为其载体的语言；2. 传统美术、书法、音乐、舞蹈、戏剧、曲艺和杂技；3. 传统技艺、医药和历法；4. 传统礼仪、节庆等民俗；5. 传统体育和游艺；6. 其他非物质文化遗产。"截至 2012 年底，国务院共公布了三批国家级非物质文化遗产名录和两批扩展名录，合计共 1530 项；公布国家级非物质文化遗产项目代表性传承人四批，共计 1986 人。①

目前，非物质文化遗产保护和传承的主要方式可分为展示和传习两大类。非物质文化遗产的展示，主要是在专门的展馆、展厅中以文字、图片、视频或实物的方式进行静态展示；传习，主要是在展馆、学校或是传承人的家中通过讲座、交流、教学等方式对非物质文化遗产的讲解和技艺传授。"据不完全统计，目前，全国各省（区、市）已建立国有或民营等各种形式的非物质文化遗产馆 424 个，民俗博物馆 179 个，传习所 1216 个。"②

根据我们 2012 年暑期对北京市西城区非物质文化遗产保护与传承状况的调研，单纯的静态展示在传播效果上并不理想。以西城区非物质文化遗产展示中心为例，该中心 2009 年 6 月 12 日正式对外开放，是北京市首家，也是目前唯一一家非物质文化遗产保护项目专业展览馆，一层的展厅展示北京的国家级非物质文化遗产项目，二层展示西城区的非物质文化遗产项目，这两个展出区域在设计和布置上与常规的静态展览大同小异，参观者走马观花地浏览，难以认识到这些非物质文化遗产的精妙之处，遑论对其产生浓厚的兴趣了。

正是为了改变这种单一、单向的传播方式，该中心又辟出专门区域，在一层设置民间工艺展示区，参观者可以看到手绘京剧脸谱、皮影制作等民间手工艺人的现场制作和展示；二层设置有传承人工作室，由非物质文化遗产的传承人在此进行制作和展示，参观者可以与传承人

---

① 数据根据国务院正式公布的三批非物质文化遗产名录累计整理，http://www.ihchina.cn/inc/faguiwenjian.jsp。
② 刘魁立：《我国非物质文化遗产保护的若干问题》，人民网，2010 年 9 月 25 日，http://npc.people.com.cn/GB/15097/12808199.html。

直接互动交流，了解手工艺品的制作流程和技巧，也可以在传承人的指导下，尝试现场制作。

除了在静态展示中融入动态的元素、为参观者与传承人之间提供一个面对面交流的平台之外，西城区什刹海街道办事处2012年暑假举办的面向辖区内小学生的"非遗"夏令营也是在传承方式创新方面的一次有益尝试。这次活动的意义，一是在于"'非遗'传承，从娃娃抓起"；二是主要面向在什刹海就读的外来务工人员子女，以"我的童年在北京"为主题，向孩子们展示皮影、毛猴儿、风筝、面人、脸谱这些非物质文化遗产项目，并请毛猴儿、皮影等项目的传承人现场讲解制作方法，指导孩子们动手参与完成一件作品。同时，也通过孩子进一步影响家长，激发他们的兴趣，使越来越多的人参与到非物质文化遗产保护的行列中。

可见，一些文化主管部门已经开始尝试在非物质文化遗产的保护与传承中创新思路与方法，使公众可以近距离接触这些传统手工技艺、感受其蕴含的文化魅力。但是，在展览场馆中为传承人开设工作室、组织小学生"非遗"夏令营等做法毕竟尚未普及，更多的非物质文化遗产仍然是以展板、屏幕的方式与参观者见面，这种单调且没有"温度"的方式限制了非物质文化遗产生命力的呈现。而且，即使前面所列举的传承人在展馆开设工作室、组织"非遗"夏令营等方式，在实现对非物质文化遗产的生活化、常态化呈现与传播方面也存在一定的缺憾。

在非物质文化遗产的保护与传播过程中，传承人无疑是重要的主体，如何充分发挥传承人的作用，将保护与传播融为一体，在保护中进行渗透式传播、在传播中实现自觉性保护，是我们需要进一步探讨的问题。

二 传承人的家庭博物馆：特殊的空间选择及其符号意义的建构

维特根斯坦认为"理解一种语言，就是理解一种生活方式"，[1]我

---

[1] 〔英〕维特根斯坦：《哲学研究》，李步楼译，商务印书馆，2005，第341页。

们可以将这一观点延伸表述为"理解一种文化，就是理解一种生活方式"。那么，了解一种非物质文化遗产的理想方式，是进入其形成与发展的天然环境当中，在传承人真实的生活状态中去感受他的艺术创作，去体会这一文化遗产的独特魅力。

从这个角度来看，非物质文化遗产项目传承人以其现实生活环境为基础来开设家庭博物馆，集艺术作品展示、技艺传习、互动交流、参与体验等功能为一体，具有其他空间所不具备的文化符号意义和传播优势。

仍以北京西城区什刹海为例，什刹海核心保护区由成片保护最为完整的四合院构成，在动与静的结合中展现着老北京人的生活环境与生活方式。正是在这里的胡同和四合院中孕育出了鬃人、毛猴儿、皮影、风筝、泥塑等民间手工技艺，这些艺术的产生与发展都与胡同居民的精神生活需求息息相关。

其中，始创于清朝末年的鬃人是受皮影戏和京剧的影响而产生的。鬃人人物造型高约9~16厘米，按照京戏中生、旦、净、末、丑进行装扮，由数个鬃人组成一组戏剧人物，将其放置于铜盘中，轻轻敲打铜盘的边，靠猪鬃的弹力，盘中的鬃人便会舞动起来，配上京剧的唱腔，如同真人在舞台上演出一样，老北京人也称其为"铜盘人"或"盘中好戏"。这一艺术形式巧妙地将京剧文化与物理学原理相结合，是为数不多的、可以进行动态表现的民间手工艺品。鬃人于2007年被评为北京市级非物质文化遗产，被称为"鬃人白"的白大成是目前鬃人艺术的唯一传承人。2004年12月，白大成位于什刹海街道东官房胡同1号的家被西城区文化委员会命名为"家庭艺术馆"。在白大成家一层的展室，参观者可以看到涉及200多个京剧人物的300多件鬃人。如果参观者对鬃人艺术表现浓厚兴趣，主人会耐心讲解、现场表演，还会和参观者探讨怎样更好地保护非物质文化遗产。

在这个过程中，传承人、居所、展品等构成了一个特殊的场域，与常规的博物馆或是展厅相比，传承人的家庭博物馆的特性在于由承载一定历史的生活空间和传承人真实的生活状态所传递出的丰富感性信息。正如文化哲学家卡西尔所言，作为一种符号的艺术"既不是对物理世界的模仿，也不只是强烈感情的流溢。它是对实在的再解释，不过不是靠概念而是靠直观，不是以思想为媒介，而是以感性形式为媒介"。① 如果说在常规展馆中，参观者可以接受的信息是平面的、被动的、单向的，那么，在传承人家中，所获得的信息可以是立体的、主动的、双向。胡同本身就是一个沉淀了厚重历史的博物馆，走进胡同中的院落，对于参观者来说，仿佛进入一个特定的、可以与历史对话的情境。

同时，传承人在自己熟悉的生活环境中，所呈现的是真实的生活状态，参观者在与传承人的交谈中以及对其创作的观摩中，可以完整地感受到传承人对于其所传承的文化遗产的理解。根据布尔迪厄的观点，"文化资本的传承和积累是长时间的过程，其结果是形成某种生活方式"，② 虽然布尔迪厄的这一观点是针对某一社会阶层来说的，但无疑对于具体的个体而言亦是如此。在文化传承与积累的过程中，一些文化符号被"铭刻到持久的、一般化的与个人身体的关系中，铭刻到掌握一个人的身体、显示给他人、移动它和为其制造空间的方式中，由此赋予身体一种社会性外观。身体习性是经验和表达一个人的社会价值感的切身而实际的方式"。③ 在其日常的生活空间中，传承人相对会呈现一个放松的状态，其对自身"社会性外观"和"身体习性"的装饰成分相对较少，其愈是展现真实的生活方式、创作状态，对参观者获取感性信息的价值就愈大。

因此，家庭博物馆的意义在于充分认识其在空间上和主体状态上所蕴含的特殊文化符号价值，这些在特殊空间、特殊状态下所传递出的符号信息，具有不可替代性，不可复制性，每一个参观者在每一次参观过程，都可能会产生不同的体验，这取决于参观者与传承人之间的流动的人际交流状态。静态的空间环境和动态的人际交流，共同建构了参观者全感官参与的个性化文化体验。

---

① 〔德〕恩斯特·卡西尔：《人论》，甘阳译，上海译文出版社，1985，第186~187页。
② 转引自张意《文化与符号权利——布尔迪厄的文化社会学导论》，中国社会科学出版社，2005，第142页。
③ 转引自张意《文化与符号权利——布尔迪厄的文化社会学导论》，第143页。

三　家庭博物馆的设计策略及其在城市文化符号圈中的位置

非物质文化遗产项目传承人的家庭博物馆在空间设计上，一是要与整体宅院的结构、所处胡同的历史等相结合；二是要突出所传承的非物质文化遗产项目的主题，在"专"的基础上做到"博"；三是充分利用现有空间，合理划分不同区域，通过巧妙的布局，在小空间里营造大意境，使参观者可以在历史时空与现实时空中自如"切换"，获得独特的感官和精神体验。

同时，要将散落在城市中的家庭博物馆分区域串联成线，并绘制出城市家庭博物馆地图。例如，北京市西城区从2004年首批家庭艺术馆挂牌至今，已经先后成立了超过40家家庭艺术馆，可以从中选出在展品主题、数量以及展出面积、接待能力等方面达到公开展出条件的家庭，作为非物质文化遗产家庭博物馆来进行设计。在一个相对集中的区域里，若干个家庭博物馆自然地分布着，连同其所处的胡同一起，形成一个庞大的、开放的生态博物馆。借鉴国外一些景区的经验，可以印制区域家庭博物馆手绘地图，参观者可以在任一所家庭博物馆中免费自取，同时，区域内的便利店、书报亭等处，也都可以放置类似的文化地图免费向游览者提供。

另外，要将家庭博物馆放到整个城市的范畴内来予以关照，家庭博物馆既要保持其个性、展示其特性，同时，也要能够与区域、城市的文化气质、风格相得益彰。从宏观上看，可以给人以整体的、自然的美感。从个体到整体，"符号形成文本，文本形成文化，文化形成符号圈"。[①]"符号圈"的概念，是洛特曼受维尔纳茨基"生物圈"概念启发而提出的。洛特曼在其1984年发表的《论符号圈》一文中，对"符号圈"概念进行了解释：在现实运作中，清晰的、功能单一的系统不

[①] 转引自康澄《文化符号学的空间阐释——尤里·洛特曼的符号圈理论研究》，《外国文学评论》2006年第2期。

能孤立地存在。它们只有进入某种符号的连续中才能起作用。这个符号的连续体中充满各种类型的、处于不同组织水平上的符号构成物。这样的连续体，我们按类似于维尔纳茨基的"生物圈"概念，称为"符号圈"。符号圈中的每个符号、每个文本都是独立的个体，对于自身而言，其是整体；但其同时又作为部分存在于符号圈的整体之中，进行着传承、保护、产生信息的循环。城市，作为人的聚集场所，如同个体的人一样，在其成长的过程中，逐渐形成了自身的气质，这种气质糅合了不同的性格元素，相应呈现不同的面向。以北京为例，在其实现国际文化中心目标的过程中，传统历史文化、当代创意文化，以及自然生态文化等，将共同构成北京城市文化的符号圈，每一类文化符号都将从其他文化中获取营养，来强化自身传承、保护及产生新的信息的能量。

高尔基认为，一个民间艺人相当于一座小型博物馆，一个民间艺人的离世，无疑意味着一座小型博物馆的毁灭。及时地、抢救性地保护非物质文化遗产，寻找更好的方式，吸引更多的人来关注这些传统艺术，使传承人的技艺可以"香火不灭"，也就意味着我们文化的博物馆可以在有形与无形的空间中枝繁叶茂地存在下去。

文化自觉与正当性确认：
当代中国"非遗"保护的权益公正问题

耿　波[*]

一　"非遗"保护的"中国问题"

自1982年中国联合国教科文组织收到联合国教科文组织总部信件，建议中国加入《保护世界文化和自然遗产公约》至今，中国与闻"申遗"已逾30个年头。对政府而言，参与国际"非遗"的初衷肯定不是单一的，但遗产保护是中国面向世界的公开承诺，在不可预期的现代化进程中对人类文化遗产实现临终保护，其实也是世界范围内"非遗"保护的主流观念。然而，与西方相比，当代中国的"非遗"保护显得特别热闹，或者说特别混乱，正是这种混乱凸显了"非遗"保护的"中国问题"。

大略言之，在"非遗"保护的欧洲和日本、东南亚的实践中，彼此之间虽然有诸多差异，但在主流观念上大体都认同"保护先行"；在组织实施上则倾向于"政府主导"；同样，在民众主流舆论中，"非遗"保护通常都被视为本民族传统的当代传承，具有一种文化使命感。凡此种种，使得欧洲、日本、东南亚的"非遗"保护与产业发展之间保持

---

[*] 耿波，中国传媒大学文学院副教授。本文为首都师范大学文化研究院2012年度一般项目"北京非物质文化遗产著名文化品牌研究"的阶段性成果，原刊于《思想战线》2014年第1期。

了相对克制的关系。与之相比,"非遗"保护的中国实践则复杂得多。这种复杂性涵括了"非物质文化遗产"这一概念的不同界定与多样分类,"非遗"保护观念的"保护与发展"之争,以及"非遗"保护实施中不同利益群体花样繁多的僭权与避权行为,如此等等,使得中国"非遗"保护呈现与世界"非遗"保护大相径庭的实践样态。在此意义上,当代中国"非遗"保护的关键,并不在于简单地与国际公约对接,而是应关注"非遗"保护的"中国问题"。

"非遗"保护"中国问题"的复杂性在于,虽然有西方"非遗"保护的成功经验在前,中国"非遗"保护却不宜当下仿效;"保护优先"观念与"政治主导"模式如在缺乏深入阐释的前提下完全空降到中国,所造成的后果是相当可虑的。原因何在?因为西方"非遗"保护提供保障的公权体制,并非东方政治传统中所理解的专权,因此,由此而获得合法性支持的"非遗""保护优先"与"政治主导",其实包含与字面意思相左甚至相反的含义。众所周知,西方公权体制得以建立的基础是社会契约关系。作为社会契约论最重要的阐发者,法国哲学家卢梭将"社会契约"明确为一种个体与公权之间的"权力让渡"关系:完全独立的个体为保证自我个体性的实现,同意将自身的自由权力让渡给公权,委托其代为实施。在此社会契约框架中,"非遗"运动作为一种公权行为,民众对"非遗""保护优先"与"政府主动"的认同,在根本上是建立在个体自觉基础上的权力让渡行为;"非遗"保护的前提是个体自觉,权力让渡的目的在于实现个体对传统的自由认同。所以,"非遗""保护优先"所体现的并非如通常所理解的是保护"国家""非遗",而是保护"我"的"非遗","非遗"是作为"我"的一部分,即"我"的传统而存在,这种传统作为"我"确认自身的起点与背景,确定现在,指向未来,它在"我"的自我身份确认中是"活"的。同样,在"非遗"属"我"的暗含前提之下,"政府主导"便不可能完全是政府专断。

西方社会的"非遗"保护,前提在于个体的"非遗"自觉,而中国"非遗"保护的现实问题,恰恰在于个体"非遗"自觉的缺席。个体自觉缺席下的"保护优先"与"政府倡导"必将走向危途。自20世纪 80 年代以来,"文化搭台、经济唱戏"观念下的民间文化发展,使作为"非遗"主体内容的民俗传统成为产业发展的"资源",而其能够将"传统"变"资源"的法理依据则是政府对"非遗"传统的全权拥有。官方-产业利益共生体的存在持续至今,对民众而言,30 年的"非遗"实践已将"非遗"传统是"国家"责任的这一观念塑造成了惯性认同。"非遗"保护的事本来就应当由"国家"来促动倡导,这看似与西方社会"非遗"实践中的"权力让渡"非常相似,但关键分歧在于,发生在中国民众"非遗"实践中的"国家"信任缺少作为前提条件的民众个体自觉。自 20 世纪 90 年代至今,通常作为民众利益代言人的知识分子群体在经历过 1980 年代理想主义的失落后,或是不加反思地认同于"国家"对"非遗"传统的全权拥有,进而为"非遗"资源化鼓呼,或是沉溺于对传统的浪漫幻想,以"非遗"保护为盾,鼓吹"非遗"文化的临终关怀。然而不管哪种趋向,知识分子群体对"非遗"传统的权益归属,即"谁的非遗"问题在很长时间内其实缺乏真正、严肃、深刻的追问。民众个体与知识分子的双重蒙昧,使中国的"非遗"保护完全成了"国家"的事,"保护优先"与"政府主导"的国际通行理念在中国"非遗"保护中仅停留在字面意义上,"保护优先"变成为保护而保护的"非遗"临终关怀,而"政府主导"则变成了政府为促进区域产业发展而进行的"非遗""资源"分配。

二 "非遗"文化自觉观念的提出及现实困境

在当代中国的"非遗"保护中,由知识分子精英群体所鼓呼的"非遗"民众本位与文化自觉立场,一直贯穿了"非遗"保护的全程。

早在 20 世纪八九十年代,与"文化搭台、经济唱戏"相对,由部分作家与人类学家发起的"文化寻根"运动,就已产生了不无浪漫但包含朴素民本主义的传统现代化导向。21 世纪以来,随着"非遗"保护与世界接轨,"非遗"保护在当代中国变成了影响越来越大、利益牵涉越来越复杂的社会运动,加之在市场化已充分成熟的背景下,政府行政职能逐渐转变,促成了"非遗"保护从此前的专门事件变成了公共事件，民众广泛参与并在现代媒介支持下获得了表达自身诉求的平台。① 这为部分知识分子倡导"非遗"保护"文化自觉"观念提供了走向主流的社会前提。

"非遗"保护"文化自觉"的倡导，较明确的起点是 2007 年。2007 年，文化部开展了国家级非物质文化遗产项目代表性传承人的认定与命名工作。"非遗传承人"国家计划的实施，首次在国家层面上将"非遗"保护与利益获得者联系起来，这使得"非遗"传统的归属问题空前凸显。随后的一篇报道颇能说明问题："'成了国家级的传承人，感觉有压力。'北京天桥中幡的传承人傅文刚如是说。他的压力来自两个方面：一是成为首批国家级非物质文化遗产项目代表性传承人，不仅是光荣，而且责任更重了；二是不知道国家会对传承人采取什么样的保护措施，心里不是很有底。跟傅文刚一样，'聚元号'弓箭制作技艺传承人杨福喜也不无担忧：'保护文化遗产，我们手艺人努力是一方面，政府也得动真格的。如今，好徒弟难找，可也怕教好了徒弟，饿死师傅……'"② "非遗传承人"制度的推出，在社会层面上的确造成了这样的推想，即政府用对"非遗传承人"的"经济补助"将"非遗"变成了"国家"的。

正是针对这种"非遗"国家化的趋势，在学界应激性地凸显了"非遗"民本主义的"文化自觉"倡导，仅举具有代表性的三位学者为例。2007 年，刘铁梁在《节日文化的地方性》中认为，"节日文化的地方性"应是节日"非遗"保护的关键。③ 高丙中是较早明确提出"非遗"保护"文化自觉"的学者，早在 2006 年的《对节日民俗复兴的文化自觉与社会再生产》一文中，他根据费孝通先生提出的"文化自觉"概念，认为"传统节日以习俗的力量让民众自动在同一个时间经历相同的活动，在相同的仪式中体验相同的价值，一个共同的社会就这么让

---

① 2005 年，中韩因"端午节申遗"而引发的争论，是中国"非遗"保护成为公共事件的最早一例，此次争论的主体主要为学者与大众，而且随着争论的深入，部分学者的言论成为大众批评的对象，体现了公众参与的深度。
② 周玮：《应让"非遗"更多地"回归"生活》，《新华每日电讯》2007 年 6 月 19 日。
③ 刘铁梁：《节日文化的地方性》，《贵州民族报》2007 年 8 月 2 日。

人们高兴地延续下来"。① 与刘铁梁、高丙中等相比，高小康教授对"非遗"保护"文化自觉"观念的提倡更加丰富、深入。高小康对临终关怀式的"非遗"保护观念有自己明确的批判立场，他揭示了《保护非物质文化遗产公约》中关于"保护"概念的复杂含义："从'公约'给出的定义来看，这种'保护'的内容实际上包括了从狭义的消极保护到传承发展等一整系列的文化复兴工程。可以说，原汁原味地保存不是目的；通过保护工作促进传统文化的复兴才是非物质文化遗产保护的本意。"② 在其更加深入的探讨中，"非遗"保护的"文化自觉"被确认为"非遗"文化多样性与整体性的复兴，非常可贵地将这一观念推向了深化。除以上述三位学者为代表的知识分子群体外，在各类"非遗"公共事件中，民众的呼声越来越具影响力，这为知识分子群体提倡的"非遗""文化自觉"提供了舆论支持。时至今日，"非遗"保护的民本主义与"文化自觉"观念其实已成主流。

与不加反思地认同政府-产业利益共同体对"非遗"的权益专享所有相比，"非遗"保护的"文化自觉"观念关注"非遗"权益归属问题，这已是中国"非遗"保护的巨大进步；然而，从"非遗"保护的最终目的，即实现民众对"非遗"传统的真正认同而言，"非遗"保护"文化自觉"观念的提出是否已实现了问题的最终解决？事情似乎并没有这么简单。

贵州六盘市"六枝梭戛生态博物馆"项目为此提供了极佳的观察个案。这是1998年中国与挪威合作建设的中国第一座生态博物馆。此馆建设的指导思想即是在充分尊重地方文化持有者的"文化自觉"前提下的介入保护。为保障这一观念的落实，中国贵州六枝和挪威方面讨论制定了《六枝原则》，一共九条，第一条就是对村民文化所有权的确认："村民是其文化的主人，他们有权认同与解释其文化。"《六枝原则》可以说是"非遗"文化保护自觉性观念的正面体现，但实践结果出人意料。根据观察，梭戛生态博物馆建成后，生态博物馆社区（即

---

① 高丙中：《对节日民俗复兴的文化自觉与社会再生产》，《江西社会科学》2006年第2期。
② 高小康：《非物质文化遗产的保护与公共文化服务》，《文化遗产》2009年第1期。

社区村民）和生态博物馆资料信息中心（即博物馆）成了"两张皮"，生态博物馆资料信息中心所在的中心寨的村民并不认为自己是生态博物馆的一员，而认为他们仍然是梭戛乡的村民。为解决"两张皮"的问题，组织方做出了不懈的努力，比如，在2001年成立了由12个村民组代表参加的梭戛生态博物馆管理委员会，并制定了一个管理委员会章程，该章程明确了由中心寨即梭戛寨的村主任为生态博物馆的副馆长，这样的结果好像解决了"两张皮"的问题，村民和博物馆融为了一体，但这仅是生态博物馆的一厢情愿。生态博物馆管理委员会的委员开了一次会之后再也没有开过第二次会了，原因是他们来开会是无偿的，是博物馆组织他们来开的，会议讨论的是文化保护和传承，他们对此不感兴趣；他们关心的是生态博物馆给他们带来的好处是什么，能否解决如粮食、住房、孩子学费等基本生计问题。① 在给予了村民充分的文化自觉空间以后，为何仍然没有引起他们真正的认同？"非遗"保护的文化自觉设计，还遗产于民，为何在现实中不能真正实现民众的文化认同？

三 社会契约论视野中的"非遗"文化自觉与权益公正

问题的解答宜从检讨"文化自觉"可实现的前提条件入手。"非遗"保护的文化自觉设计，设想还遗产于民，使民众在"非遗"的文化自觉中实现文化认同，这一设计的问题，在于忽略了"文化自觉"就其可实现而言并非自我缘发、一无倚傍，而是有其先决条件的。

在"六枝梭戛生态博物馆"项目个案中，《六枝原则》承诺给予村民以"文化所有权"，但首先，此"文化所有权"的颁权主体并非国家或其他公权机构，而仅是国际合作组织，实际上并无真正颁权资格；其次，村民被承诺给予的"文化所有权"其实仅仅是"文化解释权"。这

---

① 胡朝相：《六枝梭戛生态博物馆建馆十周年回眸》，民族民间文化资源信息网，http://www.gzfefax.com/news/news/laigao/laigao_ 20090222001. html。

就造成了村民在此项目推动之下，也许的确产生了文化自觉冲动，但此文化自觉在根本上缺乏公权机构的"正当性确认"，文化自觉从"意愿"向"意志"的升华不能真正完成，导致了尴尬收场。"鞭炮燃放解禁"遭遇的困境也可做如此反思：鞭炮解禁表面上给予了民众以文化自觉的空间，但"限时限地"的追加条件则使民众的鞭炮燃放行为与公权机关之间的契约关系变得脆弱，这造成了民众的鞭炮燃放在当下公权体系中无法获得充足的正当性形式，所以才有了民众的主动退场。与之相同，传统节日纳入国家法定节假日，表面上给予了民众以节日文化自觉的空间，同时也建构了传统节日与"国家法定"之间的契约关系，但真实的情况是：与其说是传统节日与"国家法定"订立正当性契约，不如说是产业主体借国家之权全面托管了传统节日，"国家"在民众的节日体验中并不真正在场，当前传统节日的问题，正在于泛滥的产业形式使得节日变成了纯粹的消费时刻，而无法从"国家法定"中获得正当性确认。

"非遗"保护的文化自觉唯有经公权机构的"正当性确认"，才能真正得以实现，而公权正当性体现于公权机关对大众权益的公正分配，因此，"非遗"文化自觉的真正实现，在根本上乃建基于权益公正。当代中国的"非遗"保护，从最初的政府主导到政府-产业利益共同体主导，再到"非遗"保护"文化自觉"观念的提出，的确是巨大的进步，但"文化自觉"立场作为对国家主导极端化倾向的反拨，其实自身也面临极端化危机：片面抬高"非遗""文化自觉"的"意愿"正当性，而罔顾国家公权机关所起的正当性确认，"意愿"无法变成"意志"，使"非遗"保护的"文化自觉"倡导最终在民众那里无疾而终，在提倡者那里变成了梦呓。

四 当代中国"非遗"保护的"失权"历程

"非遗"保护的"文化自觉"应建立在权益公正的前提之下。但新中国成立以来，当代中国"非遗"保护的发展正是权益公正失落的"失权"历程。

中国古代自然没有所谓"非遗"观念，但并不缺乏与现代"非遗"相对应的文化传统，这就是民俗文化。新中国成立之前，近现代中国农村虽历经苦难，但"礼制"传统大体仍在，民俗传统基本无虞。新中国成立后至"文革"的一段时间，农村破除封建迷信的移风易俗运动对民俗传统造成了初次冲击；这一冲击对民俗形态本身造成的影响并不太大，关键的影响在于由此所造成的民俗在权益格局中的正当性失落。农村移风易俗运动，将传统民俗中的不少形式，尤其是带有地方宗教色彩的民俗界定为"落后""迷信"，公开宣布其在新中国权益格局中的非法身份，这实际上是对民俗传统与"国家"之间的契约关系的一种解除，民俗文化获得正当性确认的权益公正格局也于此发生危机，这是新中国民俗"去权化"的开始。

"文革"十年，民俗文化在极"左"意识形态格局中被进一步摒弃，大量民俗文化的物质载体被野蛮破坏，民俗文化与"国家"之间的契约关系全面断绝。然而，新中国成立后开始的移风易俗运动，甚至是"文革"暴行，虽然强行解除了民俗传统与"国家"的契约关系，但没有导致中国民俗传统的彻底没落，因为中国民俗传统寻求正当性确认的权益公正资源，除"国家"之外，还有"村落共同体"。在中国封建政体中，"国家"的存在并非如西方那样是完全依托政党体制，而是存在于由"国家"向下落实的"地方认同"中，由乡绅阶层维系上下认同的"村落共同体"又是"国家"实现"地方认同"的基本单元，因此，中国传统社会虽然王权更迭，但不管谁做皇帝，"国家"在村落中的意义是一致的，民俗传统与"国家"的契约关系实际上是以稳定的"村落共同体"为担保，民俗与"村落共同体"实际上形成了正当性确认的隐性契约。新中国成立后至"文革"，移风易俗运动虽然切断了民俗与"国家"显见的契约关系，但"村落共同体"是健全的，家庭伦理仍然无恙，民俗传统从"村落共同体"中获得正当性确认的权益渠道仍正常存在。这就是新中国成立后十七年当代中国民俗虽多经冲击，但并无危机的根本原因。

民俗传统的真正危机，是从"文革"后开始的。"文革"结束，1978年党的十一届三中全会召开，在政治上拨乱反正，在经济上初步确立了从计划体制向市场体制转型的导向。农村联产承包责任制解放了农村生产力，同时也开启了中国的村落转型，而这种村落转型是造成民俗当代危机的主要原因。

在传统中国，"村落共同体"的形成来自地缘基础上的伦理认同。在传统村落中，虽然生产力水平不高，但在村落伦理整体氛围中，村落经济的产业营利意义并没有被抬举到过高的位置。相反，村落经济的产业能力始终被控制在与村落人口消费、环境承载相适应的水平，而其所包含的村落伦理意义则不断被强化：村落经济活动被视为村落伦理的象征符号，生产活动都被与村落伦理的认同联系起来。这使得中国传统农村的经济活动在很大程度上一方面是纯粹产业意义上的生产，另一方面则是村落伦理意义上的生产。新中国成立后至"文革"结束，在农业"大跃进"的冲击下，村落经济面目全非但并非完全涣散，相反，村落经济所包含的村落认同意义在"人民公社"的生产组织形式中获得了奇特的保存："人民公社"名为"人民公社"实为"村民公社"，"人民公社"的经济活动虽然与传统村落经济差异甚大，但二者的共同之处在于，都是在操持着产生村落共同性认同的经济活动。另外，在此时期，传统村落经济其实并未完全匿迹，而是以所谓"副业"的经济形式存在，虽被冠以"资本主义尾巴"屡遭打击，但这正显示当时广大农村的传统村落经济仍具活力，而"村落共同体"也因此而延续存在下来。

1978年以来的农村联产承包责任制改变了经济活动在村落中的位置，同时也改变了中国传统村落构成。联产承包责任制将土地分包到户，鼓励农民以家庭为单位单干，目的在于提高单位土地的粮食产量，这的确能够释放农村劳动力的生产热情，但使得村落劳动变成了纯粹的产业活动，而前此所包含的村落伦理意义被去除了。又因为土地"所有权"属于国家，农民对土地只有"使用权"，因此，在农村联产承包责任制全面推开并成为"文革"后中国农村主要经济组织形式的情况下，个人、家庭、村落都变成了纯粹的生产单位，而这些生产单位与"国家"之间的关系就是纯粹产业意义上的生产资料租借关系。"村落共同体"成了生产互助组，村落民俗变成了纯粹的生产资料，被纳入区域经济发展的统筹框架中，成为发展区域产业的生产元素，而其本身所包含的文化内涵与传统认同则荡然无存，即"文化搭台、经济唱戏"，传统村落中民俗传统与"村落共同体"之间的正当性确认关系于此失落。这是民俗传统在失去与"国家"的显性契约关系之后，与"村落共同体"再失隐性契约关系，民俗"失权"危机至此真正暴露。

1992年到2004年，在这十余年的时间中，中国民俗传统在市场经济的冲击之下，已在正当性确认中"失权"的民俗传统却在市场经济中日益"红火"。从民俗文化自觉的角度看，市场经济中民俗活动好像是获取了比任何时候都丰富的自觉意识，在由政府-产业利益共同体所引导的民俗产业活动中，民俗传承主体，主要是农民大众，被授予极大空间去展现，且可以从中获得一部分收益。但问题在于，被市场经济赋权的民俗活动所拥有的永远只是民俗文化的"使用权"，而"所有权"的真正拥有者是"国家"，通过政府-产业利益共同体，民俗"所有权"又被转借给产业主体。在只能"使用"不能"拥有"的权益不公中，被产业化煽动的民俗"文化自觉"在根本上缺乏正当性确认，因此也就不可能成为真正的"文化自觉"，而只是变成了缺乏诚意的姑取姑予，自然更谈不到民俗传承主体对民俗本身的珍惜与责任感。民俗传承主体对民俗本身的缺乏责任感，是当代中国民俗危机的核心要点，而这种责任丧失的前提是更大意义上的权益不公。

2004年，中国加入世界《保护非物质文化遗产公约》，"非遗"保护运动正式开始，而其发生的背景正是中国民俗传统的先行"失权"，这已注定了中国"非遗"保护将在根本上无法实现民众"文化自觉"。当然，《保护非物质文化遗产公约》的世界性身份的确为"非遗"保护中的"文化自觉"提供了正当性确认的新契机，借助"公约"框架，许多"非遗"保护合作组织也尝试为中国"非遗"保护提供正当性确认框架，但正如"六枝梭戛生态博物馆"项目所显示的那样，对民众的"非遗""文化自觉"而言，"非遗"保护国际组织并非主权组织，其实无法提供真正的正当性确认。当然，这并非否定国际"非遗"保护合作组织在中国"非遗"保护中所起的作用，而是要强调对作为文化传承主体的民众而言，要真正实现对各种"非遗"合作组织工作的认可，总绕不过经"国家"实现正当性认同的宿命。

五 推进中国"非遗"保护实现权益公正的国家探索

"非遗""文化自觉"是"非遗"保护的关键，而"文化自觉"的前提在于权益公正给予的正当性确认。当代中国民俗传承与"非遗"保护历程同时也是与"国家"解除社会契约、逐步"失权"的历程，未来中国"非遗"保护的关键，应在于使"非遗"保护重获权益公正，使"非遗""文化自觉"真正得以实现。令人感到鼓舞的是，21世纪第二个十年，中国"非遗"保护已在国家层面上出现了推进"非遗"保护权益公正的有益探索，预示着当前"非遗"保护正朝着正确方向推进。

"非遗"保护重获权益公正，即要在国家法律体系中确保传承主体对"非遗"文化的"所有权"，这已成为当代世界范围内的法律难题。当前法律体系中，"非遗"保护权益问题的适用法律是《中华人民共和国知识产权法》（以下简称《知识产权法》），但在《知识产权法》框架中，"非遗"保护的"所有权"其实难以保障。

"非遗"文化主要是指那些"基于传统"而产生、创造、应用和传承的知识，而所谓"基于传统"，根据世界知识产权组织（WIPO）的定义，则主要指代代相传的知识体系、创造、创新和文化表达，被认为属于特定人群或地区，可自发演化，并根据环境的变化而改变。在一个为符合工业社会需求而产生的知识产权体系中，这类知识并没有适当位置，因为它们不是个人创新的成果，也不具有所谓新颖性，只能被归入公有领域，供人免费使用，《知识产权法》对之很难起到立法保护作用，因此也就无法保证非物质文化遗产传承人的"所有权"。

不仅如此，现代知识产权法体系在很多情况下还可能成为文化强权组织破坏权益公正的获利手段。著名法律文化学者梁治平在《谁的知识？谁的产权？》一文中总结了现代知识产权法体系的文化霸权特征，并指出："欠发达国家所拥有的传统知识，很容易就被那些技术、知识和资金方面的领先者转变成所谓知识产权,变成他们受法律保护的所有物。知识产权由此变成了不正当占有他人知识即盗版的工具。"① 现代知识产权法体系的制定,首先是建立在地位不对等的前提条件下,因此,在"谁的知识"的裁定上缺乏商讨余地;其次"非遗"文化作为知识资源,在现代知识产权法体系中同样会面临"所有权"被抢夺的情形,这在世界范围内已是屡发,如著名的"死藤案",② 在中国,"非遗"保护的知识产权争夺案也并非鲜见。因此,单纯依靠知识产权法体系来解决"非遗"保护的权益公正问题,并不可行。

2011年,《中华人民共和国非物质文化遗产保护法》(简称《非物质文化遗产法》)通过并颁布,这是"非遗"保护进入新阶段的重要标志,与2007年以来学术界提出"非遗"保护的"文化自觉",共同成为当代中国"非遗"保护中的两大标志性事件:《非物质文化遗产法》的通过,意味着"非遗"保护的权益公正问题被正式提出,而这正是"非遗"保护"文化自觉"观念的深化。《非物质文化遗产法》第九条明确规定:"国家鼓励和支持公民、法人和其他组织参与非物质文化遗产保护工作。"这与2003年的世界的《保护非物质文化遗产公约》中所规定的"缔约国在开展保护非物质文化遗产活动时,应努力确保创造、保养和承传这种遗产的群体、团体,有时是个人的最大限度的参与,并吸收他们积极地参与有关的管理"相一致,体现了同样的主旨,即保障民众对"非遗"保护的参与权利。但不同之处存在于两个方面:(1)《保护非物质文化遗产公约》是国家间的缔约形式,《非物质文化遗产法》则是从国家法律层面对民众"非遗"保护参与权的首次确认,为"非遗"保护的"文化自觉"提供了法律意义上的正当性确认框架;(2)《保护非物质文化遗产公约》提倡吸收民众积极"参与"并"管理""非遗",隐含对民众之"非遗"文化"所有权"的侧面呼吁,但

---

① 梁治平:《谁的知识?谁的产权?》,《东方早报》2012年5月20日。
② 1986年,美国专利商标局授予申请人Miller一项植物专利。据说,这位美国企业家"发明"了一种"新的和独一无二的"药用植物。其实,在南美洲的亚马逊地区,这种"新的和独一无二的"植物早已经被当地人认识、保存和利用了数千年之久;而且,这种当地人称为"死藤"的植物,在当地部落的日常生活中具有极其重要的药用和宗教价值。参见梁治平《谁的知识?谁的产权?》,《东方早报》2012年5月20日。

在《非物质文化遗产法》中,明确规定"管理"权仍在各级政府,其实是对民众"非遗"文化"所有权"的回避。

虽然如此,《非物质文化遗产法》对推动民众享有"非遗"文化"所有权",已有了很大进步。2005年3月发布的《国务院办公厅关于加强我国非物质文化遗产保护工作的意见》中对社会民众的定位,关注的是其对"非遗"保护的资金投入:"通过政策引导等措施,鼓励个人、企业和社会团体对非物质文化遗产保护工作进行资助。"同年12月发布的《国务院关于加强文化遗产保护的通知》在提及民众在"非遗"保护中的定位时,也仅仅将之视为舆论监督方:"要建立文化遗产保护定期通报制度、专家咨询制度以及公众和舆论监督机制,推进文化遗产保护工作的科学化、民主化。要充分发挥有关学术机构、大专院校、企事业单位、社会团体等各方面的作用,共同开展文化遗产保护工作。"字里行间还是将"非遗"保护的主体定位于政府与知识分子群体。与之相比,《非物质文化遗产法》正面肯定民众对"非遗"保护的"参与权",这已是"非遗"保护权益公正建设的重大进步,而通过国家法律形式肯定民众享有"非遗"文化"所有权",尚需时日。

与《非物质文化遗产法》的通过相比,在国家层面上对推进"非遗"保护权益公正的实践更值得关注。2012年2月,文化部印发《文化部关于加强非物质文化遗产生产性保护的指导意见》(以下简称《意见》),该《意见》其实可被看作对先行颁布的《非物质文化遗产法》的深化。

第一,《意见》制定的学理依据是"非遗"保护的文化自觉观念。该《意见》在解说"生产性保护"的意义时确认:"在有效保护和传承的前提下,加强传统技艺、传统美术和传统医药药物炮制类非物质文化遗产代表性项目的生产性保护,符合非物质文化遗产传承发展的特定规律,有利于增强非物质文化遗产自身活力,推动非物质文化遗产保护更紧密地融入人们的生产生活。"在确定"生产性保护"的方针原则时指出,"在非物质文化遗产生产性保护工作中,坚持以人为本、活态传承原则"。这是对"非遗"保护的民本主义与文化自觉导向的正面肯定。

第二,《意见》对保障民众享有"非遗"文化"所有权"的产业实践进行了创新设计。《意见》提出,"对有市场潜力的代表性项目,鼓励采取'项目+传承人+基地'、'传承人+协会'、'公司+农户'等模式,结合发展文化旅游、民俗节庆活动等开展生产性保护,促进其良性发展";"要充分发挥传统工艺美术等已有行业协会的积极作用,鼓励成立非物质文化遗产相关行业协会,支持协会开展非物质文化遗产的宣传、展示、教育、传播、研究、出版等活动,鼓励协会制定有关非物质文化遗产代表性项目在原材料、传统工艺流程和核心技艺方面的相关标准和规范,支持协会开展行业管理、行业服务、行业维权等工作,通过行业自律和行业监管,推动非物质文化遗产生产性保护健康发展"。《意见》在"非遗"产业组织方面,将"家庭""传承人""行业协会"三种传统"非遗"生产组织要素与现代组织相结合,这是极具价值的实践设计。生产组织形式是权益归属的保障与体现,"家庭"等传统"非遗"生产组织形式,同时包含了"纯粹产业"和"权益所有"双重意义。传统生产组织形式与现代组织形式相结合,是在不排斥现代产业形式的前提下,对"非遗"生产中民众权益的凸显。这种凸显被纳入现代生产体制且又与其相制衡,正是"非遗"文化自觉获得权益公平、实现正当性确认的创新形式。

重视有线广播在谣言应对及危机管理中的作用

郭小安[*]

20世纪90年代以来，随着有线电视、电话和收音机的普及，有线广播的发展开始走向衰落，根据国家统计局农村统计年鉴，从1995年开始，县乡有线广播站和广播喇叭的数量逐年下降，到2000年，有线广播在统计年鉴中已经被取消。随着互联网的快速发展，有线广播的地位进一步降低，甚至已经慢慢被人淡忘。相当一部分人认为，有线广播承担的宣传、动员、娱乐功能，新媒体不仅可以承担，而且表现得更为出色，有线广播已经没有存在和发展的必要了。还有一部分人认为，有线广播是战争时期、计划经济时期乃至"文革"的产物，技术上已经完全过时，"喇叭变成哑巴"正是时代发展的必然；而温和一些的观点也认为，有线广播的作用非常有限，可以适当地在部分偏远地区发展，以弥补新媒体的一些不足。本文认为，有线广播在网络时代不仅没有过时，而且大有可为，尤其是在政府辟谣和应急管理中，它具有极强的优势，因此，转变认识，实现有线广播的功能优化和规范化管理势在必行。

---

[*] 郭小安，重庆大学新闻学院研究员、博士生导师。本文为国家社科基金青年项目"网络谣言的社会心理及应对策略研究"的阶段性成果。

一 有线广播在谣言应对及危机管理中的优势

如果把有线广播的功能局限在宣传、娱乐及动员方面，那么它的缺陷就会暴露无遗——以互联网为代表的新媒体可以更好地满足这些需求。但是，如果把有线广播放在谣言治理和应急管理中，就可以做到扬长避短。当前，由谣言引发的社会恐慌事件越来越多，如 2001 年天津等地爆发的"艾滋病扎针"谣言让公众草木皆兵；2009 年河南杞县的"核辐射"谣言导致大规模恐慌，最终上演了现代的"杞人忧钴"；2010 年山西的地震谣言，更是上演了一场百万人露宿街头的"壮观场面"。这些事件的发展、演变及处置过程暴露了当前谣言恐慌与危机管理的一个重大缺陷：政府在辟谣和危机处理方面过于依赖新媒体，忽视了有线广播的独特功能，最终延误了辟谣时机，降低了应急管理的效果。概括而言，有线广播在谣言治理中的独特功能体现在以下几个方面。

（一）传与送的统一

在谣言治理中，使用不同的媒介具有不同的效果：网络具有个性化和快捷等特点，但信息整合的难度较大，容易导致"碎片化"后果；电视节目多元、图文并茂、感染力强，但由于政府并没有专门的应急管理频道，容易导致传和送的脱节。而且电视、网络、调频广播等媒体还容易受到时间、空间及使用工具的限制，在这些设备没有打开的情况下，人们是无法获知信息的；在危机事件导致停电的情况下，这些媒介也如同哑巴一样传递不了任何信息。如果使用有线广播，就可以弥补以上缺陷。有线广播具有群体性传播优势，虽然具有一定的强迫性，但它不受时间、空间及使用工具的影响，可以实现无缝隙传播，在重大事件中，它的这个优势是非常明显的。

（二）声音的感染性和情感动员功能

当前，媒介选择的多样化已经把人群进行了信息分割，在此情形下,要想实现大规模的信息传播,并不是件容易的事情,但如果能够利用有线广播的优势,则可以起到意想不到的效果。有线广播具有高度的感染性,可以让处于不同信息空间的人群分享共同的信息,容易在人群中产生相互暗示和影响,促使大家讨论同一个话题,分享共同的经验,实现信息的整合。此外,有线广播的情感动员优势也很明显,一般来说,生活在同一个区域的人,在环境条件、风俗习惯和社会心理等方面都大体相近,有线广播站作为本地的特色新闻传播单位,其传播的内容和方式容易使人产生亲近感,容易吸引听众的注意力,尤其是在广大农村及偏远地区,相当多的人接受普通话信息还有较大的障碍,如果动用有线传播工具,则可以利用方言传播,既可以拉近公众距离,又容易让公众接受和理解,还可以起到很好的情感动员作用。

(三) 信息的权威性和灵活性

有线广播具有机动性和灵活性的优势,既可以随机应变,又可以因地制宜。虽然从理论上来讲,互联网尤其是微博的运用大大提高了应急管理的机动性和灵活性,但作为个性化的传播工具,它的受众具有高度的分散性,辟谣的效果仍然有限。此外,大量的研究表明,网络造谣的速度要远远高于辟谣的速度,而且在互联网上仍然有相当多的受众在"刻板成见"的影响下习惯性地质疑,这将影响官方辟谣信息的权威性。有线广播既可以通过声音的高度穿透性增强信息发布的权威性,又可以实现信息发布的统一性。此外,通过有线广播来辟谣还可以做到高度的灵活性。虽然国家四级办电视的政策加大了电视的覆盖面,但不容忽视的事实是,大部分地级市以下的电视台,运营状况和社会影响力都很有限,尤其是广大农村地区,本地新闻的产出能力更为薄弱,大多数情况下只能被动接受上头的信息,应急性和灵活性较差。有限广播可以弥补这个缺陷,它既可以传达上级的权威信息,又可以针对本地的突发事件灵活处理。

(四) 信息传递的"快和准"

在危机管理理论中,有一个著名的"3T黄金法则",即主动提供信息（tell your own tale），提供全面信息（tell it all），尽快提供信息（tell it fast），"黄金24小时定律"正是其形象的说明。随着新兴媒体特别是微博的崛起，人民网舆情监测室提出了突发事件中的"黄金4小时媒体"概念，甚至还有学者提出"钻石一小时"原则，以上定律尽管内容各异，却共同揭露了这样一个事实，即谁能越快占据舆论的制高点，谁就越能占主动地位。但在谣言的治理过程中，辟谣的最终效果不仅取决于政府的反应速度，还取决于不同媒介的选择。在各种媒介中，互联网尤其是微博通常被认为是反应最为迅速的辟谣工具，但事实上，大量的案例表明，互联网辟谣的效果往往是有限的：一方面，使用互联网的网民毕竟只是一小部分，大量的非网民无法在第一时间接触到官方权威信息；另一方面，互联网具有个性化的传播特点，官方辟谣信息很难实现大规模的群体化传播，而且大量案例表明，网络传谣的速度要远远快于辟谣的速度。如果能够发挥有线广播的优势（群体性、无间隙、灵活性等），就可以以最快速度把权威信息传达给目标群体，实现"快和准"的统一，大大提高辟谣的效率和针对性。

此外，有线广播还具有成本低廉、安装简便等优点。虽然从城市美化的角度看，大量的"喇叭"出现在城市街头显得有些"不和谐"，但如果从技术上加以改造，也不是一件棘手的难题。比如，可以对有线广播的外观进行美化（使用微型喇叭），或者考虑把有线广播安装在城市街头的路灯上，做到一定的隐蔽性。

二 实现有线广播功能优化的可行性路径

（一）转变认识，把有线广播的管理提高到国家应急广播建设的高度，实现应急广播的系统化建设

党的十七届六中全会提出"建立统一联动、安全可靠"的国家应急广播体系，这一体系也被纳入国家"十二五"规划中。据了解，该体系将统筹全国从中央到地方各级电台，建立与各种应急信息渠道的连通机制，实现在突发公共事件中第一时间发布民众所需应急信息的

目标。2013年4月22日,国家应急广播首次在四川雅安地震震中芦山县开启,这是我国在应对突发灾难事件时的一次大胆尝试。但稍显遗憾的是,这次应急广播建设主要针对的是自然灾害,还没有把谣言、群体性事件等纳入进来。更为重要的是,这次应急广播建设的主要内容是调频广播,而对有线广播、流动广播等形式重视不够。因此,应转变思想认识,尽快把有线广播、流动广播提高到国家应急广播建设的高度,实现调频广播、有线广播、流动广播三位一体的系统化建设。

(二)协同运作,统一指挥,保证有线广播信息发布的统一性与权威性

强调有线广播在谣言治理中的独特性,并不是要用有线广播取代别的媒介,而是要充分发挥它们的互补功能。当前,谣言治理可以提高到危机管理和社会稳定的高度,单靠一种媒介,很难起到理想的效果。如果能够利用各种媒介协同运作,实现优势互补,就可以发挥更大的威力。此外,谣言的治理涉及各个职能部门的协同运作,不能各自为政,发布不同甚至自相矛盾的信息,只有统一才能保证信息的权威性。广东揭阳市在2008年颁发的政府应急管理预警信息程序具有一定的借鉴意义。该市市政府规定了预警信息的发布方式和审批程序,采用手机短信、广播、电视、电台、报纸、互联网等发布方式;在审批程序方面,气象灾害预警信息由市气象局直接发布,其他预警信息和辟谣信息由市相关职能部门拟订,送市政府应急办审核,报市政府批准后发布。在媒介使用上,该市实现了各媒介间的优势互补,比如,市政府应急办召开市国土资源、"三防"、气象及新闻单位协调会,协调预警信息传播事宜,约定紧急预警信息的标志是:手机短信末尾有"新闻单位、各村接此短信后立即宣传"的字样,市县电视台、电台、政府门户网站、农村广播站要在第一时间对短信内容进行传播。通过这个渠道,该市紧急预警信息能够在10分钟内告知广大民众。

(三)规范管理,扬长避短,保证有线广播的公信力

有线广播优点很多,但弱点也不少。首先是噪声过大,特别是高音

喇叭声音刺耳，一些地方的群众常常因不堪忍受有线广播的噪声而擅自拆除高音喇叭，或切断广播线路。其次是难以控制，有线广播一旦响起来，往往响个不停，非但时间的长短不能控制，而且声音的强弱也无法调节，在一定的覆盖范围内，受众想要不听都做不到。最后，有线广播不能提供个性化服务，难以照顾千差万别的个体需求，带有很强的强迫性，如果运用不当，就会产生适得其反的效果。因此，必须对有线广播的功能和定位划清明确的界限。在现有情况下，有线广播的危机管理优势最为明显，所以它应主要承担重大事件的预警和应急管理功能，要严厉禁止娱乐、广告等使用，慎用宣传动员功能，因为宣传并不是有线广播的优势，可以在农村地区适当运用，但是要严格控制时间和地点。只有这样，才能保证有线广播的公信力。

（四）设立谣言预警以及应急管理的等级，根据敏感度及潜在危害性决定是否启动有线广播，保证有线广播使用的权威性

当前，涉及公共安全的网络谣言传播最广泛，潜在的社会后果也最为严重，如艾滋病扎针、"非典"谣言、割肾谣言、爆炸谣言、毒气泄漏谣言、地震谣言等，此类谣言与公众利益息息相关，很容易导致社会恐慌，甚至可能导致大规模集体行动，严重影响社会秩序。因此，我们应该及时设立谣言的危害等级。在技术上，可以通过相关软件，提取近年来谣言恐慌事件的基本要素，如谣言的属性分析、情感倾向性分析、舆情话题敏感性分析、事件关联关系分析和事件因果关系分析等，通过数据对比，提炼出谣言的敏感等级，然后采取相应的预警、监控及应对措施。只有当谣言强度超过了设定的等级，才可以启动有线广播的预警及应急功能，保证有线广播的权威性。

（五）实行差异化治理，保证有线广播的针对性和有效性

科普性、恐慌型谣言应以事实为主，泄愤式谣言要以情感安抚和动员为主。一般而言，带有科普性质的谣言，只要政府及时提供权威信息，就可以得到有效平息，此时，有线广播的及时性、广泛性、统一性可以很好履行这个功能。但是，如果公众存在强烈的刻板意见和负面情绪（如涉官、涉警、涉富），谣言的泄愤与抗争色彩浓厚，政府的辟谣效果往往微乎其微，甚至还会适得其反。面对以情感宣泄为导向的谣言，以事实为依据的政府辟谣不仅平息不了谣言，反而会延长事件的兴奋周期。对于泄愤式网络谣言，关注公众情感要比关注事实更重要，此时，如果能够利用有线广播强大的情感动员功能，即先安抚公众情绪，然后在适当时候进行事实澄清，效果可能会大为不同。

三 结语

在"自媒体"时代，以互联网为代表的个性化传播媒介既为我们带来了信息自由，也容易导致碎片化后果，在这种情形下，有线广播作为传统的群体化传播工具，在信息整合和大范围传播方面具有无法替代的优势。尤其是在谣言恐慌及危机管理中，有线广播更是能实现它的无缝隙传播优势，发挥广泛性、统一性、针对性、权威性以及灵活性等优势。同时，有线广播也有不少弊端，如果利用不当，可能会产生适得其反的效果。因此，要规范管理，协同运作，实现各种媒介的优势互补。

践行社会主义核心价值观的原则、载体与路径研究

范玉刚[*]

"十八大"报告从国家、社会、个人三个层面提出了对社会主义核心价值观的培育和践行,这样分而述之是对核心价值观内容上的分解和明晰,其实三者有其一以贯之的价值诉求。就其一般性而言,社会核心价值观之所以是社会核心价值最鲜明集中的体现,就在于不论是国家意识形态层面的价值体系,还是社会组织在互动中形成的价值体系,抑或是公民在日常生活和实践中所孕育的价值体系,乃至学界以学术研究和理论探索所塑造的价值体系,无论呈现怎样的差异性,都是在各种价值体系交汇融合中形成的"最大公约数",因而居于核心的引领地位。也就是说,"富强、民主、文明、和谐、自由、平等、公正、法治、爱国、敬业、诚信、友善"等核心价值观,是当代中国各价值主体通过协商对话达成的最大共识,它们构成了中国社会主流价值体系的核心。

因共识由社会各价值主体协商而来,其践行还必须落实到各价值主体的自觉担当上,在践行中要兼顾国家、社会和个人的利益诉求。社会主义核心价值观不仅在理念上构成一套完善的理论体系,其践行更

---

[*] 范玉刚,中央党校文史部教授。本文为首都师范大学文化研究院 2013 年度一般课题"全球文化影响下中国主流文化价值观的建构与传播"的阶段性成果,原刊于《湖南社会科学》2013 年第 4 期。

是一个不可分割的有机整体。只有做到核心价值观的政治形态、学理形态和大众化形态的统一，才能既有其政治合法性，也有学理性支持和大众的普遍性认同，这样的核心价值观才能在社会大众中叫得响、说得通、做得到。在社会实践中，践行社会主义核心价值观要不沦落为一种口号，就必须有载体和路径支撑，必须有高效健全的运行机制作保障。社会主义核心价值观只有与最广泛的大众的日常生活相关联，扎根于社会现实，并通过制度政策固化下来，循序渐进，才会真正被广大人民群众所认同、所信服，逐渐转化为人民群众的内在信念和自觉行动。只有形成全民共建共享的社会心态，践行社会主义核心价值观才有吸引力和感染力，也就是说，践行社会主义核心价值观必须内化于心、固化于制、外化于行。

一

从世界大国崛起的历程可以发现，社会核心价值观表述语的提炼与践行的真正统一取决于三个"相匹配"，即宏观视野的政治、经济、文化发展的相匹配，以最终形成社会和谐稳定的轴心同构原则为表征；作为表意系统的"说法"与大众日常践履的"活法"相匹配，以最终形成社会主流价值观的凝聚力、感召力为表征；作为社会统治阶层即执政党及其追随者的"宣言"与行为操守相匹配，以最终形成社会可以安放的心和魂为表征。这是培育和践行社会主义核心价值观的基本原则，只有坚持把"政治的高度""理论的深度"和"大众的广度"结合起来，才能为践行社会主义核心价值观奠定坚实的基础。一个心魂铸体、睿智健脑、以轴心同构原则护身的现代社会，一定是一个国家富强、社会民主、公民自由的和谐友善社会。对于中国特色社会主义而言，真正做到三个"相匹配"的实现与完善，就一定能使社会主义核心价值观成为民众心之所仪、行之所倚、是非所依的标杆！社会主义核心价值观就会内化于心而溢于行，中国自然会成为世界大国、文化强国，民族伟大复兴的理想指日可待！

此外，社会主义核心价值观的践行需要全社会的共同参与，需要党和政府有意识的倡导，需要把核心价值观贯穿政治、经济、文化、社会和生态文明建设的各领域，以及党的建设中，使之发挥塑造文化认同、凝聚人心、整合社会、增强国家凝聚力的功能。践行社会主义核心价值观首先要立乎其大者，即以社会核心价值为社会铸魂和为民族安心。一种政治文化所倡导的价值，能否成为社会文化中的核心价值，能否最终成为多数社会成员所自觉追求和普遍遵循的价值，固然要看能否有效地进行宣传，但关键还看这些价值的大力倡导者是否同时是这些价值的真诚信奉者和坚定的践行者。践行社会主义核心价值观旨在为中华民族放下一颗能容万物的心来，只有能使广大民众安身立命，才能建构全民族共有的精神家园。只有全社会各个不同主体的共同担当，践行才不至于沦为一种空洞的口号。

二

作为当前社会价值观中的"最大公约数"，社会主义核心价值观发挥引领和导向作用，必须要有载体作为支撑，要有贴切现实的社会主义核心价值观运行机制作保障。无论是载体还是路径，都要在"活法"上和"怎么做"上下功夫，只有使文化的"说法"与大众践履的"活法"相统一，才能使社会主义核心价值观获得人民的思想认同、情感认同。

首先，要精心打造全民性的社会主义核心价值观的教育载体，建立社会主义核心价值观融入国民教育的科学运行机制。之所以把社会主义核心价值观融入国民教育的全过程，这是由国民教育在践行社会主义核心价值观中的地位决定的。以国民教育为主渠道，旨在解决价值观的认知问题，从而形成全社会对社会主义核心价值观的正确认识和理解。从广义范围讲，国民教育包括学校教育、社会教育、家庭教育三方面，只有三个方面的有机结合，才能构成践行社会主义核心价值观的有效载体。

其次，精心打造大众传媒载体，建立覆盖广泛的社会主义核心价值观传播机制。社会主义核心价值观能否凝聚人心，辐射全社会各个阶层,关键在于其传播是否顺畅和有效,其中最主要的衡量标准就是媒体自身的"价值导向",所谓完全客观中立的媒体倾向是不存在的,它弘扬什么、批评什么其实都有其价值评判的前提。因此,在传播载体的建设上,如何使社会主义核心价值观内化为传媒从业者的基本价值观,就至为重要。在社会舆论深刻影响大众心理的当下,各类传播媒介在践行社会主义核心价值观上担负着重要使命,是发挥社会价值引领作用的重要载体。从某种意义上说,人民群众对理论的掌握和践行,取决于理论的宣传和普及程度,尤其对于像社会主义核心价值观这样的带有意识形态性质的理论观念来说,有效宣传和传播至为关键。

再次,要把大众文化作为践行载体,大众文化既然是当下消费社会的一种强势文化,自然是社会主义核心价值体系建构不可绕过的。随着大众文化的日益流行,借助大众文化与日常生活的相互交融性,把核心价值观念融入日常的文化消费,特别是融入有广泛受众的大众文化产品和服务中,在价值观的交流融合中使大众文化成为践行社会主义核心价值观的有效载体。

流行的大众文化以品牌消费为先导,文化品牌是具有强大影响力和辐射力并被大众广泛认同的文化标志,是民族精神和文化价值的重要载体。在各种文化思潮相互激荡的当下,应通过培育"文化品牌"使其自然而然地显现社会主义核心价值观。品牌是人们对一个企业及其产品、服务乃至文化价值的综合性评价和认知,它代表了一定的忠诚度和价值诉求,往往是以物化或符号化的形式体现了社会的主流精神。品牌不仅是一个标志和标语,还是一个具有丰富内涵和多维价值的符号系统,它需要通过长时间的体验来塑造,它自身就蕴含价值导向。品牌价值的塑造和持久离不开内蕴其中的社会核心价值观,对品牌的信任和忠诚其实是对其价值诉求的认同,是对某种生活方式和品位的追求。品牌传播是践行社会主义核心价值观的重要载体,因此,在全球化语境下,把培育国家和全球品牌与践行社会主义核心价值观相关联,通过相互借力、相互借势,完全可以实现双赢。作为一个国家来说,不仅产品和服务需要品牌化提升,国家也要有品牌意识,品牌的内涵和价值指向是统一的,而且必须要有包容性,国家政要、公民、企业和政府部门都要承担起品牌守护神的职责。品牌连接了国家、社会和公民,品牌的拓展和全球扩张有效地传播了社会的核心价值观,在日常生活中的大众文化消费中,大众会耳濡目染地接受了内蕴的价值观,并在对品牌的追逐中强化了对某种文化认同。其实,培育大众文化品牌的过程,就是文化产品面向市场、面向大众、赢得人心的过程,自觉把培育品牌与践行社会主义核心价值观相关联,应在实践中赋予品牌塑造与传播社会主义核心价值观以相应的坐标。

最后,从现实性来看,一个社会的核心价值观,注定会同一定主体的利益和愿望相联系,因此,鲜活的人是践行社会主义核心价值观最有效的载体。阿尔都塞曾指出,"人本质上是一种意识形态的生物"。[1] 正是某一政党或集团的意识形态通过对个体的"质询"和"召唤"使他归属于某种文化共同体。理念、政策、制度最终都要通过人的实践来体现和实现,人的积极践履才会形成言行一致、知行合一的社会风尚。任何一种价值观的社会影响力的发挥都必须落实到具体的人身上,只有提升全民族每个人的文化素质,把价值观的引导与个人的心性结合起来,从而形成稳定深刻的心理认同,成为精神需求和日常践履的内驱力,才能使每个人都自觉成为社会核心价值观的弘扬者和维护者。同时,建设社会核心价值体系的过程,也是促进人的全面发展的过程。社会主义核心价值观的践行,必须充分发挥人的积极作用。关键是,践行社会主义核心价值观,不能仅仅停留在口号上,即不能是口头上最重要,实践中次重要;更不能仅仅重视细枝末节的东西,而忽略或遗忘灵魂性的东西。

人是弘扬和践行社会主义核心价值观的积极能动者,只有在身心合一、"说法"和"活法"相一致的鲜活个体身上实现信奉者与维护者的统一,才能使践行真正落地,成为自觉。个体是整个社会的细胞,是价值观践行的主体,个体对社会核心价值观的真诚信奉构成抵御各种非主流思想侵蚀的底线和壁垒。如果每一个人都能自觉践行社会主义核心价值观,都能在自我要求和自我提升上严格要求,整个社会就会形

---

[1] L. Althusser: *Essays on Ideology*, London: Verso 1976, p. 45.

成弘扬社会主义核心价值观的文化氛围和道德舆论强势。在践行社会主义核心价值观的人的载体中,有一个特殊的群体,那就是广大领导干部。从根本上讲,领导干部践行社会主义核心价值观要落在国家、社会和个人三个维度的统一上,通过领导干部的执政实践和作风让群众真切地感受到社会主义核心价值观的温度和温情。领导干部是中国特色社会主义事业的引领者和建设者,在践行社会主义核心价值观时,必须冲锋在前。在实践中,可根据领导干部的工作要求和特点,把核心价值观渗透到日常领导和管理工作中,不折不扣地落实到每一项工作和每一个环节中。要求群众做到的,领导干部必须首先做到;要求全社会禁止的,领导干部必须带头坚守底线。只有如此,才能实现引领作用。

三

所谓路径,是指前往目的地的道路。就价值观的培育、传播和践行来说,它离不开文化的支撑。价值是文化的内核,文化是培育价值观的土壤,文化发展不能"失魂落魄",而是要"神魂附体"。其实,人民大众践行核心价值观的过程,也是社会主流文化符号在现实中传播、建构的过程,其实质是党的文化领导权的显现和维护。在各种文化思潮的相互激荡和社会秩序的重建中,文化建设是践行社会主义核心价值观的重要路径;社会主义核心价值观在文化大发展大繁荣中不断涵育、弘扬,始终是社会主义文化建设必须坚守的灵魂和根本。只有建立城乡一体化的公共文化服务体系和现代文化产业体系——既要推动优秀文化内化为民族素质,又要增强社会主义核心价值观传播的有效性——才能夯实民众践行社会主义核心价值观的基础。只有把践行社会主义核心价值观体现到一切文化事业和文化产业、一切文化产品和文化服务、一切文化传播媒介和文化阵地,以及文化市场的监管和执法中,才能牢牢地把握中国先进文化的发展趋势和发展要求,巩固和壮大社会主流意识形态。实践证明,社会主义先进文化的发展繁荣,内在地涵育着社会主义核心价值观,广泛传播着社会主义核心价值观;同时,社会主义核心价值观的践行,又引领着文化发展的方向,使文化有了主心骨、有了精气神、有了永恒的价值和不朽的魅力，二者是相互促进、相得益彰的共同体，是水乳交融、形神统一的结合体。

文化建设的关键是要形成具有高度共识，能够为大众普遍认同和具有强大感召力的社会核心价值观。作为一种价值导向，它塑造了人的思想道德和行为准则，在全社会范围内形成共同的价值观念，在社会转型和价值重建中确立秩序；作为一种理想信仰，它指明了社会发展的方向，在各种社会思潮的激荡中，引导个体精神的提升；作为一种精神纽带，它维系民族团结、维护国家稳定，引领现实社会向更为和谐的方向发展。当下，因所谓"人心不古""全民焦虑"而出现文化失序的现象，说到底是人心出了问题，其在文化上的表现就是文化中的价值观出了问题，价值导向出了偏差，导致表意系统及其教化功能的"说法"与大众日常生活中公民的"活法"相脱节，在身心分离状态下，人的心灵怎么会不痛苦、不焦虑？这些年我们在取得举世公认的经济成就的同时，也付出了巨大的成本，包括环境、资源及人心，特别是社会价值观一定程度上的混乱，搞得人"心"不能安了，"魂"不得宁了。原有的校正社会发展航向的主流价值观被"潜规则"化了，从而对大众的引领失效了，新的、管用的、正向的社会主流价值观在执政党的大力倡导和弘扬中，正处在培育和不断践行中，能否形成普遍性的全民共识尚需实践的检验。作为践行社会主义核心价值观最有效路径的文化建设的关键，是如何使主流文化价值观真正入心成魂！文化看似很绵软，其实力量很硬，它可以形成强势的社会风尚和价值导向机制。

在文化建设上，我国目前主要采取公益性文化事业和经营性文化产业并行的基本架构，坚持双轮驱动、齐抓并进。一方面，以政府为主导大力发展公益性文化事业，主要体现为建立完善的公共文化服务体系，旨在保障人民群众的基本文化权益，提升全民族的文化素质；另一方面，以市场为主导加快发展文化产业，旨在推动文化产业成为国民经济支柱性产业，使之成为转变经济发展方式和经济结构战略性调整的重要着力点。公共文化服务体系建设作为践行社会主义核心价值观的有效路径，其目标是均等化，目的是巩固思想阵地，既要通过灌输教化强化社会主义核心价值观的认同，也要尊重大众的文化自主权和文化创造权；大力发展文化产业的外在目标诉求是使其成为国民经济的支柱产业，其主旨是满足大众多样化的文化消费需求，繁荣文化市场，在提高大众文化消费水平和加强文化市场建设中，通过主流文化的价值观引导和意识形态管理方式的创新，在多元文化的相互博弈中牢牢掌握文化领导权。

随着国家经济实力的提升，实现文化发展的包容性增长，让老百姓享受文化、热爱文化，有一种生为中国人的文化自豪和文化自尊，这才是一道最为坚实的国家文化安全的心理屏障，这才是一堵文化思想领域"守土有责"的最坚实壁垒。主流意识形态的教化不是僵化冷漠的说教，而是通过文化产品和服务中的价值导向的温情流露，是自然而然实现的。任何价值观的践行不仅内含对行动的自我要求，即要求"被完成"，它还必须与一定的文化情境相关联，与个体的自由选择相关联。所谓的价值诉求，不是用动听的词语进行口号性的宣示，而是通过实际行动来展示其光辉。践行社会主义核心价值观最有效的路径，是把价值观融入大众的文化实践、文化消费中，使践行社会主义核心价值观日常化、具体化、形象化和生活化，把抽象的观念融入文化产品和服务中，经由文化的作用和功能的发挥，把信念、概念和词语融入可触可感可消费的实践中，使主流文化成为涵育社会主义核心价值观的土壤和空气，以文化的力量引导大众对社会主义核心价值观的自觉践行。把社会主义核心价值观融入文化产品的创作、生产、传播和文化服务各方面，使之在文化产品、文化服务和文化活动的润物细无声中，传递积极的人生追求、高尚的思想境界和健康的生活情趣，以高尚的价值观展现思想的引力。

践行社会主义核心价值观的另一重要路径是提高社会管理水平。社会管理包括协调社会关系、规范社会行为、解决社会问题、化解社会矛盾等内容，旨在维护生产生活等社会秩序。社会现实表明：提高国家治理能力是践行社会核心价值观的重要路径，它有利于恢复世道人心、为社会安心铸魂。一个良好的社会秩序、和谐的社会生活状态，有利于培育公民的向心力、公德心、凝聚力，社会管理集团及其效果直接关乎百姓的切身利益和现实感受，它会影响民众对社会主流价值观的认同度。当前社会管理把重心落在了"维稳"即以强制力来维护社会的良好秩序上，这有些本末倒置。只有建立利益均衡和矛盾化解机制，正确处理社会转型期出现的各种矛盾，才能真正维护社会良性秩序，促进社会的全面协调发展和人的自由全面发展。高水平的国家治理是给每一个公民的发展以均等的机会，激发每个人的进取心和创造力，每个人都做最好的自己，才能为民族复兴提供源源不断的人才与智力支持。

目前，加强民主法治、和谐社会建设是强国之道，追求诚信友善、自由平等是公民的基本权利，而公平正义的社会才能真正维护人民的权益。社会管理的出发点和落脚点都应以人为本，注重保障和改善民生，这样才能防止和减少社会问题的产生。只有正确处理改革、发展和稳定的关系，促进社会公平正义，不断增加和谐因素，发挥群众参与社会管理的基础作用，才能确保人民安居乐业。可以说，社会管理关乎每一个人，最能体现一个时代的风气和价值取向，完善和创新社会管理机制，对践行社会主义核心价值观具有导向功能。因此，要把社会主义核心价值观融入制度建设和社会管理工作中，形成科学有效的价值诉求表达机制、利益协调机制、对话沟通协商机制、矛盾调处机制和权益保障机制，最大限度地增加社会和谐因素。

图书在版编目(CIP)数据

文化决策参考. 2013/首都师范大学文化研究院编.
—北京：社会科学文献出版社，2014.8
 ISBN 978-7-5097-6200-4

Ⅰ.①文… Ⅱ.①首… Ⅲ.①文化事业-发展-研究-北京市-2013 Ⅳ.①G127.1

中国版本图书馆CIP数据核字（2014）第141788号

文化决策参考（2013）

编　　者 / 首都师范大学文化研究院

出 版 人 / 谢寿光
出 版 者 / 社会科学文献出版社
地　　址 / 北京市西城区北三环中路甲29号院3号楼华龙大厦
邮政编码 / 100029

责任部门 / 人文分社 （010）59367215　　责任编辑 / 吴　超
电子信箱 / renwen@ssap.cn　　　　　　　责任校对 / 白　云
项目统筹 / 宋月华　吴　超　　　　　　　责任印制 / 岳　阳
经　　销 / 社会科学文献出版社市场营销中心 （010）59367081　59367089
读者服务 / 读者服务中心 （010）59367028

印　　装 / 三河市尚艺印装有限公司
开　　本 / 787mm×1092mm　1/16　　　印　张 / 19.25
版　　次 / 2014年8月第1版　　　　　　字　数 / 285千字
印　　次 / 2014年8月第1次印刷
书　　号 / ISBN 978-7-5097-6200-4
定　　价 / 69.00元

本书如有破损、缺页、装订错误，请与本社读者服务中心联系更换

版权所有　翻印必究